Christa Mulack
Maria – die geheime Göttin im Christentum

Maria, verzeih,
ich habe dich immer belächelt.

Das hatten mich die Väter gelehrt.

Maria, verzeih,
ich habe deine Anhängerinnen für naiv gehalten.

Das hatten mich die Väter gelehrt.

Maria, verzeih,
ich sah in dir nur Wachs und Gips.

Das hatten mich die Väter gelehrt.

Maria, verzeih,
du warst für mich nur finsteres Heidentum –

denn davor haben die Väter Angst.

Heute weiß ich, daß du die nicht bist,
die mich die Väter gelehrt hatten.

Heute bist du mir wert,
das hat mich mein Frausein gelehrt.

Heute teilst du mein Gebet,
das hat mich mein Frausein gelehrt.

Heute weiß ich dich in mir,
das hat mich mein Frausein gelehrt.

Heute teilst du meine Liebe –
eine Liebe von Frau zu Frau.

Buchreihe Symbole

Christa Mulack

Maria
Die geheime Göttin im Christentum

Kreuz Verlag

2. Auflage (7.–10. Tausend) 1986
Kreuz Verlag Stuttgart 1985
Umschlagbild: Thronende Madonna, 12. Jahrhundert – Ausschnitt aus dem Marienfenster der Kathedrale in Chartres
Gestaltung: Hans Hug
Gesamtherstellung: Wilhelm Röck, Weinsberg
ISBN 3 7831 0797 0

Tafel nach S. 64: Vièrge Ouvrante, Musée de Cluny, Paris
Foto: Documentation photographique de la Réunion des musées nationaux, Paris
Foto S. 110: Isis, Foto Jürgen Liepe, Berlin
Tafel nach S. 120: Michelangelo; Pietà St. Peter, Rom
Foto: Gruppo Editoriale Fabbri-Bompiani, Sonzogno, Etas S.P.A., Milano
Foto S. 125: Schutzmantel-Madonna
Foto: Dr. Helmut Hell, Reutlingen
Tafel nach S. 168: Strahlenkranz-Madonna, Münster Aachen
Foto: Ann Münchow, Aachen
Tafel nach S. 232: Krönung Marias, Buxtehuder Altar; Meister Bertram (1367–1415) Foto: J. Zink

Inhalt

Die Wahrheit kann warten,
sie stirbt nicht.

Einleitung

Da es eine Fülle von Büchern zu dem Thema »Maria« gibt, abgesehen von unübersehbar vielen Aufsätzen über sie, bedarf es wohl der Rechtfertigung einer Arbeit, die sich eines derart im wahrsten Sinne des Wortes »populären« Themas annimmt.

Dies soll gleich zu Beginn geschehen, bevor ich noch auf die Inhalte eingehe, indem ich das sozio-religiöse Umfeld beschreibe, in dessen Rahmen diese Arbeit entstanden ist und an das sie sich gleichzeitig wendet.

Sozio-religiöser Kontext

Anlaß der vorliegenden Arbeit ist das zunehmende Interesse, das Maria insbesondere bei feministisch orientierten protestantischen Frauen in den letzten Jahren erweckt hat und das bis heute eher zu- als abzunehmen scheint. Diesen verstärkt zur Kenntnis genommenen feministischen Aspekt des Interesses an Maria belegt bereits ein Blick auf einschlägige theologische Fachzeitschriften, die sich in den vergangenen Jahren dieses Themas immer wieder angenommen haben.

Dieses »unzeitgemäße« – für viele »Aufgeklärte« überraschende und zum Teil belächelte – Interesse kann wohl im wesentlichen auf zwei Faktoren zurückgeführt werden, auf die ich etwas näher eingehen möchte, da sie die Unterschiede zum herkömmlichen Umgang mit Maria innerhalb der katholischen Kirche deutlich machen.

Durch die südamerikanische Befreiungstheologie haben Frauen einen Umgang mit Maria kennengelernt, der ihnen die Augen geöffnet hat für die Vielgestaltigkeit und Aussagekraft ihres symbolischen Gehalts. Mit Erstaunen konnten wir feststellen, daß in Südamerika das unterdrückte Volk für seine Befreiung von den Mächtigen des Landes nicht nur mit Che Guevara auf den Fahnen wirbt, sondern – wo es religiös ist – gleichfalls mit Maria »Unserer Lieben Frau von Guadalupe«, die ganz allgemein als Reinkarnation der alten mexikanischen Erdmutter verstanden wird.

Maria als Symbol der Befreiung! Das allerdings war neu für die Frauen hierzulande, die in ihr nur ein Symbol zur Unterdrückung weiblicher Bedürfnisse zu sehen gelernt hatten. Obgleich weiblichen Geschlechts und Mutter wie die meisten ihrer Verehrerinnen, konnte die jungfräuliche Gottesmutter ihnen doch nur die eigene Minderwertigkeit vor Augen führen. Immerhin hatte sie jenes Kunststück fertiggebracht, das sie unnachahmlich und unerreichbar über alle Frauen erhob: Sie hatte einen göttlichen Sohn geboren, ohne ihre sexuelle Unberührtheit zu verlieren. Sie war nicht-ehelich schwanger geworden – für die wirkliche Frau jahrhundertelang vielfach ein Grund, ins Wasser zu gehen – und hatte doch Gnade gefunden in den Augen des Herrn. Ihr, die nach katholischer Überlieferung doch nur den einen Sohn geboren hatte, wurde eine Verehrung – auch durch die Männerwelt – zuteil, auf die die konkrete Frau, selbst wenn sie einen Sohn nach dem anderen zur Welt gebracht hatte, nicht in ihren kühnsten Träumen zu hoffen wagte. In unseren Breitengraden war Maria zum reinen Gefäß geworden – ohne eigenes Wollen und Begehren. Die wirkliche Frau aber hatte weiterhin Sehnsucht nach Anerkennung, Liebe und Befreiung, nach einem Stück Autonomie in ihrer Lebensgestaltung auf dem Weg zur Selbstverwirklichung. Das alles unterschied sie doch recht wesentlich von Maria. Wohl konnte sie bei dieser Trost in ihrem Leid finden, wenn Gottvater und Sohn kein Verständnis für ihre Lage zu haben schienen, aber dann ermahnte Maria sie doch nur wieder zur Demut, zur Unterordnung unter den Willen des Herrn, der in erstaunlicher Weise übereinstimmte mit Männerbedürfnissen.

Bei aller Tröstung, die die Frau durch Maria erfuhr, blieb sie doch immer die ganz andere – abgehoben von der realen Welt der Frau und so deren unzulängliche Minderwertigkeit konstant bewußthaltend.

Gegen *diese* Maria begannen Frauen, sich vor einigen Jahren zur Wehr zu setzen. Sie protestierten gegen »das Gipswesen aus der Grotte von Lourdes, niedergeschlagene Augen, den Körper bis zur Unkenntlichkeit verhüllt: Entsexualisierung plus Demut, das weibliche Ideal.«[1] In dieser Maria erkannten feministisch orientierte Frauen beider Konfessionen ein »Symbol, geschaffen, den Unterdrückten die Selbstunterdrükkung beizubringen, den Verunsicherten die Selbstzensur, den doppelt Ausgebeuteten die Selbstausbeutung.«[2]

Von diesem sterilen Frauenideal einer männlichen Vorstellungswelt mußten insbesondere katholische Frauen sich emanzipieren. Einige warfen sie ganz über Bord, andere sahen sich weiter um und lernten dabei, ihren Blickwinkel zu verändern, und lernten so die Ambivalenz jedes echten Symbols auch bei Maria kennen. Sie entdeckten die andere Hälfte der Wahrheit.

In Südamerika war es von Anfang an nicht die unbefleckte Reinheit, die Maria verehrungswürdig machte, sondern ihr Wissen um die Ungerechtigkeit aller Unterdrückung – in wessen Namen auch immer –, wie es im Magnificat zum Ausdruck kommt. Der Gott Marias stößt die Mächtigen, die Unterdrükker, vom Thron – und das nahmen die südamerikanischen Unterdrückten ernst. Schließlich hatte sich Maria ihnen von Anfang an als auf ihrer Seite stehend zu erkennen gegeben. Diese Parteilichkeit Marias steht am Beginn der südamerikanischen Marienverehrung und bildet bis heute ihre Grundlage.

Das ihr entgegengebrachte Vertrauen der Unterdrückten teilte sich auch jenen Frauen hierzulande mit, die sich für die Dritte Welt engagierten oder aber auf anderen Wegen mit der Befreiungstheologie konfrontiert wurden. Das Vertrauen der Unterdrückten in die Gottesmutter verfehlte auch hier nicht seine Wirkung. Neben der submissiven Maria erkennen sie die subversive, von der Dorothee Sölle schreibt: »Sie zersetzt die Macht der Herrschenden.«[3] Als solche wird sie nun wieder lebendig »in der Geschichte aller Unterdrückten, lebendig in der Geschichte der Frauen«[4].

Für Protestantinnen gibt es noch einen zweiten Grund, der für die Neuentdeckung Marias mitbestimmend wurde.

Nach knapp 500 Jahren »sola scriptura« – der Verabsolutierung des göttlichen Wortes, das aus Männerfeder floß und aus Männermund ertönte – leidet die Seele an religiöser und emotionaler Auszehrung. Die Bilderstürmer hatten ganze Arbeit geleistet und nichts übriggelassen von der emotionalen Wärme, die Maria in Wort und Bild für den katholischen Raum auch weiterhin ausstrahlte. Statt dessen verschmolz der Wille des Herrn für die protestantische Frau nunmehr völlig mit dem Willen der Herren, und auch der Weg des Trostes in ihrer Unterdrückung war ihr mit Maria genommen. So blieb ihr nur noch die Identifizierung mit ihren Unterdrückern, indem auch sie alles Emotionale abzuwerten lernte und sich nunmehr der kantischen Pflicht sowie der totalen Verkopfung verschrieb. Sie gebar ihre Kinder ohne den verständnisvollen Beistand Marias. Ihre Kinder lernten nie die Verehrung des Weiblichen kennen, auch wenn nur diese Eine gebenedeit war unter den Weibern. Ihre Söhne hatten nie gelernt, vor ihr die Knie zu beugen. Sie standen stramm vor der männlichen Dreieinigkeit. Ihre Töchter konnten nie erleben, welchen Schutz der Mantel Marias bot, wenn der Druck des männlichen Geschlechts allzu stark auf ihr lastete.

Im Protestantismus hat der jüdisch-monotheistische Männlichkeitswahn seine höchste Zuspitzung gefunden: Die totale Ausschaltung des Weiblichen. Nach allen Regeln psychischer Gesetzmäßigkeiten muß soviel Einseitigkeit schließlich eine Reaktion in der menschlichen – und vor allem der weiblichen – Seele hervorrufen.

Als eine der vielen Möglichkeiten des Reagierens, die außer den massiven Kirchenaustritten zu verzeichnen sind, sehe ich das stärker werdende Interesse an Maria, dem einzig weiblichen Symbol am christlichen Götterhimmel, der ansonsten fest in männlicher Hand ist: Wie auf Erden, also auch im Himmel. Protestantinnen werden sich zunehmend der Ursache jenes Defizits bewußt, das sie innerhalb ihrer Kirche allenthalben spüren. Sie haben sich seit einigen Jahren auf den Weg gemacht. Unter dem alttestamentlichen Symbol des Exodus suchen sie mit Hilfe der feministischen Theologie nach neuen Wegen und Oasen in der Wüste ihres einerseits intellektualisierten, andererseits aber auch infantilisierten christlichen Glaubens.

Für die meisten katholischen Frauen stellt sich das Verhältnis zu Maria und die eigene Bedürfnislage völlig anders dar. Vielfach begegnen die Intellektuellen unter ihnen der »Entdekkung« ihrer protestantischen Schwestern mit Kopfschütteln. Sie sind froh, inzwischen endlich einen erfolgreichen Vorstoß in die männliche Welt der Theologie gemacht zu haben. Ganz selbstverständlich gehört für sie dazu auch die Befreiung von aller »primitiven« Marienfrömmigkeit voll Süße und Sentimentalität, voll Demut und Hingabe. Diese Art Weiblichkeit haben sie verachten gelernt und endlich abgelegt. Die Inhalte der Mariendogmen sind ihnen kaum noch bekannt, und die jungfräuliche Mutter wurde von ihnen längst als männliche Chimäre durchschaut.

Die Theologiestudentinnen unter ihnen kämen kaum auf die Idee, neben dem Pflichtfach Christologie auch noch Mariologie zu wählen, die selbstverständlich nicht in den offiziellen Fächerkanon gehört. Und sie sind stolz auf diesen Beweis ihrer Aufgeklärtheit, für die sie vielfach mit dem Lob ihrer Professoren rechnen können; denn für die meisten von ihnen stellen die Mariologen sowieso nur die letzten Unverbesserlichen dar, denen man mit einem müden Lächeln begegnet, das wohl auch nicht von ungefähr kommt.

Niemand kann der katholischen Frau verübeln, daß sie den Versuch unternommen hat, sich des alten Weiblichkeitsklischees dadurch zu entledigen, daß sie Maria den Rücken kehrte; doch sollte sie kritischer sein gegen das, was sie dafür eintauscht. Denn was sie teilweise noch vor sich hat, das alleinige Leben aus dem Wort, wollen viele Protestantinnen heute wieder hinter sich lassen.

Gemeinsam mit anderen jenseits der Aufklärung stehenden Katholikinnen entdecken sie eine andere Maria hinter den männlichen Wunschvorstellungen von weiblicher Reinheit und Demut. Sie beginnen, den mit Maria getriebenen Mißbrauch zu durchschauen, und entdecken Maria als einen Teil ihrer selbst. Genau wie Maria wurden auch sie mißbraucht in einer patriarchalischen Gesellschaft, die ihr alle jene Aufgaben zugewiesen hat, die weder soziale Anerkennung noch eigene Selbständigkeit oder gar Einflußnahme mit sich brachten.

Inzwischen wird Maria nicht länger nur als die ganz andere gesehen, sondern als die Frau, die ganz Mensch war und alle Leiden des weiblichen Geschlechts durchlebt hat: Schwangerschaft, uneheliche Mutterschaft, Armut, Flüchtlingselend, Ausgestoßensein, Verlust des eigenen Kindes durch die unverbesserliche Mordlust eines männlichen Denk- und Gesellschaftssystems und dennoch die Erfahrung des Göttlichen, wie es nicht in die Vorstellungswelt des Patriarchats paßt und auch bis heute nicht in überzeugender Weise auf breiter theologischer und kirchlicher Ebene vertreten und entsprechend praktiziert wird. Maria scheint alle Leiden gekannt zu haben, die einer Frau innerhalb eines an Männlichkeit orientierten

Gesellschaftssystems ganz zwangsläufig zustoßen müssen, da es diese Leiden in jedem Jahrhundert wieder neu hervorbringt. Leidet Maria nicht von Anfang an am eindeutigsten unter diesem System, das ihr dann später den Erstgeborenen entreißt, weil er *ihren* Gott verkündet und in dessen Namen Gerechtigkeit für die Erniedrigten fordert?

Nicht die Maria der Kirche, sondern jene aus den Weihnachtsgeschichten des Neuen Testaments ist es, in der Frauen ihr relativ zeitloses weibliches Schicksal wiedererkennen – und wenn nicht das ihre, so jenes Schicksal ihrer Schwestern aus anderen Teilen der Welt, mit denen sie sich zunehmend identifizieren.

Das heißt nicht, daß die Maria der christlichen Tradition einfach ausgeklammert wird. Auch sie erfährt eine Neuentdeckung. Allerdings machen Frauen mit ihr die Erfahrung, daß sich in ihr nicht nur die »historische« Mirjam aus Nazareth wiederentdecken läßt. Sie verkörpert vielmehr ganz bestimmte Werte, die als göttliche Eigenschaften beziehungsweise Verhaltensweisen gepredigt werden, obwohl sie im Rahmen der geschlechtsspezifischen Polarität eher dem weiblichen Pol entsprechen: bedingungslose Liebe und Barmherzigkeit, tröstende Anteilnahme und Solidarität mit Entrechteten.

Zu Recht werden solche Werte seit Jahrtausenden eher als weiblich denn als männlich empfunden, wurden sie doch in weit stärkerem Maße von Frauen auch in die Tat umgesetzt, von Männern hingegen einem Gott übertragen, der vergebens versuchte, seine Nachfolger zu solchen Verhaltensweisen zu animieren.

In der Neuentdeckung Marias begegnen sich heute protestantische und katholische Frauen. Ähnlich wie Dorothee Sölle schreibt auch die katholische Theologin Catharina Halkes: »›Jungfrau‹ beginnt etwas anderes zu bedeuten, mehr zu bedeuten.«[5]

Vielleicht ist es nicht von ungefähr, daß gerade jene Gestalt, die aus der Sicht der Frauen geeignet ist, konfessionelle Schranken abzubauen, für breite Schichten im Protestantismus genau die ist, die als das eigentlich Trennende empfunden wird, was der Ökumene, die so gar nicht voranschreiten will, ins Gesicht schlägt, ja sie völlig aussichtslos machen wird, wenn wirklich ein weiteres Dogma von der Miterlöserschaft

Mariens aus den Schubladen des Vatikans hervorgeholt werden sollte. In diesem Punkt lassen die meisten Theologen nicht mit sich spaßen. Weiblichkeit auf dem Podest menschlicher Verehrung hat schon immer ihren heiligen Zorn und Protest hervorgerufen. Da wittern sie heidnische Götzenverehrung. Die Offenbarung des Göttlichen als männlich ist für sie eine ausgemachte Sache, an der sie unumstößlich festhalten wollen – um jeden Preis.

Um so erfreulicher erscheint es mir, daß christliche Frauen auf beiden Seiten in den marianischen Symbolen nicht nur urchristliche Werte, sondern auch die gemeinsame Vergangenheit und ihre eigenen religiösen Wurzeln wiederentdecken, die weit über das Christentum hinausreichen und ihnen Zugang verschaffen zu religiösen Vorstellungsmustern, die frei sind von der Verketzerung und Verteufelung des weiblichen Geschlechts, die es sich durch die ganze Epoche christlicher Tradition gefallen lassen mußte.

So weit in kurzen Zügen die gegenwärtige Situation, wie sie sich mir darstellt und in die hinein ich diese Arbeit schreibe.

Ziele des Buches

Nachdem der Adressatenkreis deutlich geworden ist – protestantische Frauen, die einen Zugang zur Marienverehrung suchen, sowie katholische Frauen, die mit den lehramtlichen Aussagen ihrer Kirche über Maria unzufrieden sind und dennoch nicht von ihr lassen wollen, und schließlich Interessierte männlichen Geschlechts, die sich von der Notwendigkeit einer umfassenderen als der bisher üblichen Reflexion der Marienverehrung überzeugen lassen wollen –, möchte ich nunmehr die Ziele dieser Arbeit verdeutlichen.

Da auf protestantischer Seite fast gar keine Sachkenntnis hinsichtlich der mariologischen Aussagen der katholischen Kirche vorhanden ist und dadurch die Diskussionsgrundlage von vornherein eingeschränkt wird, möchte ich dem wachsenden Informationsbedürfnis entgegenkommen und kritisch informieren über die Hintergründe und das Zustandekommen solcher Aussagen sowie deren neutestamentliche Grundlagen.

Hierbei geht es mir in erster Linie darum, die Ambivalenz

der dogmatischen Aussagen herauszuarbeiten, die auf die Tatsache zurückzuführen ist, daß die katholische Kirche selbst dem vielgeschmähten materialistischen Denken verfallen ist mit ihrem konkretistischen Verständnis der Mariendogmen, die nicht mehr als zeitlose symbolische Aussagen, sondern als einmalige historische Ereignisse aufgefaßt werden.

Auch soll in diesem Zusammenhang der von Mariologen gebrauchte Grundsatz: Analogie ist nicht gleich Genealogie, als unhaltbar aufgedeckt werden; besagt er doch, daß die offenkundige Ähnlichkeit der marianischen Titel und Funktionen mit außerchristlichen Göttinnen nicht auf die Entstehung der Mariensymbolik aus diesen zu schließen berechtigt. Ich versuche hingegen, gerade einen solchen außerchristlichen Ursprung nachzuweisen, da es sich nach meiner Meinung bei den Aussagen der Mariendogmen sowie der Liturgie nicht etwa um ein spezifisch christliches Gedankengut handelt, sondern um symbolische Inhalte, die weltweit die Jahrtausende der religiösen Menschheitsgeschichte durchziehen und ihren Ursprung sehr wahrscheinlich in einer matriarchalen Vergangenheit haben.

Gleichzeitig geht es dabei auch um die Erweiterung des christlichen Glaubensverständnisses um jene Vorstellungen aus einer verdrängten und als heidnisch abgetanen Vergangenheit, aus der es meines Erachtens doch letztlich seine eigenen Werte und Glaubensmuster bezieht.

Schließlich möchte diese Arbeit ein weiterer Beitrag sein zur Ermöglichung eines tieferen weiblichen Selbstverständnisses auch innerhalb der christlichen Religion, ohne die Verpflichtung allerdings, sich auf diese beschränken zu müssen. Dieser Beitrag ist nicht zu leisten ohne die Bewußtmachung des Ausmaßes an neutestamentlicher, theologischer und kirchlicher Androzentrik innerhalb beider Konfessionen, durch die lange genug der positive Zugang zur Gestalt der Maria insbesondere für protestantische Frauen versperrt war und sie dadurch von ihrer weiblichen Symbolsprache abschnitt, was erheblich zu ihrer Selbstentfremdung innerhalb der Kirche beitrug.

Methodischer Zugang

Die vier Mariendogmen – Jungfräuliche Geburt, Gottesmutterschaft, Unbefleckte Empfängnis und Aufnahme Marias in den Himmel – bilden die inhaltliche Grundlage dieser Arbeit, die mit einer kritischen Einführung in das katholische Dogmenverständnis beginnt. Hier erfolgen bereits die ersten Hinweise auf das Unverständnis der Kirche gegenüber den von ihr verwalteten Symbolen. Aus ge- und erlebten Wahrheiten, die in Bilder gefaßt wurden, machte sie starre Glaubenssätze, die – unabhängig von der persönlichen Erfahrung der Gläubigen – als heilsnotwendig geglaubt werden müssen und so als Waffe gegen Häretiker mißbraucht werden können zur Durchsetzung einer bestimmten Ideologie, mit der Andersdenkende ausgeschlossen oder in ihnen zumindest Schuldgefühle erweckt werden, wenn sie die ihnen vermittelten »Glaubenswahrheiten« nicht »zu erfassen vermögen«.

Nach der Darlegung der Möglichkeiten des Dogmen- und Symbolverständnisses widme ich mich in vier Kapiteln den Mariendogmen im einzelnen. In jeweils sechs Abschnitten nähere ich mich der Mariengestalt aus unterschiedlichen Richtungen.

Mit Ausnahme des dritten Dogmas, dem eine biblische Grundlage fehlt, steht am Anfang jeweils eine kritische Auseinandersetzung mit jenen biblischen Aussagen, die auch dem Dogma zugrunde liegen. Hierbei kommt insbesondere mein feministischer Ansatz zum Tragen, das heißt, daß ich als Frau bewußt andere Fragen an den Text stelle als männliche Theologen und daß ich ihn selbstverständlich hier und da auch anders interpretiere, was einen weiteren Schritt auf dem Wege zum Aufbrechen der gewohnten Androzentrik sowie ein Öffnen der Texte auch für weibliche Bedürfnisse bedeutet.

Nach dieser textkritischen Auseinandersetzung wende ich mich den Dogmen und ihrem geschichtlichen Werdegang zu, wobei ich versuche, auch die kirchenpolitischen Interessen, die mit jeder Verkündigung eines Dogmas verbunden sind, deutlich zu machen.

Da meines Erachtens die Dogmen weit mehr aus nichtbiblischen Quellen gespeist wurden als aus biblischen, schließt sich unmittelbar daran eine Untersuchung des religionsgeschichtlichen Hintergrundes der Inhalte der einzelnen Mariendogmen an. In die Untersuchung werden auch alttestamentliche Texte mit einbezogen. Auf diesem Abschnitt liegt der Schwerpunkt meines Nachweises, daß es sich bei der gesamten Marienverehrung um eine synkretistische Fortsetzung älterer sogenannter »heidnischer« Mutterreligionen handelt. Gleichzeitig soll damit die Unmöglichkeit einer Abgrenzung des christlichen Glaubensgutes von anderen Religionen deutlich gemacht werden, wie sie bis heute noch gang und gäbe ist.

Im darauffolgenden Abschnitt wird die Frömmigkeits- und Wirkungsgeschichte des jeweiligen Dogmas beschrieben, wobei es mir darum geht, ihre negativen und positiven Aspekte darzustellen, um vorschnellen Urteilen über Wert oder Unwert der Marienverehrung entgegenzuwirken.

Im Anschluß daran versuche ich, einige psychologische Hintergründe des kirchlichen Dogmenverständnisses beziehungsweise der Dogmen selbst zu beschreiben. Ganz bewußt wurden hier die psychologischen Erklärungsmöglichkeiten auf ein Minimum beschränkt, damit es nicht zu einer Schwerpunktverschiebung meines Gesamtanliegens kommt. Das Auswahlkriterium der psychologischen Ansätze war die aktuelle Relevanz (möglicherweise auch Brisanz) der Aussagen.

Der jeweils letzte Abschnitt ist der weiblichen Auseinandersetzung mit Maria gewidmet. Hier spiegelt sich in den Aussagen von Frauen einiges von dem wider, was ich bereits einleitend beschrieben habe. Ablehnung und (Wieder-)Aufnahme des Sich-Befassens mit Maria stellen häufig einen Bewußtseinswandel dar, der auf dem Hintergrund neuerer theologischer Ansätze (Befreiungs- und feministische Theologie) erst möglich wurde.

Feministisch-theologisches Vorverständnis

Da für viele Leser/innen die Anliegen der feministischen Theologie noch fremd sind, möchte ich abschließend mein eigenes theologisches Vorverständnis darlegen.

Wie bereits erwähnt, handelt es sich um eine spezifisch weibliche Lesart biblischer Texte, genau wie es sich bei der konventionellen Theologie – ganz egal, wie modern sie sich gibt – um eine spezifisch männliche und androzentrische Lesart handelt, nur daß dies nie thematisiert oder gar kritisiert worden wäre. Alle feministischen Theologinnen sind durch die Phase der mannorientierten Lesart biblischer Texte hindurchgegangen und haben an dieser männlichen Einseitigkeit gelitten. Dem steht auf der Seite konventioneller Theologen nichts Vergleichbares gegenüber. Von ihnen wird nicht verlangt, daß sie sich auch in feministischer Theologie auskennen müssen. Noch ist das Reduzierte das Legitimierte.

Ich verstehe die feministische Theologie nicht als eine zusätzliche Variante beliebiger Möglichkeiten, mit biblischen Texten umzugehen, deren Platz auf einer theologischen Spielwiese am Rande der offiziellen Theologie angesiedelt wäre. Dieser Eindruck entsteht leider sehr häufig bei der Begegnung mit katholischen und protestantischen Theologen, die noch gar nicht daran denken, sich der Auseinandersetzung mit der feministischen Theologie zu stellen, obgleich diese inzwischen doch einige beachtliche Forschungsergebnisse aufzuweisen hat, die geeignet sind, herkömmliche Anschauungen im Hinblick auf die Stellung der Frau im frühen Christentum in Frage zu stellen wie auch die Frage nach ihrem Anteil an der Heilslehre Jesu neu zu beantworten.

Den feministischen Theologinnen ist es inzwischen gelungen, die Androzentrik, die sämtliche Gesellschafts- und Wissenschaftsbereiche beherrscht, auch innerhalb der Theologie nachzuweisen. Dabei handelt es sich um ein das Weibliche ausschließendes, unterdrückendes oder manipulierendes Denkraster, dem Kirchenväter und zeitgenössische Theologen bis heute verfallen sind und das sich nicht nur auf den Bereich der Sprache und den Umgang mit Macht erstreckt, sondern auf das gesamte Welt- und Menschenbild, das Grundlage theologischer Vorstellungen vom Göttlichen ist.

Die gefährliche Beschränktheit eines solchen wesentliche Bereiche der Wirklichkeit ausschließenden Vorstellungsrahmens zeigt sich heute allenthalben – und das nicht nur in der Theologie – in einer Erstarrung oder aber Zerstörung des männlichen Weltentwurfs, der Jahr für Jahr mehr Probleme schafft, als er zu lösen vermag, und dennoch weltweit seinen Herrschaftsanspruch mehr oder weniger gewalttätig aufrechtzuerhalten sucht. Da Frauen an diesem Weltentwurf keinen aktiven Anteil haben sollen und dürfen, ist nur ihre Anpassung gefragt, die zur sichersten Stütze des Systems wird.

Diese patriarchale Fixiertheit wird von der Mehrheit der Frauen bis heute noch nicht durchschaut.

Bei der Minderheit aber, die sich ihrer bewußt wird, führt diese Erkenntnis zu recht unterschiedlichen Reaktionen, die auch feministische Theologinnen in zwei große Lager spalten. Kernpunkt der Auseinandersetzung ist die Frage: Wie radikal darf oder muß der Auszug der Frauen aus dem als frauenzerstörerisch, ja sogar selbstzerstörerisch erkannten patriarchalischen System sein? Bedarf es nicht eines totalen Bruchs mit dem christlichen Glauben und seinen Symbolen, die doch nachweislich in hohem Maße mitgewirkt haben an der Unterdrückung und Diffamierung von Weiblichkeit ganz allgemein?

Neben einer Reihe schwankender Antworten auf diese Frage gibt es im wesentlichen zwei Lager: Die einen – allen voran die Amerikanerin Mary Daly –, die nach ihren Aussagen den christlichen Glauben hinter sich gelassen haben und bereits eingetreten sind in die »post-christian« Ära. Für sie ist das weibliche Erwachen ein anti-christliches Phänomen, und so stellt die neue Schwesternschaft eine Art Anti-Kirche dar[6]. Die anderen – und sie sind die Mehrheit – versuchen dem christlichen Glauben und seinen Symbolen auf den Grund zu gehen und die dort vorhandenen positiven weiblichen Elemente bewußtzumachen.

Ihrem Ansatz weiß sich auch diese Arbeit verpflichtet, der die Überzeugung zugrunde liegt, daß nicht die christlichen Symbole als solche frauenfeindlich sind, sondern deren androzentrische Deutung. Durch ihre Neuinterpretation sollen sie auch für Frauen neues Leben erhalten und ihnen neue Bereiche religiösen Bewußtseins erschließen.

Gegen einen solchen Versuch werden regelmäßig zwei Vorwürfe laut, denen ich mich abschließend noch widmen will:

1. Eine Neuinterpretation christlicher Symbole ist nur ein Versuch, neuen Wein in alte Schläuche zu füllen, ein Versuch, der bereits von Jesus als zum Scheitern verurteilt erkannt wurde.
2. Durch die feministische Neuinterpretation christlicher Symbole werden diese nur für eigene Zwecke vereinnahmt und mißbraucht. Dies kommt einer Verfälschung des eigentlichen christlichen Glaubens und seiner Lehre gleich.

Der erste Vorwurf führt im Rahmen dieser Arbeit zu der Frage: Ist es sinnvoll, das geschundene und mißbrauchte Symbol »Maria« zum Gefäß neuer Inhalte zu machen? Kann dieses Symbol, das überwiegend zur Unterdrückung der Frau eingesetzt wurde und ihr stets die eigene Minderwertigkeit vor Augen führte, wirklich noch der Befreiung und Aufwertung des weiblichen Geschlechts dienen? Um es gleich vorwegzunehmen: Ich meine ja; denn nach meiner Auffassung sagt der Mißbrauch eines Symbols noch lange nichts aus über dieses selbst. Wäre dies der Fall, so könnten wir überhaupt keine Symbole mehr benutzen, da ihr Gebrauch immer auch die Möglichkeit des Mißbrauchs enthält.

Auf christliche Symbole zu verzichten – und da gehe ich mit Dorothee Sölle einig – hieße, sie den anderen zu überlassen, hieße, ihren Mißbrauch im nachhinein zu legitimieren, statt diesen bewußtzumachen. Wie sich im Verlauf der Arbeit zeigt, ist in den Mariendogmen eine uralte weibliche Symbolik enthalten, deren Ablehnung sich nur selbstzerstörerisch auf die Frau auswirken kann. Wir müssen daher reklamieren, was von Anfang an unser war.

Die Frage nach dem Sinn und Unsinn eines Symbols darf also keinesfalls vorschnell beantwortet werden, hängt doch alles davon ab, wer sich zu welchen Zwecken eines Symbols bedient.

Aus meiner Sicht müßte daher die Kernfrage lauten: Hat die Auseinandersetzung mit einem Symbol eine bewußtseinserweiternde oder aber regressive und damit auch repressive Wirkung? Damit wird deutlich, daß das Symbol nicht in einem luftleeren Raum schwebt, sondern in seiner positiven oder negativen Aussagekraft immer abhängig ist von der jeweiligen Bewußtseinslage seiner Betrachter/innen; denn das Symbol selbst ist immer ambivalent.

Mit dieser Arbeit möchte ich zeigen, daß die Mariensymbolik auch noch ganz andere Erfahrungen bereithalten kann als jene unterdrückerischen, die von vielen Frauen zu Recht abgelehnt werden. Hierzu bedarf es allerdings der Bereitschaft, das Bild als solches sprechen zu lassen, es in andere Kulturkreise zu verfolgen und sich zu lösen von den herkömmlichen Vorstellungsmustern. Bevor also nicht eine grundlegende und erweiterte Auseinandersetzung mit diesem Symbol stattgefunden hat, sollte es auch nicht aufgrund einseitiger Interpretationsmuster abgelehnt werden.

Der zweite Vorwurf setzt voraus, daß die Verwendbarkeit eines Symbols mit seiner patriarchalischen Deutung ein für allemal festgelegt sei und daher nicht mehr hinterfragt werden könne. Durch diese Auffassung erhält das lebendige Symbol gleichzeitig seinen Todesstoß, da es nur von der lebendigen Auseinandersetzung mit ihm leben kann. Genau die findet aber statt, wenn Frauen die christlichen Symbole aus ihrer weiblichen Perspektive neu interpretieren und sie dadurch aus ihrer vielfach längst eingetretenen Todesstarre erlösen, ihnen zur christlichen Auferstehung verhelfen. Nur auf diese Weise kann ein Symbol eine befreiende Wirkung haben, indem es aus erstarrten Denkstrukturen befreit. Damit aber erfüllt es wohl die christlichste aller Funktionen, war doch die freimachende Wirkung der Wahrheit ein Hauptanliegen Jesu, wie überhaupt die Befreiung des Menschen bereits im Alten Testament als *der* göttliche Wille für den Menschen erkannt wurde. Das muß ein für allemal auch für die Frau gelten, die erstmals in unserer Zeit eine faire Chance erhält, ihr religiöses Erbe in angemessener Weise aufzuarbeiten.

Ohne ein solches eigenes Erarbeiten christlichen Überlieferungsgutes kann sich kein mündiges Christentum entfalten, das heute mehr gebraucht wird denn je, wenn der Glaube nicht weiterhin mißbraucht werden oder versanden soll.

Ich halte die Symbolsprache
für die einzige Fremdsprache,
die jeder von uns lernen sollte.

Erich Fromm

Dogma contra Symbol?

Kritische Einführung in das katholische Dogmenverständnis

Da der protestantische Glaube wohl eine Dogmatik, aber kein offiziell verkündetes Dogma kennt, möchte ich zu Beginn der Auseinandersetzung mit den Mariendogmen in das katholische Dogmenverständnis einführen, dies aber auch gleichzeitig kritisch hinterfragen.

Der in einem Dogma formulierte kirchliche Lehrsatz »ist von Gott geoffenbart und deshalb von allen Gläubigen fest und standhaft zu glauben«[1]. So wurde es einst vom Papst formuliert, und so entspricht es bis heute der offiziellen kirchlichen Lehre.

Halten wir also gleich zu Beginn fest, daß die hier problematisierten lehramtlichen Aussagen über Maria nach kirchlichem Verständnis letztendlich nicht Menschen-, sondern Gotteswerk sind. Päpstlicherseits wurde darin nur in Worte gefaßt, was *seit Anbeginn der Welt* bereits als göttliche Wahrheit feststand; denn der *Inhalt* eines Dogmas hat schon seit Urzeiten gegolten.

So wurde Maria beispielsweise nicht erst im Jahre 431, dem Zeitpunkt der Verkündigung des Dogmas, zur Gottesgebärerin. Dieser Titel beschreibt vielmehr »ein festes, unveränderliches Absolutum«[2]. Nur der Weg zum Erkennen dieser Wahrheit ist eben manchmal etwas langwierig und konfus, wie sich zeigen wird. Doch hat dieser Umstand nichts mit der Unumstößlichkeit der göttlichen Wahrheit zu tun. Es ist daher wichtig, zu wissen, daß »die Veränderungen, die sich im Laufe der Geschichte im Wesen der Heiligen Jungfrau ergeben, lediglich als das allmähliche Entdecken eines großen und ewigwährenden Geheimnisses angesehen« werden[3]. Daß es dabei gelegentlich auch zu Ver-deckungen kommen kann, wird zwar kirchlicherseits nirgends erwähnt, liegt jedoch klar auf der Hand.

Bei der Erläuterung des Zustandekommens eines Dogmas wird von katholischer Seite gern das Bild des Samenkorns verwendet, von dem es heißt, daß es als göttliche Wahrheit seit Anbeginn im Schoß der Welt liegt, aber erst im Laufe der Menschheitsgeschichte durch die Glaubenswirklichkeit des (christlichen) Volkes aufgeht und dann von der Kirche aufgegriffen, geprüft und schließlich vom Heiligen Geist bestätigt wird.

Nach dieser Ansicht müßte es eigentlich legitim sein, die Inhalte der Dogmen auch in vorchristliche Zeit und außerchristliche Religionen zurückzuverfolgen und sie dort bereits als die Offenbarung einer göttlichen Wahrheit anzuerkennen, hat es doch den Anschein, als sei außerhalb des Christentums so mancher Same viel früher aufgegangen. Wenn dann auch die Pflanze im Namen des neuen christlichen Gottes ausgerissen wurde, so hatte sie sich doch vielfach noch vorher versamt und kam dann im Christentum zu neuem Erblühen.

Trotz der nachweislichen Unabhängigkeit mancher Inhalte marianischer Dogmen von der christlichen Lehre weigern sich Organe der kirchlichen Lehrmeinung, außerchristliche Jungfrauen- und Muttergottheiten gleichermaßen als Ausdruck göttlicher Offenbarung anzuerkennen, und bleiben so hinter ihren eigenen Aussagen zurück. Doch brauchen wir gar nicht die christliche Lehre zu verlassen, um auf Ungereimtheiten zu stoßen, die auch innerhalb der Mariologie vorkommen.

Wie der katholische Dogmatiker Michael Schmaus schreibt, sind Dogmen nichts anderes »als die sprachlichen Formulierungen der um unseres Heils willen erfolgten Selbstmitteilungen Gottes«[4]. Das bedeutet aber, auf die Mariendogmen übertragen, daß Gott sich in ihnen selbst als Jungfrau und Mutter offenbart. Dem ist nun ganz und gar nicht so. Trotz ihrer Präsenz in der himmlischen Herrlichkeit, die das letzte Mariendogma verkündet, hat Maria keinen Anteil an der Gottheit. Die bleibt wie eh und je rein männlich. Statt dessen wird die reine Menschlichkeit Marias betont, die wohl in den Himmel, aber nicht in die Trinität aufgenommen wurde. Die göttliche Wahrheit bleibt also weisungsgebunden an die selbstherrlichen Aussagen männlicher Theologen, die das Göttliche nach wie vor auf das Männliche beschränken wollen.

Nach meinem Verständnis enthalten die Mariendogmen in

der Tat Selbstoffenbarungen der Gottheit, die alles mögliche zu unternehmen scheint, um der Menschheit ihre Weiblichkeit zu signalisieren, wie dies beispielsweise in der sprunghaft ansteigenden Zahl von Marienerscheinungen in diesem Jahrhundert geschieht. Die Tatsache, daß es vielfach Kinder waren, denen solche Visionen zuteil wurden, sieht C. G. Jung als ein Indiz dafür an, daß es sich hierbei um eine Reaktion des kollektiven Unbewußten auf die einseitige Vermännlichung des Göttlichen handelt[5]. Da seine Funktion der Ausgleich aller Einseitigkeiten ist, produziert es nunmehr weibliche Bilder und Symbole des Göttlichen, um so die männliche Einseitigkeit zu kompensieren.

Es erscheint mir in diesem Zusammenhang äußerst wichtig, daran zu erinnern, daß es sich bei den Dogmen letztendlich um in Worte übertragene Urbilder des Seins handelt, die von der Menschheit zu allen Zeiten in wechselndem Auftreten *erfahren* wurden.

Wie ich in dieser Arbeit zeigen möchte, sind die inhaltlichen Aussagen aller vier Mariendogmen auch den ältesten Religionen seit Jahrtausenden vor Entstehen des Christentums bekannt gewesen. Ihr Ursprung ist also nicht im christlichen Glauben, sondern primär in der menschlichen Seele zu suchen. Bei diesen Dogmen handelt es sich daher nicht um willkürliche, allein dem männlichen Bewußtsein entsprungene Spekulationen, sondern, wie die Kirche ganz richtig sagt, um Inspirationen durch den Heiligen Geist, also etwas das Bewußtsein des Menschen Transzendierendes, das daher auch nicht nur mit dem Verstand erfaßt werden kann. So beklagt beispielsweise Gerhard Voss, daß innerhalb der christlichen Tradition aus Bildern des Heils Informationen über Heilstatsachen geworden sind und daß Glaubenswahrheiten zu wenig als emotional wirksame Urbilder und zu einseitig als emotional unwirksame Deutungen von Fakten übermittelt werden[6].

Recht ähnlich beschreibt der katholische Theologe und Psychotherapeut Eugen Drewermann dieses Dilemma: »Die objektive Unwirksamkeit der Dogmen und sakramentalen Symbole ergibt sich im Christentum gerade aus der Verstandeseinseitigkeit, mit der diese Religionsform die Mythenfeindlichkeit des Judentums, die Rationalität der griechischen Philosophie und die patriarchalische Ablehnung der gemüthaften, weiblichen Schichten der menschlichen Psyche in sich aufgenommen hat.«[7] Drewermann fordert daher zu Recht, daß das Christentum »sich auf den religiösen Ursprung seiner eigenen Bilder im Unbewußten« zurückbesinnen solle[8].

Die Begründung, die Drewermann für die Unwirksamkeit der Dogmen und Symbole gibt, ist sehr aufschlußreich. Nach seiner Aussage treffen hier Mythenfeindlichkeit, Ablehnung des Weiblich-Gemüthaften sowie ein Übermaß an Rationalität aufeinander. Mit anderen Worten: Es ist das weibliche Dimensionen ausschaltende Männliche, das der Wirksamkeit seiner eigenen Dogmen im Wege steht. Wie aber soll ein Symbol wirksam sein, wenn die Quellen, die es speisen, abgelehnt werden?

Bei genauerem Hinsehen wird deutlich, daß das Dogma in einem recht ähnlichen Verhältnis zum Symbol steht wie der Logos zum Mythos.

So wie das Symbol dem Dogma vorausgeht und folglich tiefere Schichten in der Seele anzusprechen vermag, ist auch der Mythos der Vorläufer des Logos. Wer den Mythos nicht mehr versteht oder wahrhaben will, klammert sich an den Logos, die erklärende und beweisende Rede, die sich nur noch an den Verstand richtet und schließlich in die Wissenschaftssprache mündet, der es nur noch um beweisbare Fakten geht, die dabei aber ganz wesentliche Dinge übersieht und unberücksichtigt läßt, nur weil sie nicht zum Gegenstand der Erforschung gehören. Auch bleibt sie immer wieder die Antwort auf die Frage schuldig, was diese Fakten für den Menschen bedeuten. Wo aber der Bezug zum Menschen verlorengeht, verlieren sie ihre Wirkung, ohne diese verwirken sie wiederum ihre Wirksamkeit und Wirklichkeit im menschlichen Bewußtsein. Darum muß solche Art von Faktenwissen mühsam auswendig gelernt und gespeichert werden, damit es für bestimmte Arbeitsbereiche abrufbar ist. Ein Bildungswert im echten Sinne des Wortes geht von solchem Wissen aber nicht aus, da es nicht mehr in einem lebendigen Bezug zum Menschen steht.

Ähnlich ist es mit dem Dogma, das nach kirchlicher Auffassung ein historisches Faktum vermitteln soll. Da dieses nicht mehr nachgewiesen werden kann, muß es im Vertrauen auf die Wahrheitsliebe der Kirche geglaubt werden. Da aber dem historischen Ereignis die Einmaligkeit seines Geschehens bescheinigt wird, kann es keine Beziehung zum Menschen eingehen und bleibt so unwirksam.

Anders als bei Logos und Dogma geht es beim Mythos und Symbol nicht um vordergründige Fakten oder einmalige Ereignisse, sondern um die tiefsten Wahrheiten menschlichen Seins. Interessant ist in diesem Zusammenhang, daß auch die logischste aller Wissenschaften, die Mathematik, ihre »letzten Wahrheiten« nur noch in Symbolen auszudrücken vermag.

Drückt das Symbol eine Wahrheit bildhaft aus, so bedient sich der Mythos der bildhaften Rede. Beiden geht es darum, jene Wahrheit zu vermitteln, die sich hinter dem oberflächlich Wahrgenommenen verbirgt. Das Symbol kann wohl als der älteste Wahrheitsvermittler angesehen werden. Entsprechend drücken sich die tiefsten Schichten der Seele auch nicht in Worten, sondern in Bildern und Symbolen aus, die in früheren Zeiten noch intuitiv erfaßt wurden. Sie konnten unmittelbar auf die menschliche Seele wirken, während sie heute der Erläuterung bedürfen.

Recht ähnlich erging es dem Mythos. Er gab ursprünglich Kunde von der Wahrheit, von jener Wirklichkeit, in der der Mensch lebte. Dann jedoch wurde die mythische Rede zunehmend mißbraucht zur Rechtfertigung patriarchaler Machtinteressen und verkam schließlich zu einer Lügengeschichte. Mehr ist für die meisten Menschen heute der Mythos wohl kaum noch, weil nur selten differenziert wird zwischen den echten Mythen, die geschaute Wahrheiten enthalten, und mythologischen Geschichten oder mythenähnlichen Berichten, bei denen es sich oftmals um willkürlich veränderte Mythen handelt. Als Beispiel könnten eine Reihe griechischer Mythologien angeführt werden oder aber die biblische Erzählung von der Erschaffung Evas aus der Rippe Adams; denn diese Geschichte will von der Tatsache ablenken, daß jeder Mann im Leib einer Frau entstanden ist. Die Mutter als primär Gegebene ist dem patriarchalen Weltbild ein Greuel, das mit dieser Geschichte beseitigt werden soll. Am Anfang – wenn auch nur einmal – war eben alles anders. Dieses einmalige Außerkraftsetzen der Naturgesetze steckt ja auch hinter dem Dogma von der Jungfrauengeburt, das nach kirchlichem Verständnis biologisch verstanden werden soll. Der symbolische

Gehalt des Bildes der Jungfrau spielt dann nur noch eine untergeordnete Rolle und kann je nach Bedarf miteingebracht werden in den dafür vorgesehenen Rahmen, was natürlich eine positive, das heißt frauenfreundliche Wirkung auch dieses Symbols verhindert.

So gesehen verhindert natürlich das Dogma den Zugang zum Symbol. Erst wenn wir die Deutungen der Kirche kritisch hinterfragen und das Symbol unmittelbar auf uns wirken lassen oder es in einem anderen religionsgeschichtlichen Kontext betrachten, enthüllt es uns seine tiefere Wahrheit, die selbstverständlich immer auch etwas mit uns selbst zu tun hat. Es kann so für uns zum Mittler zwischen der Vergangenheit und der Gegenwart werden.

Symbole sind ja niemals Ausdruck eines einmaligen historischen Ereignisses, was in den Kirchen beider Konfessionen gern übersehen wird, sondern sie beinhalten eine zeitlose Wahrheit. Wir können sie also nur dann wirklich verstehen, wenn wir uns auf sie einlassen, uns mit ihnen identifizieren und sie so durch uns selbst neu erfahren. Wie Erich Neumann erläutert, ergreifen Symbole »die Ganzheit der menschlichen Persönlichkeit, die von ihnen erregt und fasziniert wird, und ziehen das Bewußtsein an, das sie zu deuten sucht. ... Das Symbol ist also, abgesehen von seiner dynamischen Wirkung als ›Energietransformator‹, auch ein ›Bewußtseinsbildner‹, der die Psyche zur Verarbeitung des unbewußten Inhaltes oder der unbewußten Inhalte drängt, die im Symbol enthalten sind. Diese Verarbeitung mündet in der Bildung von Anschauungen, Orientierungen und Begriffen durch das Bewußtsein, die zwar ursprünglich dem Sinngehalt des Symbols und damit dem kollektiven Unbewußten, dessen Teil der Archetyp ist, entstammen, nun aber auch unabhängig von ihrer Genese eine eigene Existenz und Gültigkeit beanspruchen.«[9]

Das Symbol steht demnach in engster Verbindung mit unserem eigenen Innern. Wie Mircea Eliade schreibt, gehören Symbol, Mythos und Bild zur »Substanz des geistigen Lebens; man kann sie verschleiern, man kann sie verstümmeln, man kann sie degradieren, aber man kann sie niemals tilgen«; denn sie kommen von sehr weit: »Sie sind ein Teil des menschlichen Wesens, und es ist unmöglich, sie in gleich welcher existentiellen Situation des Menschen im Kosmos *nicht* wiederzufinden.«[10] Im Innern des Menschen vorhanden, vermögen sie uns zu erinnern an längst verdrängte Wahrheiten, die für die Lebensbewältigung von größter Bedeutung sein können. Es kann uns also »zurückbinden«, was mit Religion ja eigentlich gemeint ist. Auch hilft es uns, »richtig zu lesen«, was ebenfalls mit Religion gemeint sein kann, wenn das Wort von »relegere« abgeleitet wird statt von »religare«.

Das Symbol – und in diesem Fall insbesondere die Mariensymbolik – vermag uns also zu unseren weiblichen Wurzeln zurückzuführen, wenn wir lernen, es neu zu lesen, wozu dieses Buch beitragen möchte. Die dogmatischen Aussagen dienen sozusagen als Ausgangspunkt, von dem aus der Rückweg angetreten werden soll zur Aneignung verlorengegangener geistiger Substanz, die in den Tiefenschichten unserer Seele darauf wartet, gehoben zu werden.

Psychologisch gesehen – und die Religionswissenschaften bestätigen dies – handelt es sich bei den im Dogma erfaßten Symbolen um jene Urbilder oder Archetypen, die zum seelischen Bestand der Menschheit gehören und die daher nicht ohne die bereits bekannten negativen Auswirkungen von Abspaltungs-, Verdrängungs- und Entfremdungsprozessen aus der Seele entfernt oder der Seele vorenthalten werden können.

Gerade dies hat aber die protestantische Theologie mit ihrem bilderstürmerischen Männlichkeitswahn zur Genüge getan. Der symbolische Reichtum, der sich im Laufe von Jahrhunderten christlichen Glaubens angesammelt hatte, schmolz zusammen auf das männliche »reine lautere Wort«, das sich für viele protestantische Christinnen als seelischer Schmalhans erwies.

Ihr Leiden an dieser symbolischen Armut beschreibt Ursa Krattiger in ihrem Buch »Die perlmutterne Mönchin«[11]: »Aber ich hatte es satt, an den hart und trocken gewordenen Krümeln des ›puur luter wort‹ herumzuwürgen. Nur und ausschließlich ›im Geist und in der Wahrheit‹ anbeten und die Sinne und den Leib, die Blumen und Früchte, die Erde und die Sterne bloß den niedrigen, den nicht-geistlichen Bereichen des Lebens, dem Nur-Profanen und ja nicht dem Sakralen zurechnen: Das ging nicht mehr. Das geht für mich nicht mehr. Das mache ich nicht mehr mit. So ein ›Geist‹ verflüchtigt sich mir, löst sich auf, wird zu nichts. Nur-Geist: Un-Geist. Und keine Wahrheit mehr.«

Recht hat sie, die Schweizerin und ehemals reformierte Protestantin und Pfarrerstochter. Die Wahrheit – und zumal jene göttliche Wahrheit, die uns unbedingt angeht – ist ganzheitlich und kann nicht ungestraft auf das dem männlichen Bewußtsein der Bilderstürmer ausreichend erscheinende Maß zusammengestutzt werden. Das Symbol muß bleiben; denn das Bild hat ältere Rechte. Es »geht in der Entwicklung des menschlichen Bewußtseins stets dem Gedanken voraus«[12].

Heute spüren wir allenthalben die Tendenz der Begriffssprache, durch ihre Verobjektivierung und Einschränkung (Definition) schließlich in der Erstarrung zu enden. Ein Grund, weshalb auch das nicht mehr als symbolische Wahrheit verstandene Dogma einem aufgeklärten, auf Rationalität bauenden Bewußtsein zuwider ist und letztlich der Lächerlichkeit preisgegeben wird. Daher zeichnen sich auch heute katholische Theologiestudentinnen dadurch aus, daß die Mariologie aus ihrem Fächerkanon gestrichen wurde und sie kaum eines der Mariendogmen näher kennen.

Wenn ich aber hier *für* das Mariendogma plädiere, so geschieht dies ausschließlich aufgrund seines symbolischen Wahrheitsgehalts, auf keinen Fall jedoch aufgrund der kirchlichen Interpretation dieser Symbole, für die das zutrifft, was ich gerade über die Begriffssprache ausgeführt habe. Diese ist starr, einengend, geschlossen. Die Sprache der Symbole hingegen ist dynamisch, vielseitig interpretierbar und daher offen. Genau diese Eigenschaften sind es, die das Sterben eines Symbols verhindern und statt dessen seine Neubelebung bewirken können.

Aus meiner Sicht ist es daher nicht die Aufgabe einer feministischen Theologie, Bilder und Symbole abzureißen oder gar zu zerstören, sondern lediglich deren Deutungen, die nachweislich zerstörerische Wirkung haben. Das Symbol wirkt auch ohne Worte auf die Gesamtpersönlichkeit des Menschen – das Dogma nicht. Gerade in der Erhaltung und Neuinterpretation der symbolischen Inhalte der Dogmen liegt unsere Chance als Frauen, Seele und Geist neue Nahrung zukommen zu lassen und dabei neue Identifikationsmodelle zu entdecken – unsere eigene Neuwerdung mitzugestalten und voranzutreiben. Die neu zu entdeckende Wahrheit, die in den Symbolen liegt, kann uns in der Tat frei machen von seelischen Vergewaltigungen, die wohl alle im christlichen Glauben groß gewordenen Frauen durchgemacht haben, weil sie sich an von Männern entworfenen und Männern nützenden Bildern des Weiblichen orientieren mußten.

Auch möchte ich die symbolischen Inhalte der Mariendogmen nicht zuletzt darum in der feministischen Theologie erhalten wissen, weil sie uns ein Stück matriarchaler Wahrheit vermitteln können, das von der evangelischen Theologie so gänzlich zerstört wurde. Wenn auch inzwischen die dogmatischen Lehrsätze und ihre Interpretationen durch Kirchenmänner eine ähnlich zerstörerische Wirkung an den Tag legen wie der protestantische Bildersturm, so wird diese doch durch die umfassendere Selbstoffenbarungstendenz der Symbole und ihre grundsätzliche Offenheit für die betrachtende Seele eingeschränkt.

Vielleicht eröffnet sich uns die Möglichkeit, in den Mariendogmen »pneumatische Strukturen von höchster Schönheit und einem bewundernswerten Sinn«[13] wiederzuerkennen, wenn wir sie für uns neu erschlossen haben.

Geboren von der Jungfrau Maria

Von einer Jungfrau ist die ganze Welt gemacht,
durch eine Jungfrau wird sie neu und wiederbracht.

Angelus Silesius

Wie Tau vom Herrn,
wie Tröpflein auf dem Gras,
die auf keinen Mann harren
und nicht auf Menschensöhne warten.

Micha 5,6 talmudisch

Die christliche Überlieferung

Seit fast zwei Jahrtausenden bekunden Sonntag für Sonntag evangelische und katholische Christen gleichermaßen ihren Glauben an die Geburt des Erlösers aus der Jungfrau Maria. Für viele von ihnen ist dieses Bekenntnis allerdings zu einer formelhaften Rede geworden, die längst nicht mehr Ausdruck ihres persönlichen Glaubens ist, sondern das Resultat einer Art gottesdienstlichen Gruppenzwangs, so daß Theologen sich bereits seit einigen Jahren Gedanken über eine entsprechende Neuformulierung des Glaubensbekenntnisses machen. Dies trifft zumindest für die protestantische Seite zu.

Aber auch auf katholischer Seite gerät der Jungfrauenglaube ins Wanken. »Wie soll das geschehen?« fragen katholische Frauen nicht nur hinter vorgehaltener Hand. Da sie auf diese Frage keine Antwort bekommen, rücken sie von Maria ab und gehen mit Christus zur Tagesordnung über.

Auf diese Weise kommt es zu Gemeinsamkeiten, durch die ganz absichtslos ein weiteres Stück Ökumene verwirklicht wird. Diese Gemeinsamkeiten lassen sich in drei Punkten zusammenfassen:

1. Das Bekenntnis des Glaubens an die Jungfrau Maria, aus der Jesus geboren wurde.
2. Zweifel an der Jungfrauengeburt Jesu bis hin zur Ablehnung.
3. Distanz zu Maria bis hin zu völliger marianischer Abstinenz.

Diese drei Glaubenshaltungen lassen sich aber bereits in den ersten christlichen Überlieferungen nachweisen.

Es ist auffallend, wie einmütig protestantische, aber auch die meisten katholischen Theologen darin übereinstimmen, daß das marianische Interesse der ersten Christen gleich Null war. Begründet wird diese Meinung damit, daß die Informationen über sie um so spärlicher werden, je früher die Überlieferung angesetzt werden kann. Auch hat es den Anschein, als sei den ersten Schreibern, Paulus und Markus, der Mythos von der Jungfrauengeburt noch gar nicht bekannt gewesen. In ihren Schriften jedenfalls findet sich davon nichts. Zu dem paulinischen Desinteresse an Maria gesellt sich seine Uninteressiertheit an Christus »dem Fleische nach«, also am historischen Jesus, wie er es 2. Korinther 5,16 bekundet. Auf diese

Weise macht er aus der Not, im Gegensatz zu den Jüngern dem irdischen Jesus nie begegnet zu sein, eine Tugend. Sein Glaube gilt nicht dem Menschensohn, als der Jesus sich selbst bezeichnet, sondern dem Sohn Gottes, dem auferstandenen Christus.

Nun würde wohl kein Theologe auf die Idee kommen, aufgrund des mangelhaften Interesses des Paulus am leibhaftigen Jesus eine generelle Gleichgültigkeit der ersten Christen gegenüber dem irdischen Mann aus Nazareth anzunehmen. Eine solche Annahme wäre in der Tat absurd – aber dann wohl auch im Hinblick auf Maria. Bei ihr scheint aber nach wie vor eine solche Schlußfolgerung in theologischen Kreisen gang und gäbe zu sein. Immer wieder nehmen insbesondere protestantische Theologen den Umstand, daß Paulus Maria nie erwähnt und Markus keine Kindheitsgeschichte Jesu geschrieben hat, zum Anlaß, die Bedeutungslosigkeit Marias für die frühe Christenheit als erwiesen darzustellen. Ich will hier noch nicht das Gegenteil behaupten. Es geht mir vorerst nur darum, die Unmöglichkeit solcher Art des Folgerns aufzudecken.

Nur an einer Stelle beschreibt Paulus den Sohn Gottes als »von einem Weibe geboren«[1]. Nicht einmal ihr Name ist ihm der Überlieferung wert. Damit bekundet er, daß ihn Maria weder als Mutter Jesu noch gar als eigenständiger Mensch interessiert. Das gleiche gilt für Josef, der als leiblicher Vater Jesu nirgends erwähnt wird.

Paulus' Interesse gilt ausschließlich dem auferstandenen Christus, genauer gesagt, dem eigenen Erleben dieses Auferstandenen, wie es sich in seinem Damaskus-Erlebnis niedergeschlagen hat. Diese Christozentrik, die oft kaum von Egozentrik unterschieden werden kann, klammert alles aus, was nach Meinung ihrer Vertreter nicht unmittelbar im Zusammenhang mit diesem Christus steht. Oder aber sie interpretiert alles andere auf diesen Christus hin. Ein Vorgang, dem wir noch häufig bei unserem Gang durch die Dogmengeschichte begegnen werden.

Bei solcher Christozentrik ist dann kein Raum mehr für einen Jesus, der sich mit der Sophia, der weiblichen göttlichen Weisheit, identifiziert und dies dadurch dokumentiert, daß er sich mit Frauen umgibt, mit denen er nicht nur hoch geistige

Gespräche, sondern auch körperlichen Umgang pflegt. Das läßt sich selbst aus den uns überkommenen zensierten Schriften des Neuen Testaments noch herauslesen. Am realen Verhalten Jesu waren die männlichen Überlieferer nie so recht interessiert. Damit macht Paulus den Anfang und sägt so schon früh den Ast ab, auf dem das Christentum hätte sitzen sollen. Seine Idee von Christus dem Auferstandenen wird ihm wichtiger als Jesus selbst. Allein für diese Idee wirbt er. Verflucht wird daher, wer ein anderes Evangelium predigt als er[2].

Halten wir also fest, daß Maria hier das Los des Übergangenwerdens mit ihrem Sohn aus Fleisch und Blut teilt.

Bis in die heutige Zeit läßt sich dieses Phänomen feststellen: Männliche Ideen werden wichtiger als menschliche Wirklichkeit. Konkret sieht es dann so aus, daß die Idee der Freiheit wichtiger wird als reales Leben, Paragraphen werden wichtiger als Menschen. Erst kürzlich wurde uns diese Haltung an einem Beispiel aus Hamburg buchstäblich vor Augen geführt. Dort hatte sich eine philippinische Mutter mit ihren zwei Kindern in eine Kirche geflüchtet, aus der sie von einem Aufgebot von sechzig Polizisten gewaltsam geholt, in ein Flugzeug gesetzt und nach Manila abgeschoben wurde. Den neu erlassenen Bestimmungen wurde damit Genüge getan – und der Menschlichkeit ein Dolchstoß versetzt.

An Maria nicht interessiert scheint neben Paulus auch Markus, jener Evangelist, der vor allen anderen schreibt – um 70 n. Chr. Wohl erwähnt er einige Male Maria als Mutter Jesu, überliefert aber weder eine Geburts- noch eine Kindheitsgeschichte Jesu. Ob die Ursache für dieses Schweigen Desinteresse, Nicht-Wissen oder aber bewußte Unterdrückung gewisser frühchristlicher Strömungen ist, können wir heute wohl nicht mehr feststellen.

Einige Jahre nach der Abfassung des Markusevangeliums entstehen – möglicherweise unabhängig voneinander – die Evangelien des Matthäus und Lukas, die beide auf ihre Art von der jungfräulichen Geburt Jesu berichten, wobei allerdings das Interesse des Matthäus an der Jungfrau Maria weit hinter dem des Lukas zurückliegt.

Bei Matthäus steht Josef im Zentrum der Geburtsereignisse: Obgleich der Akt der Heimholung der Braut noch nicht stattgefunden hat, Josef also erst verlobt war mit Maria, entdeckt er ihre Schwangerschaft. Fromm wie er ist, kommt eine Ehe mit ihr nun natürlich nicht mehr in Frage, und so plant er – treu nach Männerart – sie klammheimlich zu verlassen. Doch da erscheint ihm ein Engel im Traum und hält ihn an, Maria nicht im Stich zu lassen; »denn das in ihr geboren ist, das ist von dem heiligen Geist«[3].

Daß es sich bei diesem Heiligen Geist nicht etwa um eine Art göttliches Sperma handeln kann, wie vielfach angenommen, zeigt die Tatsache, daß Matthäus für Juden schrieb und hier nur die »Ruach« Gottes meinen konnte, die weibliche Kraft des Göttlichen, die im Griechischen zum »pneuma« und damit zu einem Neutrum wurde und sich dann im Lateinischen und Deutschen in den männlichen »spiritus sanctus«, den Heiligen Geist verwandelte.

Zweimal erwähnt Matthäus, daß das zu erwartende Kind aus einer Beziehung zwischen Maria und der Heiligen Ruach – zu deutsch der Heiligen Geistin – entstanden ist. Die Verbindung einer Frau mit dem göttlichen Weiblichen wird hier als Ursache einer geistigen Neugeburt beschrieben. Daß es Matthäus dabei in der Tat um die Übermittlung eines geistigen Inhalts geht und nicht etwa um die Darlegung eines biologischen Ausnahmezustandes, wird an zwei Stellen seines Textes deutlich. Zum einen läßt er die Abstammung Jesu über Josef laufen, wenn er schreibt: »Jakob zeugte Joseph, den Mann Marias, von welcher ist geboren Jesus, der da heißt Christus.«[4] Ein Interesse an der Abstammung Josefs kann doch nur haben, wer in ihm den leiblichen Vater Jesu sieht. Zum anderen sieht Matthäus in der Schwangerschaft Marias die Erfüllung von Jesaja 7,14 wo es von einer jungen Frau (nicht Jungfrau!) heißt, daß sie schwanger sein und einen Sohn gebären werde, der Israel erlösen soll.

Ob Matthäus mit dieser Verknüpfung zwischen der Geburt Jesu und jener des bei Jesaja angekündigten »Immanuel« (Gott mit uns) auch auf die biologische Jungfrauengeburt Jesu verweisen will, wie bis heute noch katholische Theologen glauben, sei dahingestellt. Denknotwendig erscheint mir ein solcher Schluß keinesfalls. Schließlich können wir davon ausgehen, daß Matthäus die Überlieferung von der jungfräulichen Geburt Jesu bereits vorgefunden hat.

Das gleiche gilt für Lukas, bei dem die Gestalt Marias einen viel breiteren Raum einnimmt. Seine Weihnachtsgeschichte ist als der biblische Ausgangspunkt aller Marienverehrung anzusehen.

Stellt Matthäus den Glauben und Gehorsam Josefs in den Mittelpunkt der Ereignisse, so hebt Lukas auf den Glauben und Gehorsam Marias ab. Ihre Antwort auf die Verkündigungsbotschaft des Engels lautet: »Siehe, ich bin des Herrn Magd; mir geschehe, wie du gesagt hast.«[5] Als junge, selbständige Frau ist sie in der Lage, über sich selbst zu verfügen und sich in den Dienst des Allerhöchsten zu stellen – und zwar ganz. Ihr Leib ist noch nicht in den Besitz eines Mannes übergegangen, er gehört ihr. Die angekündigte Schwangerschaft nimmt sie Wunder, denn sie weiß von keinem Manne. Genau wie bei Matthäus wird auch hier auf die Heilige Geistin als Urheberin dieses Ereignisses hingewiesen[6]: »Der Engel antwortete und sprach zu ihr: Der heilige Geist wird über dich kommen, und die Kraft des Höchsten wird dich überschatten; darum wird auch das Heilige, das von dir geboren wird, Gottes Sohn genannt werden.«

Daß Lukas hier versucht, geistige Zusammenhänge darzulegen, die auch nur geistig verstanden werden können und durch jegliche biologisch-materialistische Interpretation ins Absurd-Lächerliche gezogen werden, zeigt ein Vergleich mit ähnlich geistigen Vorstellungen, die wir an anderen Stellen der Bibel finden.

Einer Reihe von Theologen beider Konfessionen ist bereits die Ähnlichkeit dieser Lukas-Worte mit 2. Mose 40,34 f. aufgefallen. Dort ist die Rede von der Stiftshütte, in der sich die Bundeslade befand, die überschattet wurde von einer Wolke, was als Zeichen für die Anwesenheit Gottes galt. Diese göttliche Gegenwart wird nun wiederum mit einem weiblichen Symbol beschrieben, der Schechina, die das Volk überallhin begleitet und führt. Durch diese Schechina über der Lade, deren Symbolik ebenfalls weiblich ist, wird Mose der Zutritt zur Stiftshütte verwehrt. Wo sich das göttliche Weibliche mit dem irdischen Weiblichen verbindet, darf Männliches nicht zugegen sein.

Genau diesen Zusammenhang beschreiben Matthäus und Lukas auf ihre Art. Für beide ist Maria die Verlobte Josefs, befindet sich also noch im Zustand der Eigenständigkeit und ist noch nicht in seinen Besitz übergegangen; denn nichts anderes bedeutet der Akt der Heimholung nach jüdisch-patriarchalischem Recht jener Zeit.

Noch kann Maria selbst über sich verfügen. Matthäus legt Wert darauf, daß Josef sie bis zur Geburt des Kindes nicht berührt: »Und er erkannte sie nicht, bis sie ihren ersten Sohn gebar.«[7] Und Lukas läßt Maria auf die Verkündigung des Engels hin fragen: »Wie soll das geschehen, da ich von keinem Manne weiß?«[8]

Ganz eindeutig dient hier das Bild der Jungfrau der Ausschaltung männlicher Potenz im umfassendsten Sinn. Beiden Vätern, deren Söhne das neue Zeitalter eröffnen, wird die eigene Namensgebung untersagt. Benennen heißt beherrschen. Die einst Adam im Paradies zuerkannte Benennfunktion wird Zacharias und Josef abgesprochen. Der Name des jeweiligen Kindes wird ihnen offenbart. Zacharias, der fromme und gesetzestreue Priester, verliert sogar seine Sprache. Für diesen neuen Äon, in dem sich das Göttliche ganz neu offenbaren will, reicht männlich-patriarchalische Sprache nicht mehr aus. Sie hatte ein System geschaffen, das nun seinem Ende entgegenging.

Männliche Herrschaft ist im neuen Äon nicht mehr gefragt; statt dessen wird der Mann zum Dienen berufen. Das erfährt Josef bei Matthäus im Traum unter Ausschaltung seines männlichen Tagesbewußtseins, das ihn zuvor zum Verlassen Marias angehalten hatte. Der Engel spricht aus dem Unbewußten, jenem Teil der männlichen Seele, der in der Analytischen Psychologie C. G. Jungs als spezifisch weiblich angesehen wird und in dem völlig andere Wertvorstellungen beheimatet sind. Hier werden Josef Verhaltensmöglichkeiten eröffnet, auf die er selbst nie gekommen wäre. Er soll mit seinem Leben Maria und dem erwarteten Kind dienen, ohne damit einen Anspruch auf sexuelle Gegenleistung zu verbinden. – »Siehe, ich mache alles neu!«

Diese Neuschöpfung geschieht durch Marias Hingabe an die Heilige Ruach, die über sie kommt. Die lukanische Beschreibung ruft des weiteren das erste Bild der Schöpfungsgeschichte wach: »... und die göttliche Ruach schwebte über den Wassern.«[9] Wie die Bundeslade ist auch die Symbolik des Wassers zutiefst weiblich. Und so wundert es kaum, daß Maria im

Laufe der christlichen Tradition für beides stehen konnte. In der Lauretanischen Litanei wird sie angeredet mit: »Du goldenes Haus – Du Bundeslade« und gepriesen als »die ewige Herrin des Wassers«[10]. Auch ihr Name »Mirjam« wird vielfach übersetzt mit »bittres Meer«. Und schließlich ist sie der Schutz der Seeleute, denen sie als Meerstern (stella maris) Orientierung und Geleit gibt.

Wie bei Matthäus und Lukas deutlich wurde, gebrauchen sie das Bild der Jungfrau, aus deren Verbindung mit dem Göttlich-Weiblichen das neue Bild Gottes entsteht, um von vornherein Kategorien des Männlichen auszuschalten. Dieselbe Absicht finden wir auch bei Johannes, dem vierten Evangelisten, der sein Evangelium als letzter schreibt. Er setzt die biologische Zeugung des Menschen der Zeugung aus Gott entgegen. Der Mensch des neuen Äon ist »nicht aus dem Willen des Mannes, sondern aus Gott gezeugt«[11]. Deutlicher läßt sich die Absicht, eine geistige Neuschöpfung zu beschreiben, wohl kaum ausdrücken. Gleichzeitig wird damit die Gültigkeit des zweiten Schöpfungsberichtes aufgehoben. Die dort behauptete männliche Urheberschaft des Lebens, verdeutlicht im Bild des Adam, der Eva aus sich entläßt, wird von allen drei Evangelisten zurückgenommen und geradezu ins Gegenteil verkehrt: Die neue Schöpfung entsteht gerade nicht aus dem Mann. Das Recht auf Benennung dieser Welt, mit dem immer auch Herrschaftsrecht verbunden ist und das Adam auf göttliches Geheiß hin ausübt, wird dem Mann für den neu anbrechenden christlichen Äon aberkannt. Auch die göttliche Strafe weiblichen Verlangens nach dem Mann sowie dessen Herrschaftsrecht über die Frau[12] werden mit dem Bild der Jungfrau, die von keinem Mann erkannt wurde, aufgelöst.

Diese Konzentration der Evangelisten Matthäus und Lukas auf weibliche Schöpferinkraft und Eigenständigkeit der Frau im Umgang mit sich selbst und ihrer Gottesbeziehung wurde in der Vergangenheit durch eine biologistische Interpretation bis zur Unkenntlichkeit entstellt. Dabei haben sich bereits in den ersten Jahrhunderten unserer Zeitrechnung gnostische Christen lustig gemacht »über solche buchstabenhörigen Christen, die die Jungfrauengeburt irrtümlich auf Maria, Jesu Mutter, beziehen, als ob sie unabhängig von Joseph empfangen hätte: Sie wissen nicht, was sie sagen. Wann würde je eine Frau von einer Frau empfangen?«[13] Mit diesen letzten Worten spielen sie auf die Heilige Geistin an. Dafür wurden die gnostischen Christen dann auch von den Orthodoxen verketzert und ihre Schriften nicht in den neutestamentlichen Kanon aufgenommen, so daß sie zu einem großen Teil verlorengegangen sind oder aber jahrhundertelang verschollen waren und erst jetzt nach und nach aus der Versenkung auftauchen.

Mit diesen gnostischen »Häretikern« erhalten all jene Christen Aufwind, denen aufgrund eines sicheren Instinkts, der sich gegen alle Wundersucht wendet, die biologisch verstandene Jungfrauengeburt unglaubwürdig erscheint. Andere, die das »Geboren von der Jungfrau Maria ...« zu einem tieferen symbolischen Verständnis haben heranreifen lassen, finden durch Gnostiker und Evangelisten gleichermaßen reichlich Unterstützung.

Wer aber Maria übergeht, kann auch diese Haltung biblisch rechtfertigen: mit Paulus, dessen Einfluß auf protestantische Kreise bis heute ungebrochen ist.

Entwicklung des Dogmas

So dunkel wie die Geburt des göttlichen Sohnes, so dunkel ist auch die Entstehungsgeschichte des Dogmas, dessen Existenz sogar abgestritten wird. Für einen der bedeutendsten Mariologen der Gegenwart, Wolfgang Beinert, ist das »Geboren von der Jungfrau Maria ...« noch lange nicht der wichtigste Satz in der katholischen Marienlehre und ist »niemals formell und feierlich von einem Konzil als solcher definiert worden«[14]. Es gibt allerdings auch anderslautende Aussagen, denen wir noch nachgehen werden.

Im vorigen Abschnitt wurde bereits deutlich, daß die neutestamentlichen Autoren nur ein sehr bedingtes Interesse an Maria hatten – wenn überhaupt. Dieser Tendenz, den Informationsstand über Maria in der frühchristlichen Gemeinde möglichst niedrig zu halten, wirkt schon bald eine ins Kraut schießende Legendenbildung entgegen. Mit Sicherheit kommt diesen Legenden bei der Entstehung des Dogmas eine ebenso große Bedeutung zu wie den Überlieferungen des Lukas und Matthäus.

Die wohl wichtigste dieser Legenden finden wir im »Protoevangelium Jacobi«, das in die Mitte des 2. Jahrhunderts datiert wird. Hier der gekürzte Inhalt nach Georg Söll[15]:

Die Eltern Mariens, Joachim und Anna, beklagen ihre Kinderlosigkeit. Als ein Engel verkündet: »Anna, Anna, der Herr hat deine Bitte erhört. Du wirst empfangen und gebären, und deine Nachkommenschaft wird in der ganzen Welt genannt werden« (4,1), gelobt die Begnadete, ihr Kind »meinem Gott als Opfer darzubringen«, um ihm Dienste zu verrichten »alle Tage seines Lebens«. Dem bei der Herde weilenden Vater sagt der Engel: »Ziehe hinab! Anna, deine Frau, hat in ihrem Leib empfangen.« Das Kind erhält den Namen Maria, soll nach dem ersten Gehversuch »nicht mehr auf diesem Erdboden Schritte machen« (6,1) und nichts Profanes oder Unreines zu sich nehmen. Am zweiten Geburtstag vor dem ganzen Volk vom Priester gesegnet, wird Maria mit drei Jahren gemäß dem Gelübde der Mutter in den Tempel zu anderen Jungfrauen gebracht, wo der Priester sie mit den Worten empfängt: »Der Herr hat deinen Namen groß gemacht: unter allen Geschlechtern; an dir wird der Herr am Ende der Tage seine Erlösung für die Söhne Israels offenbaren. Und Gott der Herr legte Anmut auf das Kind, und es tanzte vor Freude mit seinen Füßchen, und ganz Israel gewann es lieb« (7,23).

Als Maria zwölf Jahre alt geworden war, beratschlagten die Priester, was mit ihr zu tun sei. Dem im Heiligtum um Erleuchtung betenden Hohenpriester wurde durch einen Engel geraten, die Witwer des Volkes zusammenzurufen und jedem einen Stab zu überreichen. Als aus dem Stab des Josef eine Taube hervorkam, wurde ihm Maria anvertraut. Auf seinen Einspruch: »Ich habe schon Söhne und bin alt«, beruhigten ihn die Priester und warnten ihn vor Auflehnung gegen den Willen Gottes (9,2). Josef nahm Maria nun in seine Obhut und sagte zur ihr: »Ich habe dich aus dem Tempel des Herrn empfangen und lasse dich nun in meinem Hause und gehe fort, um meine Bauten zu errichten; (darnach) werde ich (wieder) zu dir kommen: der Herr wird dich bewahren« (9,3). Inzwischen lassen die Priester von Jungfrauen einen neuen Tempelvorhang anfertigen und holen dazu auch Maria. »Zu jener Zeit wurde Zacharias stumm.«

Als Maria eines Tages hinausging, um Wasser zu holen, trat ein Engel des Herrn vor sie hin: »Fürchte dich nicht, Maria; denn du hast Gnade gefunden vor dem Allmächtigen und wirst nun aus seinem Wort empfangen.« Auf die Frage Mariens: »Ich sollte empfangen vom Herrn, dem Lebendigen, (und gebären,) wie jede Frau gebiert?«, beruhigte sie der Engel: »Nicht so, Maria; denn Kraft des Herrn wird dich überschatten; darum wird auch das, was aus dir geboren wird, heilig, Sohn des Höchsten genannt werden. Und du sollst seinen Namen Jesus heißen; denn er wird sein Volk von Sünden retten.« Und Maria sprach: »Sieh, (ich bin) die Magd des Herrn vor ihm; mir geschehe nach deinem Wort« (11,5–7). Daraufhin begab sich Maria zu Elisabeth (die hier zum erstenmal genannt wird) und blieb drei Monate bei ihr. »Maria aber war 16 Jahre alt, als alle diese geheimnisvollen Dinge mit ihr geschahen« (12,3).

Als Maria im sechsten Monat war, kehrte Josef von seinen Bauten zurück und klagte u. a.: »... Sollte sich an mir die Geschichte (Adams) wiederholt haben? Denn wie Adam in der Stunde seines Gebetes abwesend war und die Schlange kam und Eva allein vorfand, sie betrog und sie so befleckte, so ist auch mir widerfahren.« Auf seine Vorwürfe hin antwortete Maria: »Rein bin ich, und von einem Manne weiß ich nichts. (So wahr) der Herr, mein Gott, lebt, ich weiß nicht, woher mir das (kommt)« (13,3). Es folgen die Überlegungen Josefs, die Belehrung durch den Engel und sein Entschluß, Maria weiter in seine Obhut zu nehmen. Da aber die Priester sowohl um die lange Abwesenheit Josefs wie um die Schwangerschaft Mariens wußten, wurden beide unter ein Gottesgericht (Ordale) gestellt, vermochten aber das Prüfungswasser unbeschadet zu trinken. »Und das ganze Volk wunderte sich« (16,4).

Es folgt, mit entsprechenden Ausmalungen, die Weihnachtsgeschichte (nach Lk) mit der Niederkunft Mariens in einer Höhle (18,1), indes die Natur sozusagen stillestand. Nun wird Josef erneut in der Ich-Form sprechend eingeführt. Er sucht eine Hebamme, der er gesteht: »Und doch ist sie nicht meine Frau, sondern ihre Empfängnis ist aus dem Heiligen Geist« (19,1). Nachdem zunächst eine dunkle Wolke und dann ein großes Licht erschienen war, »bis das Kind erschien und kam und nahm die Brust von seiner Mutter Maria. Und die Hebamme schrie auf: ›Was für ein großer Tag ist es heute für mich, daß ich dieses nie dagewesene Schauspiel gesehen habe.‹« Sie geht aus der Höhle hinaus, trifft Salome und meldet ihr: »Eine Jungfrau hat geboren, was doch die Natur nicht zuläßt!« Darauf Salome: »(So wahr) der Herr, mein Gott, lebt, wenn ich nicht meinen Finger hinlege und ihren Zustand untersuche, so werde ich nicht glauben, daß eine Jungfrau geboren hat« (19,3). Maria läßt den Versuch zu, die Hand Salomes fällt, »von Feuer verzehrt«, von ihr ab. Auf ihr Gebet hin wird ihr Heilung, und sie erhält die Weisung: »Salome, verkündige nicht, was du Wunderbares gesehen hast, bis der Knabe nach Jerusalem kommen wird« (20,3).

Die folgende (nach Mt angereicherte) Geschichte von den Magiern und dem Kindermord erzählt, wie Johannes der Täufer auf die Bitten Elisabeths durch einen Engel in einer Bergspalte behütet wurde. Herodes ließ nach der erfolglosen Suche seinen Vater Zacharias im Vorraum des Tempels ermorden (21,2). Mit den Worten: »Geburt Marias, Offenbarung des Jakobus. Friede dem, der es geschrieben hat, und dem, der es liest«, schließt die Erzählung.

Ohne auf Einzelheiten eingehen zu wollen, erscheint mir außer der Übertragung der Geschichte vom ungläubigen Thomas auf Salome die Beschreibung Marias als Tempeljungfrau höchst interessant, weil damit belegt wird, daß auch im frühen Christentum der Jungfrauenbegriff noch eine umfassendere Bedeutung hatte, als dies später der Fall war.

Von besonderem Interesse erscheint mir ein Text aus dem Hebräerevangelium, das ebenfalls in die Mitte des 2. Jahrhunderts datiert wird. Dort heißt es: »Als Christus auf die Erde zu den Menschen kommen wollte, erwählte der Vatergott eine gewaltige Kraft im Himmel, die Michael hieß, und vertraute Christus ihrer Fürsorge an. Und die Kraft kam in die Welt, und sie wurde Maria genannt.«[16]

Dem präexistenten Christus bei Paulus wird hier die präexistente Maria an die Seite gestellt, wie überhaupt die Lehre von der Reinkarnation, der mehrmaligen Geburt des Menschen, zum selbstverständlichen Glaubensgut der ersten Christen gehörte. Der Geschlechterwechsel von Michael zu Maria ist typisch für gnostische Vorstellungen.

Aus derselben Zeit wird in der sogenannten »Epistola Apostolorum« das folgende Glaubensbekenntnis der Apostel überliefert: »Und Gott, der Herr, der Sohn Gottes – wir glauben: Das Wort, welches aus der heiligen Jungfrau Fleisch wurde, wurde in ihrem Schoße getragen (verursacht) vom Heiligen Geist, und nicht durch die Lust des Fleisches, sondern durch den Willen Gottes wurde es geboren und wurde in Bethlehem (in Windeln) gewickelt und offenbart, und daß es großgezogen wurde und heranwuchs, indem wir (es) sahen.«[17] Ganz deutlich wurden hier das Lukas- und Johannesevangelium als Grundlage herangezogen. Das geistig-symbolische Verständnis des Entstehens Jesu aus dem jungfräulichen, das heißt unverfügbaren, Heiligen Geist, der Heiligen Ruach, tritt immer mehr zurück zugunsten eines platt-materialistischen Verständnisses, was bereits in der ersten Legende zutage trat.

In christlich-gnostischen Kreisen wurde Jesus als Frucht einer Vereinigung der weiblichen Ruach mit dem männlichen Logos in Maria gesehen, die ja nicht nur von der Heiligen Geistin überschattet wurde, sondern auch den Logos, das göttliche Wort, bei sich empfing und in ihrem Herzen bewegte, wie Lukas schreibt. Mit dieser empfangend bewegenden Haltung konnte sie die geistige Welt in Bewegung setzen und den neuen Menschen, den göttlichen Sohn, in diese Welt bringen. Damit nun diese geistige Neugeburt nicht in der Kategorie der rein biologischen – und seit Evas Fall auch noch schmerzhaften – Geburt verstanden wurde, sprechen Gnostiker davon, daß sich diese – da geistige – Geburt schmerzlos vollzog.

Dieses Phänomen der schmerzlosen Geburt, das später viele Kirchenmänner aufgreifen, dann allerdings rein physisch verstehen, taucht ebenfalls in der Mitte des 2. Jahrhunderts in den Oden Salomos auf, in denen es heißt:

»Es fing auf der Schoß der Jungfrau, und sie empfing und gebar. Und es wurde Mutter die Jungfrau in großer Gnade und kam in Wehen und gebar einen Sohn, ohne Schmerzen zu empfinden, weil es nicht zwecklos geschah. Und nicht verlangte sie eine Hebamme, weil er ihr seine Hilfe angedeihen ließ. Wie ein Mann gebar sie mit festem Willen, und sie gebar in Sicherheit und erwarb in vieler Kraft und liebte in Erlösung und bewahrte in Freundlichkeit und machte sichtbar in Größe. Hallelujah!«[18]

Sollte es sich hier wirklich um eine gnostische Überlieferung handeln, wie wohl anzunehmen ist, so zeigt sie, daß auch vor der Gnosis das materialistische patriarchalische Denken nicht haltmachte. Es wirkt natürlich lächerlich, wenn Maria hier mit einem Mann verglichen wird, nur weil sie mit »festem Willen« geboren hat, was Frauen seit Jahrmillionen tun und dabei auch wissen, daß wir längst ausgestorben wären, wenn der Mann das Gebären übernommen hätte.

Das »ohne Schmerzen«, das einst den Blick abwenden sollte von einem physischen Geschehen hin auf ein geistiges, wird hier begründet und ausgemalt, so daß nur noch ein materialistisches Verständnis übrigbleibt und sich die Symbolsprache auflöst. Bis heute wurde sie kaum wiedergefunden.

Gnostiker konnten auf dem Hintergrund ihrer geistigen Erkenntnis von Maria noch sagen: »Sie hat geboren und nicht geboren.«[19] Nachdem vor einigen Jahren im Holländischen Katechismus versucht wurde, die jungfräuliche Geburt symbolisch zu deuten, setzte sich die Amtskirche zur Wehr dagegen, daß »man nur noch festhalte an einer gewissen symbolischen Bedeutung derselben«, und forderte, daß diese als ein biologisches Faktum verstanden werden soll! Dieser Kampf zwischen holländischen Symbolikern und amtskirchlichen Materialisten kann bis ins frühe 2. Jahrhundert zwischen Gnostikern und orthodoxen Kirchenvätern zurückverfolgt werden.

Von Anfang an benutzten die Kirchenväter die Jungfrauengeburt zur Untermauerung ihrer christologischen Glaubensaussagen. Machten die Gnostiker mit ihrer Hilfe deutlich, daß es hier um die Beschreibung geistiger Zusammenhänge geht, so benutzten die Kirchenväter sie als Fundament ihrer Theologie, daß Jesus wahrer Mensch und wahrer Gott sei. Durch die Geburt aus dem Fleische der Frau wurde Jesus zum wahren Menschen und konnte sich nicht in eine rein geistige Erscheinungswelt verflüchtigen. Das Fehlen eines leiblichen Vaters begründete andererseits seine Göttlichkeit.

Durch die Errichtung eines solchen theologisch-ideologischen Denkschemas, das zu glauben für nachfolgende Christen verpflichtend wurde, da es mit dem Verstand nicht zu erfassen war, verflüchtigte sich der geistige Gehalt der jungfräulichen Geburt des göttlichen Kindes, das seitdem nicht mehr geboren werden darf; denn dieses Ereignis wurde zum Einweg-

Geschehen erklärt und im historischen Gefängnis der Einmaligkeit gefangengesetzt. Das muß auch Angelus Silesius empfunden haben, als er schrieb:

> Und wäre Christus tausendmal in Bethlehem geboren
> und nicht in dir, so wärst du dennoch gar verloren.

Die biologistische Deutung der Jungfrauensymbolik fügt dem Christentum einen unermeßlichen Schaden zu; denn nun wird es zu einem Sammelbecken für Sexualneurotiker, was der zölibatäre Klerus bis heute geblieben ist.

Seit der Wende zum 3. Jahrhundert gehen christliche Taufbekenntnisse davon aus, daß »Maria als Mutter reine Jungfrau *geblieben* ist«. Von nun an steigert sich die christliche Sexualfeindlichkeit ins unerträgliche. Im 4. Jahrhundert schreibt Ambrosius, »daß der Verlust der Unberührtheit für ein Mädchen einer Verunstaltung des Schöpferwerkes gleichkomme«[20]. Und sein Zeitgenosse, Hieronymus, schlußfolgert: »Um zu zeigen, daß Jungfräulichkeit natürlich ist, wohingegen der Ehestand sich nur auf Schuld gründet; was aus der Ehe geboren wird, ist jungfräuliches Fleisch.« Und er fügt hinzu, daß »die Ehe überhaupt nur deswegen toleriert werden könne, weil daraus weitere Jungfrauen hervorgingen«[21].

Solche Äußerungen legen nahe, die Entstehungsgeschichte des Dogmas von der Jungfrauengeburt im Zusammenhang mit einer anderen umstrittenen kirchlichen Einrichtung zu sehen, nämlich mit der Entwicklungsgeschichte des Zölibats.

Wie Deschner berichtet, blieben in der römischen Kirche »seit dem 3. Jahrhundert Bischöfe und Priester nach der Ordination unverheiratet, was ihr Ansehen beim Volk heben sollte, das bereits anfing, die Ehe für sündhaft zu halten. Doch spielte neben dem kultischen auch das finanzielle Motiv eine Rolle. Die Pfarrer hatten sämtliche Einnahmen an die Bischöfe abzuführen, weshalb diesen eine ehelose Geistlichkeit willkommener sein mußte als eine mit Frau und Kindern.«[22]

Mitte des 5. Jahrhunderts wird Maria auf dem vierten Ökumenischen Konzil der Kirche in Kalchedon im Jahre 451 der offizielle Titel Aeiparthenos – Ewig-Jungfrau – verliehen. Rund zwei Jahrhunderte später erklärte Papst Martin I. im Jahre 649 die immerwährende Jungfräulichkeit Marias auf dem 1. Lateranischen Konzil zu einem kirchlichen Dogma[23].

Obwohl Beinert die Verkündigung eines solchen Dogmas bestreitet, kommt er dennoch zu dem Schluß, daß die Jungfrauenschaft Marias »mit so großer Selbstverständlichkeit in der Kirche gelehrt (wurde), daß man nicht umhin kommt, in ihr einen Offenbarungssatz zu sehen, der mit dem Glauben beantwortet werden muß«[24].

In der Zeit zwischen diesen beiden offiziellen kirchlichen Verkündigungen werden im 6. Jahrhundert »Eheschließungen von Geistlichen nach der Ordination für ungültig« erklärt[25]. »Das 3. Konzil von Toledo (589) befiehlt den Bischöfen, Weiber, die im Verdacht stehen, mit Priestern Verkehr zu pflegen, zu *verkaufen* und das eingelöste Geld an die Armen zu verteilen!«[26]

So wird ganz allmählich die Forderung nach männlicher und weiblicher Unberührtheit immer stärker. Für den Berliner Theologen Ulrich Wickert ist es ein »eigenartiges Interesse« bei vielen Theologen der Alten Kirche, »mit der Unberührtheit der Jungfrau so radikalen Ernst zu machen, daß nicht einmal die Geburt ihres Sohnes sie zu verletzen vermochte, oder zum mindesten, daß unmittelbar nach der Geburt durch Gottes Eingreifen die Integrität wiederhergestellt wurde«[27]. Damit spielt er auf die unzähligen Spekulationen an, die von den Theologen hinsichtlich der Empfängnis der Maria angestellt wurden. Letzte Einigung darüber, ob sie sich nun durch das Ohr, die Nase oder den Mund vollzogen hat, konnte nicht erzielt werden. Doch weiß der Abt Radbertus in seiner 831 verfaßten Schrift zu berichten, daß »sich selbst Jesu Geburt bei geschlossenem Leib (utero clauso) der Jungfrau« vollzog[28]. Nach dieser Vorstellung bedurfte es unbedingt der heilen, unversehrten Frau, um den Heiland in diese Welt zu bringen, und so wird die Jungfrau Maria zu einem »verschlossenen Tor« und einer »versiegelten Quelle«[29].

Es hat den Anschein, als rücke der Leib der Jungfrau mit zunehmender Ideologisierung der Leibfeindlichkeit immer mehr in den Mittelpunkt des Interesses von Theologen, die immer stärkere Anstrengungen machen müssen, um den zölibatären Forderungen zu genügen, was natürlich nur in seltenen Fällen gelang.

Ob die Schlußfolgerungen dieser Kirchenmänner, die oft von brillanter Lächerlichkeit sind, allerdings jenen Anforderungen entsprechen, die Beinert an die Mariologie stellt und nach denen Folgerungen nur dann richtig sind, wenn sie nach den genauen Regeln der Logik vorgenommen werden, wage ich nun doch zu bezweifeln. Immerhin spricht Beinert solchen Schlüssen, »die der allgemeinen Abwertung der Leiblichkeit« entspringen, die theologische Verbindlichkeit ab, sind sie doch lediglich »Ausdruck bloßer Zeitanschauungen, die in bestimmten Zeitverhältnissen begründet sind«[30].

Das ist nun doch ein beachtlicher Fortschritt in der katholischen Lehre, wenn wir bedenken, daß noch zu Beginn dieses Jahrhunderts Papst Leo XIII. verlauten ließ: »Ein guter Christ wird in ein und derselben Frau das Geschöpf Gottes lieben, von dem er wünscht, daß es verwandelt und erneuert wird; aber wird in ihr die korrumpierte eheliche Verbindung hassen, den Geschlechtsverkehr und alles, was zu ihr als Ehefrau gehört. Er wird sie lieben gemäß dem Gebot Jesu: Liebe deine Feinde.«

Dieses Denken durchzieht die christlichen Jahrhunderte und steht Pate bei der Entwicklung des Dogmas von der immerwährenden Jungfräulichkeit und den Zölibatsforderungen, die in letzter Konsequenz erst im vorigen Jahrhundert endgültig durchgesezt werden konnten – zumindest formal. Auch Beinert gibt zu, daß »die Minderbewertung der menschlichen Sexualität im Mittelalter(!) der Lehre von der immerwährenden Jungfräulichkeit Marias sehr förderlich« war. Doch gibt dieser Umstand auch Beinert keinen Anlaß, an ihrer Berechtigung zu zweifeln. Die Kirche braucht sie in ihrer biologistischen Form – genau wie den Zölibat.

Wie wenig aber theologischerseits das religiöse Glaubensgut in seiner Tiefe verstanden wird, da seine Benutzung nur noch Verwaltungszwecken dient, das zeigt die Behauptung Beinerts, daß ohne biologische Grundlage die Jungfrau Maria ein *bloßes* Symbol wäre und ohne Verankerung in der geschichtlichen Wirklichkeit belanglos und leer[31].

Mit dieser Argumentation soll aber anscheinend die Frage nach der ursprünglichen Bedeutung der Jungfrauensymbolik verhindert werden, weist doch diese über die neutestamentliche Botschaft hinaus, weit zurück hinter das Christentum und das Patriarchat. Wenn auch eine Analogie der Jungfrauengeburt zu außerchristlichen Religionen nicht bestritten werden kann, so wird doch an der historischen Einmaligkeit unter Ausgrenzung religionsgeschichtlicher Analogien festgehalten, indem diese als »Wundergeburt« bezeichnet werden, bei denen es sich »aber nicht um eine Jungfrauengeburt« handelt[32]. Des weiteren beruft sich Beinert auf den »wichtigen religionswissenschaftlichen Grundsatz: Analogie ist nicht gleich Genealogie.«[33] Daß sie einander aber auch nicht ausschließen, wird von ihm nicht berücksichtigt. Statt dessen meint er: »Die Ähnlichkeit der Erscheinungsformen läßt nicht den Schluß auf die Gleichheit des Ursprungs zu. Wenn also beispielshalber im orientalischen Raum die Muttergottheit Ischtar verehrt wird und wenn die Christen Maria verehren, dann folgt daraus nicht, daß diese einfach eine getaufte Ischtar sei. Ein solcher Schluß könnte sich erst aus einer genauen Analyse aller Quellen ergeben. In unserem Fall stellt sich heraus, daß beide nichts weniger als identisch sind.«[34]

Weitere Vorbilder werden nicht in Betracht gezogen, sonst würde sich wohl auch für Beinert ein völlig anderes Bild ergeben. Durch seine Abgrenzung zu anderen Religionen versäumt er aber gerade das, was sein Kollege, der katholische Theologe und Psychologe Eugen Drewermann, in seinem Buch »Der Krieg und das Christentum« von beiden christlichen Konfessionen fordert, daß sie nämlich »im Kontakt vor allem mit den außerbiblischen Religionen der Menschheit wieder die unbewußten Quellen jeder wahren Religiosität für sich selbst zurückgewinnen lernen. Erst wenn das Christentum seine Dogmen und Riten als universale und integrale Symbole verstehen lernt, die in den Tiefenschichten der Psyche des Menschen zu allen Zeiten und Zonen archetypisch angelegt sind, wird es zur Einheit mit sich selbst gelangen.«[35]

Erweisen wir also dem Christentum diesen Dienst und schauen uns in anderen Zeiten und Zonen um.

Religionsgeschichtliche Hintergründe

Ein Blick in die Religionsgeschichte lehrt uns, wie universal die Jungfrauensymbolik ist. Die Vorstellungen, die sich um die Jungfrau ranken, durchziehen viele Jahrtausende und alle Kulturen. Sie sind keinesfalls eine christliche Erfindung. Sie sind von einer so schillernden Vielfalt, daß es angemessen wäre, darüber ein dickes Buch zu schreiben. Hier müssen einige Hinweise auf die unterschiedlichen Aspekte dieser Symbolik genügen.

Ich habe drei wesentliche Aspekte ausgesucht, die meines Erachtens auch die Vorstellungen der Evangelisten geprägt haben mögen, zumindest aber in ihren Überlieferungen durchschimmern. Es handelt sich dabei um die Vorstellung von der sogenannten Jungfernzeugung, der Parthenogenese, des weiteren um den Aspekt der Widerspenstigen, wie ja Mirjam auch übersetzt wird, und schließlich um die ganz an die Gottheit hingegebene reine Gottesmagd.

Nur wenn wir uns die vielfältige Anwendung des Jungfrauenbegriffs und die damit verbundenen Anschauungen vor Augen führen, können wir ermessen, welche Verengung in unserer Kultur stattgefunden hat, und über einen sinnvollen Gebrauch des Jungfrauensymbols für uns selbst entscheiden.

»Die nicht empfangen, aber gebären«

Bei fast allen Völkern unserer Erde finden wir die religiöse Anschauung, daß besondere Menschen von einer Jungfrau geboren wurden ohne einen männlichen Erzeuger. Zahlreiche Helden der Antike behaupten von sich, Sohn einer Jungfrau zu sein, oder aber dieses Prädikat wird ihnen im nachhinein mittels einer Legende angehängt, um damit ihre Großartigkeit zu untermauern.

Auch von Buddha wird berichtet, daß er – genau wie Jesus – von einer Jungfrau geboren wurde. Genau wie Maria war auch die Mutter Buddhas »ein reines Gefäß natürlicher Tugendhaftigkeit, frei von körperlichen Plagen und Begierden. Sie enthält sich in der Zeit, da der künftige Buddha zu ihr niedersteigen wird, des Umgangs mit ihrem Mann.«[36] So wie Maria »gebenedeit ist unter den Weibern«, so ist die Mutter Buddhas »erhaben über alle irdischen Frauen«[37]. In beiden Fällen besteht unverkennbar die Tendenz, die historische Einmaligkeit des Geschehens hervorzuheben. Diesen »historischen« Jungfrauengeburten gehen recht ähnliche Ereignisse im Bereich des Göttlichen voraus. So wird bereits im Rigveda, der zu den ältesten religiösen Schriften überhaupt zählt, der indische Feuergott Agni als »Jungfrauensohn« bezeichnet.

Von den aus Syrien und Kanaan zum Nil vordringenden Göttinnen Anath und Astarte heißt es andererseits, sie seien »die großen Göttinnen, die nicht empfangen, aber gebären«[38]. Doch auch in Ägypten selbst klingen solche Worte nicht fremd. Von ihrer Göttin des Anfangs, die im Bild der Himmelskuh dargestellt wird, sagen die Ägypter: »Die Kuh, die die Sonne gebar«, oder aber: »Die Mutter, die die Sonne gebar, die zuerst gebar, ehe denn geboren wurde (auf Erden)«[39]. Inzwischen sind Religionswissenschaftler auf die Tatsache gestoßen, daß alle Göttinnen der frühen ägäischen Kulte Jungfrauen und Mütter sind. Sie haben keine Ehemänner.

Diese Eigenschaft des Unverheiratet- und doch Mutterseins weist uns zurück in jene Zeit des Matriarchats, in der die männliche Zeugungsfähigkeit noch nicht bekannt war. Die Frau allein galt als das schöpferische Prinzip. Sie war imstande, aus sich heraus neues Leben in diese Welt zu bringen. Genau wie die Mutter Erde war auch die Frau befähigt, das Leben aufrechtzuerhalten, es zu verewigen. Auch ihr Körper paßte sich Phasen der Fruchtbarkeit und solchen der Unfruchtbarkeit an – eine wahrhafte Herrin über das Leben und den Tod, die höchste Form der Personifizierung der Mutter Erde. Ein Geschlecht, das solche Fähigkeiten verkörpert, dem muß auch die Qualität der Göttlichkeit zugesprochen werden.

Durch viele Jahrhunderttausende lebt der Mensch unter dem Eindruck, daß es allein die Frau ist, die neues Leben entstehen läßt. In ihrer Sippe hört das Leben nicht auf; denn dort wird es weitergegeben. Eine Männergruppe hingegen ist zum Aussterben verurteilt. Der Mann mußte sich also ganz zwangsläufig in weitaus größerer Abhängigkeit vom weiblichen Geschlecht erfahren, als dies umgekehrt der Fall war.

Diese weibliche Unabhängigkeit prägt überall die matriarchalen Göttinnen, die auch in patriarchaler Zeit noch mit ihren Kulten gegenwärtig sind. Selbstverständlich wandeln sich diese Kulte mit dem Wissen um den männlichen Anteil an der Zeugung. Und ganz sicher trägt auch die Machtergreifung durch das »unfruchtbare« Geschlecht, das aus sich heraus nichts wußte von den Geheimnissen des Werdens und Vergehens, zu ihrer Wandlung bei.

Dennoch läßt sich aus vielen Schöpfungsmythen ein gemeinsamer Kern erfassen: Als Große Göttin des Anfangs taucht sie aus dem Meer auf, tanzt oder schwebt mit oder ohne Muschel über dem Meer und verwandelt sich schließlich in eine Taube. Über dem Chaos fliegend, legt sie das Weltenei, aus dem dann die Dinge der Welt entstehen. Dieser Kern ist selbst im biblischen Schöpfungsmythos erhalten geblieben. Dort ist es die Ruach, die Heilige Geistin, deren Symbol ja auch die Taube ist, die über den Wassern schwebt und die Schöpfung einleitet.

Wen wundert es nun, daß das Symboltier aller orientalischen Fruchtbarkeits- und Liebesgöttinnen die Taube ist? Iahu, die Erhabene Taube, durchzieht als Symbol für den Schöpfungsgrund die Jahrtausende und ist bis in unsere Zeit als Symbol der Liebe und des Friedens gegenwärtig. Es ist dieselbe geistige Kraft, die Maria überschattet und so den neuen Äon einleiten soll und die später, als Marias Sohn aus dem Wasser der Taufe aufsteigt, Jesus wissen läßt: »Du bist mein geliebter Sohn, an dir habe ich Wohlgefallen gefunden.«

Die nicht lieben, aber kriegen

Einen ganz anderen Aspekt der Jungfrau stellt die Amazone dar. Sie hat nicht an ihrem lieben Sohn Wohlgefallen, sondern an ihrer Tochter und beider Freiheit. Als Übergangserscheinung zwischen dem Matriarchat und dem heraufziehenden Patriarchat hat es sie in vielen Teilen der Erde gegeben. Sie ist keinesfalls *nur* ein Mythos ohne historische Grundlage.

Nach allem, was wir von den Amazonen wissen, ist ihre Entstehung als eine Art Reaktionsbildung anzusehen. Überall im Orient wurden matriarchale Kulturen von patriarchalisch strukturierten Männerhorden überfallen und ihrer Kultur beraubt. Das bedeutete gleichzeitig, daß Frauen vergewaltigt und unterjocht wurden. Diesem Schicksal konnten sie nur entgehen, wenn sie ihr mutterrechtliches Gemeinwesen in einen Amazonenstaat verwandelten oder aber diesen woanders gründeten.

Eine der bekanntesten Amazonen ist Penthesilea. Im Trojanischen Krieg kämpfte sie auf der Seite der Trojaner gegen

Achilles, den sie beinahe bezwungen hätte. Dann aber siegt doch er. Nachdem er sie getötet hatte, riß er ihr den Helm vom Kopf und erschrak. Überwältigt von ihrer Schönheit, bedauerte er, sie getötet zu haben, was ihn jedoch nicht daran hinderte, die Tote zu vergewaltigen.

Der wohl berühmteste Amazonenstaat wird an den Ufern des Schwarzen Meeres lokalisiert, wo die Frauen rund 400 Jahre (1000–600 v. Chr.) lebten. Sie wurden von zwei Königinnen regiert. Eine von ihnen war die Heerführerin, während die andere den Staat nach innen vertrat. Eine starke Streitmacht sowie eine starke Wirtschaftsmacht sind kennzeichnend für die Amazonen. Männer wurden in ihrem Staat nicht geduldet und wenn, dann nur in der Position von Hausangestellten. Ein- oder zweimal im Jahr luden sie die Männer ihrer Nachbarstämme, mit denen sie meist ein freundschaftliches Verhältnis hatten, zu sich ein, veranstalteten ein großes Fest, in dessen Verlauf sich ein Teil von ihnen mit den Männern paarte. Sobald sie schwanger waren, mußten die Männer ihr Land wieder verlassen; denn eine dauerhafte Beziehung war ausgeschlossen. Trotzdem gibt es auch Überlieferungen von Amazonen, die aus Liebe feste Bindungen eingingen.

Als Städtegründerinnen machte sich das »Volk der Jungfrauen« einen Namen. Auch die Stadt Ephesus verdankt sich ihnen, und wie überall, wo sie hinkommen, stiften sie auch dort der Göttin ein Heiligtum. Der nach seiner Zerstörung in griechischer Zeit wieder erbaute Tempel ihrer Göttin Artemis gilt in der antiken Welt als eines der sieben Weltwunder. Dort stand die große, vielbrüstige Statue der Artemis, die eine recht unterschiedliche Deutung erfährt. Für die einen weisen die den ganzen Körper bedeckenden Brüste sie als Fruchtbarkeitsgöttin aus, da sie zudem noch von Frauen im Kindbett angerufen wurde. Andere wiederum deuten sie als Symbole der ihr geopferten Amazonenbrüste, die mit Schnüren um die Statue gehängt wurden. Vor ihr führten die Jungfrauen ihre Rundtänze auf. Wie es heißt, opferten die Amazonen ihrer Göttin die rechte Brust, die bereits im frühen Mädchenalter zum Verkümmern gebracht wurde, damit sie später nicht beim Bogenschießen im Kampf behinderte. Eine dritte Deutung besagt, es handele sich nicht um Brüste, sondern um Stierhoden, die ihr geopfert wurden. Artemis selbst galt auch als jungfräuliche Göttin der Jagd, die als Herrin der Tiere durch die Wälder streifte und mit ihrem spitzen Pfeil jeden tötete, der es wagte, schwangere Muttertiere oder ihre Jungen zu töten. Wie im Tierreich standen auch bei den Menschen Mütter und Kinder unter ihrem besonderen Schutz.

Die jungfräulichen Priesterinnen, die ihr am Tempel in Ephesus dienten, lebten keusch und nannten sich Melissae (= Biene). Von den Priestern, die dort später auch Dienst taten, heißt es, daß sie Eunuchen waren.

Trotzdem gab es auch Feste ihr zu Ehren, die bei Vollmond im Wald stattfanden und stark orgiastischen Charakter hatten.

Später verschmilzt Artemis mit der römischen Diana, die ebenfalls den jungfräulichen Aspekt der Göttin verkörpert und mit ihren Nymphen Wald und Wiesen durchstreift, sich aber auch als Himmelskönigin in die Lüfte erhebt. Genau wie Artemis ist sie eine ausgesprochene Frauengöttin, die keinerlei Beziehungen zu Männern unterhält. An ihrem Festtag, dem 15. August – dies Datum wurde von der katholischen Kirche auch als Fest Mariä Himmelfahrt gewählt –, finden Frauenprozessionen statt, um ihr Dank zu sagen für ihre Hilfe in diesem Jahr und sie gleichzeitig um ihren weiteren Beistand zu bitten.

Beide Göttinnen repräsentieren das auf sich selbst gestellte Weibliche, das auf sein eigenes Geschlecht bezogen ist und nicht auf das männliche. Es lebt seine eigene Stärke aus. Nicht Liebe ist sein höchster Wert, sondern Freiheit.

Die nicht kriegen, aber lieben

Einen dritten Aspekt des unabhängigen, nicht auf einen Mann bezogenen Weiblichen finden wir in den »Heiligen Jungfrauen«, die überall in der Welt am Tempel der Großen Göttin ihren Dienst taten. Sie waren Priesterinnen jener Gottheit, von der Esther Harding schreibt:

»Sie hat keinen Ehemann. Sie ist Göttin der geschlechtlichen Liebe, aber nicht der Ehe. Es gibt keinen männlichen Gott, der ihr Benehmen regelt oder bestimmend für ihre Eigenschaften ist. Im Gegenteil, sie ist die Mutter eines Sohnes, den sie beherrscht. Wenn er erwachsen ist, wird er ihr Liebhaber, und dann stirbt er, um als ihr Sohn wiedergeboren zu werden. Sie ... gehört in ein matriarchalisches, nicht in ein patriarchalisches System. Sie ist nicht als Frau oder Gegenstück auf irgendeinen Gott bezogen. Sie ist ihre eigene Herrin, ist Jungfrau und ›Eine-in-sich‹. Die Eigenschaften dieser großen und mächtigen Göttinnen, ihre Lebensgeschichten sind unabhängig, und ihre Funktionen, ihre Insignien und Riten gehören ihnen allein. Sie stellen nicht das weibliche Gegenstück zu ursprünglich männlichen Eigenschaften dar; sie stellen im Gegenteil das Wesen des Weiblichen im schärfsten Kontrast zum Wesen des Männlichen dar.«[40]

Wie Esther Harding gezeigt hat, wird der Sohngeliebte wohl zum vorübergehenden Teilhaber am göttlichen Schöpfungsakt der Frau oder der Göttin, doch folgen daraus noch keine weiteren Ansprüche oder gar »Vaterrechte«. Bis ins Patriarchat hinein bleibt diese ursprüngliche Eigenständigkeit des Weiblichen im Bild der Großen Göttinnen erhalten, die später den nicht-verheirateten Frauen ihre besondere Hilfe zuteil werden lassen.

Ein Beispiel hierfür ist Ishtar als »Schirmherrin der Prostituierten«, die von sich selbst sagt: »Ich bin die mitleidsvolle Prostituierte.«[41] Diese babylonische Göttin personifiziert jenen Bereich des Weiblichen, der sich in der liebenden Hingabe ausdrückt. Damit ist sie ihrer Natur gehorsam; denn nunmehr ist bekannt, daß sie nur in der geschlechtlichen Hingabe ihre Schöpfungskraft erfahren kann. Trotzdem bleibt Ishtar Jungfrau im zuvor von Harding beschriebenen Sinn.

Recht kraß hebt sich diese Auffassung von der Natur der Göttin von einem späteren Eheideal ab, wie es insbesondere durch die griechische Göttin Hera zum Ausdruck kommt. Die hier verehrten Prinzipien sind Treue und Worthalten dem Ehemann gegenüber. Ganz anders bezieht sich die Loyalität der Ishtar auf ihr eigenes tatsächliches Gefühl, auf die Wirklichkeit des Augenblicks, nicht aber auf einen Vertrag. Sie ist die Göttin der Liebe und Fruchtbarkeit, die auch »Samenerzeugerin« genannt wird. Wer sie verehrt, muß sich hingeben an ihre eigene Natur – die Liebe. Um aber der Liebe treu bleiben zu können, dürfen sich die Priesterinnen an keinen Mann binden. Sie müssen keusch leben, um sich an bestimmten Festen dem Priester als Repräsentanten des männlichen Zeugungsprinzips hingeben zu können. Später halten sie sich verfügbar für jeden Mann, der ihren Dienst begehrt. Im Akt des Liebens erfährt der Mann die Göttin, ereignet sich die Gottheit. Bis in die christliche Religion klingt es nach: Gott ist Liebe!

Im Patriarchat wird diese Wahrheit allerdings verdreht, indem der Geliebte zum Gott wird und die Frau zu seinem Besitz erklärt. Somit steht die Verheiratete nicht mehr der Göttin der Liebe zur Verfügung, sondern nur noch den Bedürfnissen eines Mannes. Ein solcher »Verstoß« bedarf der »Sühne«, und daher hat jede Verheiratete oder Verlobte in oder auch vor der Ehe die Pflicht, einmal in ihrem Leben am Tempel der Göttin einen Liebesdienst zu verrichten. In einigen Kulturen übernimmt die Hierodule, die Tempeljungfrau, diese hetärische Verpflichtung. Sie trägt sozusagen die Schuld all jener Frauen, die sich durch eine Ehe in die Ausschließlichkeit zurückziehen, und sorgt dafür, daß die Gunst der Liebesgöttin auch diesen Frauen erhalten bleibt. Mit ihrem Dienst erweisen sie sich als Beschützerinnen der Ehe und genießen daher im Volk große Hochachtung. Letztlich aber auch deswegen, weil sie dem Mann durch ihre Hingabe die Erfahrung des Göttlichen ermöglichen; denn der Geschlechtsakt ist ein heiliger Akt.

So waren die Hierodulen im wahrsten Sinne des Wortes Dienerinnen der Liebe und damit Dienerinnen des Volkes, das ihnen durch seine große Verehrung dankte. Als leuchtendes Beispiel stehen hierfür die vestalischen Jungfrauen von Rom, die ihren Dienst am Tempel der Vesta, der Göttin des Herdfeuers, taten. Wie Ranke-Graves annimmt, gehörte es ursprünglich zu ihren Aufgaben, in einem sakralen Akt im Dunkel einer heiligen Höhle jenes Kind zu empfangen, das später das Amt des Pontifex Maximus übernehmen würde. Dieser wußte dann nichts von einem leiblichen Vater. Er war der Sohn einer Jungfrau und hatte Gott zum Vater. Aufgrund der Tatsache, daß sich die Regierungszeit des Königs im Laufe der Zeit immer mehr verlängerte, bis schließlich ein lebenslanges Amt daraus wurde, so daß männlicher Vestalinnen-Nachwuchs eine Bedrohung für den Herrscher bedeutete, vermutet Ranke-Graves, daß den Vestalinnen von Tarquinius dem Älteren ein strenges Keuschheitsgebot auferlegt wurde, um sie daran zu hindern, weitere Thronanwärter zu gebären. Hielten sie sich nicht an das von ihnen verlangte Keuschheitsgelübde, so sollten sie bei lebendigem Leib begraben werden. Ihr Blut durfte auch in einem solchen Fall nicht vergossen werden. Noch nach der Einführung der absoluten Keuschheit wurden sie weiterhin bei ihrer Einweihung vom Pontifex Maximus als »Geliebte« angesprochen und als »Braut Gottes« in ein königliches Hochzeitsgewand gekleidet. Desgleichen blieben sie auch weiterhin »Heilige Mütter«, die der Familie und dem Staat höchste Dienste erwiesen, indem sie gerade nicht einem Mann gehörten und eine Familie gründeten. Gerade indem sie sich freihielten für den Dienst an der Göttin, dienten sie dem Staat am meisten; denn selbst im patriarchalen Rom wurde, wie Cicero berichtet, nichts heiliger gehalten als der Tempel der Vesta.

Das ihr geweihte Feuer, das die Vestalinnen hüten mußten, durfte auf keinen Fall ausgehen – bis auf eine Ausnahme: Am Neujahrstag des alten Kalenders, am 1. März, erlosch es und wurde dadurch erneuert, daß man Feuer vom häuslichen Herd der Vestalinnenwohnung auf den Tempelherd brachte. Das Gemach der Heiligen Jungfrau war demnach der Ursprungsort jenes heiligen Feuers, das zum Wohle aller im Staate brannte. Es war nach römischem Verständnis der Sitz allen Lebens. Auch diese Zusammenhänge lassen ein ursprüngliches Keuschheitsgebot unglaubwürdig erscheinen.

Aber ihr Kult gehörte nicht in jenen der Großen Mutter, wenn er nicht auch die Polarität des Lebens (in diesem Fall der Elemente) in irgendeiner Form zum Ausdruck gebracht hätte. So war sie nicht nur Hüterin des heiligen Feuers, sondern auch des heiligen Wassers. »Täglich hatten sie den Tempel durch Besprengung mittels eines Weihwedels zu heiligen. Das Wasser durften sie nicht der Wasserleitung entnehmen, sondern mußten es wie in alter Zeit aus der Egerischen Quelle im Hain der Camenen schöpfen und in besonderen irdenen Gefäßen, die nicht auf der Töpferscheibe hergestellt waren, auf dem Kopf zum Tempel und Atrium tragen, ohne es auf dem Wege je abzusetzen.«[42] Erde, Wasser, Feuer, mit diesen drei Urelementen hatten sie Umgang. Aus dem Korn der Mutter Erde backten sie – ebenfalls unter Verwendung von Wasser und Feuer – die heiligen Opferbrote, die am 9. Juni, dem der Vesta geheiligten Tag, in einem Acht-Tage-Opfer dargebracht wurden, gemeinsam mit anderen römischen Matronen, die alle

Speiseopfer darbrachten, die sie auf ihren häuslichen Herden zubereitet hatten. Im Kochen und Backen wurde seit jeher von Frauen das Mysterium der Wandlung zelebriert.

Mit ihren täglichen Gebeten »für das Wohl des römischen Volkes«[43] holten sie den Segen der Großen Göttin auf das Volk herab, und so stellten sie mit ihrem kultischen Leben den Mythos der Vesta dar, jener Urheberin des Feuers, des Wassers und der Vegetation, die möglicherweise auch für die Sonne, den Mond und die Erde standen, sowie des Segens über jeder Hausgemeinschaft.

»Die grenzenlose Verehrung, die den Vestalinnen im ganzen römischen Volk zuteil wurde, fand ihren Ausdruck in besonderen Vorrechten.«[44] Neben dem besonderen Schutz beim Ausgang sowie einem Ehrenplatz im Theater waren sie bei Zeugnisablegung von der Eidespflicht befreit. »Nur wenn eine Vestalin die Begegnung mit einem Verurteilten zu bezeugen hatte, mußte sie schwören, aber nur bei ihrer Göttin. ... Auf der Beleidigung ihrer Person stand Todesstrafe.«[45]

»Weil die Vestalinnen als Verkörperung der mater Vestae verehrt wurden, wirkten sie als Boten des Friedens und der Eintracht. Staatsmänner erbaten ihre Vermittlung in politischen Streitigkeiten, Beschuldigte ihre Fürbitte bei Richtern, Flüchtlinge fanden in der aedes Vestae ein heiliges Asyl. Die von Vestalinnen Begleiteten waren gegen jeden Angriff geschützt. Begegnete dem Verbrecher auf dem Wege zum Richtplatz eine Vestalin, so wurde ihm sein Leben geschenkt. Herrscher legten ihr Testament in ihrem Atrium nieder, wo ihnen die größte Sicherheit gewährleistet erschien.«[46]

Es ist erstaunlich, wie lange sich auch in Rom das Vertrauen selbst der Männer in weibliche Unbestechlichkeit halten konnte, die sie seit jeher zur gerechten Richterin des Volkes machte. Dies allerdings nur, solange sie sich ganz der Göttin hingeben konnte und nicht verpflichtet war, sich einem Mann hinzugeben. Denn selbst die Hierodulen gaben sich nicht einem individuellen Mann hin, wurden also auch von keinem Mann besessen. Vielmehr galt ihre Hingabe dem männlichen Prinzip als einem von der Göttin hervorgebrachten Erschaffungsprinzip, so daß es letztlich die Göttin war, die den Mann an der Erhaltung des Lebens mitbeteiligte.

Mit der endgültigen Eingliederung in patriarchale Strukturen verlor die Frau allmählich jene magischen Kräfte, die der Priesterin am Tempel der Göttin in allen Teilen der Welt nachgesagt werden. Bis in die christliche Zeit hinein hatte selbst das patriarchale Rom nicht daran geglaubt, ohne diese weiblichen Kräfte existieren zu können. Im Zuge der Christianisierung des Römischen Reiches erlosch auch das ewige Feuer der Vesta für immer, und »die letzten Priesterinnen flohen aus ihrer unverletzlichen Stätte«[47]. Die Repräsentantinnen der Göttin mußten in den Untergrund gehen. Mit ihrer Vertreibung aber verschwand auch die Große Göttin. Als jungfräuliche Gottesmutter der Christen tauchte sie jedoch schon bald wieder aus dem Untergrund auf – wenn auch überwiegend als männliche Schöpfung. Wir müssen daher schon ganz genau hinsehen, um in ihr jene Jungfrau wiederzufinden, die – ob als keusche Jungfrau, Hierodule oder Mutter, mit oder ohne Geliebten – doch nie ihren Status der Eigenständigkeit und Unabhängigkeit einbüßt.

Verschiedene Aspekte der Jungfrauenverehrung innerhalb der Frömmigkeitsgeschichte

Eine ähnliche Vielfalt wie bei der vor- und außerchristlichen Jungfrau läßt sich auch bei der Jungfrau Maria feststellen. Wenn auch männlicherseits domestiziert, sprich: entsexualisiert, und von beiden Geschlechtern idealisiert, ist ihr dennoch eine erstaunlich lebendige Komplexität geblieben, die in Wort und Bild bis in den letzten Winkel abendländischer Kunst vorgedrungen ist. Maria vermochte die geistige Elite des Abendlandes aus allen Jahrhunderten zu beflügeln. Neben Kirchenvätern und Scholastikern stimmten auch Männer wie Dante und Goethe, Novalis und Heine in ihr Lob ein; Raffael und Murillo, Fra Angelico und Albrecht Dürer ließen sie in ihren Kunstwerken immer neu entstehen; Palestrina und Pergolesi, Brahms und Liszt komponierten ihr zu Ehren. Es ist faszinierend, zu welchen kultischen Höhen das arme Mädchen aus Nazareth emporgehoben wurde und emporgehoben hat.

Als barfüßiges ärmliches Mädchen verehrten sie die Franziskaner, während ihr insbesondere in Frankreich als Königin gehuldigt wurde. Unter ihrem jungfräulichen Vorbild starben jungfräuliche Märtyrerinnen, eiferten junge Mädchen um

Bescheidenheit und Demut. Ihr ergaben sich Bischöfe und Päpste als ihre Liebessklaven. Sie alle stimmen ein in den »Glorreichen Rosenkranz« und jubeln ihr zu:

Maria zu lieben, ist allzeit mein Sinn;
in Freuden und Leiden ihr Diener ich bin.
Mein Herz, o Maria, brennt ewig zu dir
in Liebe und Freude, o himmliche Zier.

Aus der Perspektive der Frau stellt sich die Jungfrauenverehrung allerdings nicht nur »glorreich« dar; hier tritt die Ambivalenz ihrer Frömmigkeitsgeschichte deutlich zutage, in der sich weibliche Anpassungsfähigkeit und männliche Manipulationsfähigkeit die Hand zu reichen scheinen. Wenn es mir hier auch nicht möglich ist, der komplexen Vielfalt gerecht zu werden, so will ich doch vier Aspekte ihrer Verehrung aufzeigen, die diese Ambivalenz offensichtlich machen.

Im ersten Abschnitt geht es um das Bild einer individuellen Wirkungsgeschichte, wie sie die Legende von der Prostituierten Maria von Ägypten beschreibt. In den darauffolgenden beiden Abschnitten versuche ich, die negativen und positiven Folgen der Jungfrauenverehrung darzustellen, um dadurch jeglicher Einseitigkeit zu begegnen. Der vierte und letzte Abschnitt zeigt die Wirkungsgeschichte auf sozialer Ebene am Beispiel der Madonna von Guadalupe, dem auch wieder eine Legende zugrunde liegt.

Die Jungfrau und die Hure

Wie wir gesehen haben, ist es in den Göttinnenkulten gang und gäbe, daß sich die heiligen Jungfrauen der Sexualität stellen. Dies kann in orgiastischen Festen oder aber in zurückgezogener Feierlichkeit geschehen. Auf keinen Fall unterstellen sich die Jungfrauen damit einem Mann. Mit anderen Worten, sie gehen ihrer Jungfräulichkeit durch sexuelle Betätigung nicht verlustig, oder sie können sie nach einem Reinigungsbad wiedererwerben, wie dies von der griechischen Göttin Hera berichtet wird.

Solche Vorstellungen scheinen in der christlichen Frömmigkeitsgeschichte der Jungfrauenverehrung keinen Platz zu haben. Wohl berichteten Mönche von ihrer Liebesbeziehung mit der Jungfrau Maria, sie selbst bleibt aber dennoch frei von sexueller Betätigung oder nur einem solchen Begehren.

Es fällt aber trotzdem auf, daß sie in einigen Legenden jenen Frauen nahezustehen scheint, die sich ihrer Sexualität recht ausgiebig verschrieben haben. Die Jungfrau scheint demnach in der Tradition geradezu ihr Gegenstück zu produzieren – die Hure. Im Christentum wurde auseinandergerissen, was in anderen Religionen selbstverständlich zusammengehörte: Jungfräulichkeit und Sexualität. Beiden Aspekten weiblichen Lebens wurde dann auch noch ein moralisches Etikett aufgeklebt, und sie wurden gleichbedeutend mit gut und böse. Die Heilige Jungfrau Ishtar, die selbst die mitleidvolle Prostituierte und gleichzeitig die Schutzherrin aller Prostituierten war, wurde gespalten. Und doch weiß die christliche Tradition von einer Frau zu berichten, der es gelang, beide Gestalten wieder zu vereinigen. Es ist eine bewegende Legende, auch wenn sie von Männern aufgezeichnet und teilweise wohl überzeichnet wurde. Sie hat viele Dichter und Künstler angeregt und ist dabei oftmals mit der Gestalt der Maria Magdalena verschmolzen. Ihr gebührt ein fester Platz in der Wirkungsgeschichte der Jungfrauenverehrung, und deshalb will ich sie hier zusammenfassend erzählen[48].

Maria von Ägypten wurde um 344 geboren. Manche meinen, es sei später gewesen. Bis zu ihrem 12. Lebensjahr lebte sie mit ihren Eltern ein ruhiges Leben. Bald nach ihrem Geburtstag verließ sie jedoch ihr Elternhaus, um sich dem aufregenden Nachtleben Alexandriens hingeben zu können. Dort wird sie eine Dirne aus Leidenschaft und lebt siebzehn Jahre lang in »öffentlicher Unzucht«. Das geschieht, wie gesagt, nicht um des Geldes willen. Sie nimmt es oft gar nicht an, um ihren Zulauf zu steigern. Sie hat sich der Lust verschrieben. Ihren Lebensunterhalt verdient sie überwiegend mit Betteln und Spinnen. Sich zügellos der Natur überlassen – das war ihr Leben siebzehn Jahre hindurch.

Eines Tages erfährt sie von libyschen und ägyptischen Männern, die eine Seereise ins Heilige Land machen wollen, um dort am Fest der Erhöhung des Kreuzes teilzunehmen. Maria wittert eine lustvolle Überfahrt und schifft sich ohne Proviant und Geld mit ein. Ihr Körper dient ihr als Bezahlung. Gern überläßt sie ihn jedem, der nach ihr fragt. Wie sie einem Mönch später berichtet, soll es keine Art der Unzucht gegeben haben, wie ungewöhnlich sie auch sei, für die sie jenen Männern an Bord des Schiffes nicht zur Lehrmeisterin geworden wäre. In Jerusalem angekommen, begibt sie sich in das bunte Treiben der Stadt und geht ihrem Gewerbe nach.

Am Morgen des Festes der Erhöhung des Kreuzes sieht sie die Menge zur Kirche strömen. Sie läßt sich von dem Menschengewühl mitnehmen und gelangt so in die Vorhalle der Kirche. Mit Mühe und Not gelangt sie bis zum Portal des Gotteshauses. Dort wird sie von einer unsichtbaren Kraft zurückgehalten. Mehrmals versucht sie, die Schwelle zu überschreiten – doch vergebens. Alle anderen Menschen scheint das Gotteshaus bereitwillig aufzunehmen – nur sie wird von der Schwelle gewiesen.

Schließlich geht sie zurück und stellt sich in eine Ecke der Vorhalle. Dort fällt es ihr schlagartig ein: Ihr liederlicher Lebenswandel ist es, der sie am Eintritt in diese heiligen Hallen hindert. Trauer überfällt sie; in großer Verzweiflung erblickt sie durch den Schleier ihrer Tränen ein Bildnis der Heiligen Jungfrau Maria. Sie kann ihre Augen nicht mehr von ihr nehmen und bittet sie um Hilfe. Nie mehr will sie sich der Unzucht hingeben, gelobt sie, wenn Maria ihr den Zutritt zum lebenschaffenden Heiligen Kreuz gewährt.

Nach ihrem langen Gebet mischt sie sich wieder unter das Volk und gelangt nunmehr mühelos in die Kirche, wo sie sich ganz dem Anblick des Heiligen Kreuzes hingibt. Sie schaut das Mysterium Gottes als vergebende Kraft, wirft sich vor dem Kreuz zu Boden und betet das Heilige an.

Danach eilt sie aus der Kirche und wirft sich erneut vor der Jungfrau nieder und bittet sie, ihr nunmehr den Weg der Buße zu zeigen. Da hört sie aus der Ferne eine Stimme rufen: Wenn du über den Jordan gehst, wirst du wunderbare Ruhe finden. Sie weiß, daß der Ruf ihr gilt, und fleht: Herrin, Herrin, verlaß mich nicht! Damit verläßt sie die Halle. Jemand steckt ihr drei Goldstücke zu, von denen sie drei Brote kauft. Sie erkundigt sich nach dem Weg zum Jordan und verläßt die Stadt.

Nachdem sie in einem Nachen über den Fluß gelangt ist, bittet sie Maria als ihre Wegführerin um ihr Geleit. Sie wird in die Wüste geführt, wo sie 47 Jahre verbringt – ohne einem

Menschen zu begegnen. Siebzehn Jahre lang muß sie gegen ihre körperlichen Begierden ankämpfen. Das Verlangen nach dem früheren Leben will sich nicht legen. Doch immer wieder ruft sie sich das Bild der Heiligen Jungfrau ins Gedächtnis und weint.

Nach siebzehn Jahren wird es dann endlich still in ihr. Schließlich gelingt es ihr, den Blick nicht mehr von Maria zu nehmen, und sie erfährt durch die Heilige Jungfrau Hilfe und Beistand. Sie lebt von den Kräutern, die spärlich in der Wüste wachsen. Als ihre Kleidung zerfällt, bedecken ihre langen Haare den mageren, entblößten Körper.

In diesem Zustand trifft sie nach 47 Jahren Zosima, ein alter Mönch, der sich für einige Zeit zum Gebet in die Einsamkeit der Wüste zurückgezogen hat. Er wirft ihr seinen Mantel zu, damit sie sich ihm nähern kann. Wie gebannt lauscht er ihrer Lebensbeichte.

Beim Abschied bittet sie ihn, nach einem Jahr mit Brot und Wein, der heiligen Eucharistie, zurückzukehren, damit sie nur einmal in ihrem Leben das göttliche Mahl zu sich nehmen kann.

Der Mönch hält sein Versprechen und bringt der Verehrten auch andere Gaben, als er nach einem Jahr an jene Stelle zurückkehrt, die sie ihm zuvor beschrieben hatte. Sie rührt kaum etwas von seinen Gaben an. Als sie sich beim Abschied niederknien und um seinen Segen bitten will, erbittet er ihr Gebet für sich und die Kirche.

Als er nach einem Jahr an den Ort zurückkehrt und sie dort zu treffen hofft, findet er sie tot im Sand liegen. Mit seinen Tränen wäscht er ihre Füße, wagt aber sonst nicht, ihren Körper zu berühren. Nach langem Weinen und Beten über ihrem Leichnam sorgt er sich um ihr Begräbnis. Noch unsicher, wie er sich verhalten soll, erkennt er eine Schrift im Sand mit der Bitte, sie zu begraben. Vor einem Jahr, gleich nach dem Empfang des heiligen Mahles, sei sie gestorben.

Vergeblich versucht Zosima den harten Boden aufzugraben. Da gesellt sich ein Löwe zu ihm, dem klagt er sein Leid. Der Löwe lauscht seinen Worten und scharrt ein Grab für die Tote.

Ins Kloster zurückgekehrt, berichtet der Mönch seinen Mitbrüdern, was er erlebt hat. Von Mönch zu Mönch wird diese

Geschichte weitergetragen, bis sie im 6. Jahrhundert aufgeschrieben wird.

Die Jungfrau als Feindin der Frau

In mehrfacher Weise wurde die seit dem 11. und 12. Jahrhundert in Europa stärker verehrte Jungfrau Maria zur Feindin der Frau, und zwar immer dann, wenn sich die Kirche ihres Kultes bediente, um eigene Ziele und Vorstellungen durchzusetzen.

Ursprünglich hatte die Kirche kein Interesse an der Marienverehrung. Sie war genau wie die Jünger und Kirchenväter christuszentriert. Anscheinend war aber die Christusverehrung für breite Bevölkerungsschichten nicht sonderlich attraktiv, und so konnte die Kirche schon bald feststellen, daß der Gottessohn weitaus besser mit einer Mutter und Gefährtin unter das Volk zu bringen war. Überall in Europa wurden noch im Mittelalter weibliche Gottheiten verehrt, gegen die der Gottessohn allein nichts auszurichten vermochte. Maria war da schon willkommener.

Seit dem 12. Jahrhundert hatte sie den Feudaltitel »Nôtre Dame«, »Unsere Frau« oder auch »Unsere Liebe Frau« erhalten. Diese Bezeichnung mußte das Volk an ihre alte Göttin Freya erinnern. Ihr Name bedeutet »Frau« und »Herrin«, was wiederum einem Gleichklang mit »Madonna«, »meine Herrin« gleichkommt. Auf diese Weise wurde das Überwechseln oder auch Verwechseln erleichtert; denn auch in Freya war einmal die um den Geliebten trauernde Göttin verehrt worden. Und die ihr sehr nahestehende Frigga, mit der sie auch manchmal identifiziert wird, war die »Geliebte«, denn ihr Name stammt aus dem Germanischen »frijon«, lieben. Wie wir wissen, erfreute sich die Frau in den Kulten solcher Liebesgöttinnen eines größeren Maßes an Freiheit, als es ihr später von der Jungfrau Maria gewährt werden konnte. Ihre Gestalt war schließlich nicht von Frauen beeinflußt worden, sondern von Kirchenmännern, die sich überwiegend einem Keuschheitswahn verschrieben hatten.

So diente der Kirche die Jungfrauenverehrung einerseits zur Abwehr heidnischer Göttinnenkulte, zum anderen aber auch dem Ablenken des Mannes von der konkreten Frau.

Die Troubadoure, die zur Zeit der Minne mit ihren Liebesgesängen der Frau den Hof machten, waren der Kirche von Anfang an ein Dorn im Auge. Es steht außer Frage, daß sie ganz bewußt dem höfischen Frauenideal der Minnesänger die Jungfrau Maria entgegensetzte, um deren Aufmerksamkeit von den weltlichen Damen abzulenken. Wenn die Herren schon das Bedürfnis hatten, eine Frau zu verehren, dann sollte es wenigstens eine Garantin des christlichen Glaubens sein, die die Kirche fest in der Hand hatte. So wird der frühe Jungfrauenkult aus der höfisch-ritterlichen Liebe gespeist, die von der Kirche bewußt »umgeleitet« wird.

Eine solche Absicht ist ganz deutlich erkennbar in den Jungfrauenliedern, den Chansons de la Vierge des französischen Benediktinerpriors Gautier de Coincy (gest. 1236), in denen es heißt: »Wir wollen ablassen von der törichten Ausübung der Liebe, die Männer töricht macht ... Laßt uns die eine lieben, die schön und gut ist, süß und still(!).«[49] Und in einem anderen Lied sagt er, »daß die Liebe der Frauen Spreu ist; die Jungfrau Maria ist der wahre Weizen«[50].

Hier wird also Maria als Popanz aufgebaut. Sie dient nicht der Personifizierung realer weiblicher Aspekte, wie dies bei den alten Göttinnen der Fall war. Statt dessen soll sie die männliche Liebesenergie (Libido) von der Frau weg auf sich lenken. Eine solche Propagierung der Liebe zur Jungfrau Maria wurde der Kirche immer wichtiger, zumal sich die Priester, Mönche und Bischöfe so gar nicht mit den Forderungen nach einem zölibatären Leben anfreunden mochten und ihre Konkubinen und Liebschaften durchaus der Jungfrau Maria vorzogen. Bei diesem ganzen Geschäft hat die Kirche einen wesentlichen Pluspunkt auf ihrer Seite, wie es scheint.

TAFEL I
VIÈRGE OUVRANTE

Die Skulpturen der sich öffnenden Jungfrau entstehen zwischen dem 13. und 15. Jahrhundert. In geschlossenem Zustand stellen sie die jungfräuliche Gottesmutter mit dem Kind auf dem Arm dar, geöffnet enthüllen sie Gott-Vater, Sohn und Heiligen Geist im Leib der Jungfrau. Die Vorstellung, daß die männliche Dreifaltigkeit in der Jungfrau enthalten ist, weist in vorchristliche Jahrhunderte zurück, die ebenfalls die jungfräuliche Gottesmutter als Urheberin männlicher Gottheiten kennen.

Der Vergänglichkeit aller menschlichen Liebe kann sie die Beständigkeit der Heiligen Jungfrau gegenüberstellen. Es entstehen zahlreiche Legenden, die von Hochzeiten zwischen der Jungfrau und ihren glühenden Verehrern berichten. In einer dieser Wundergeschichten soll ein junger Kanonikus ein junges Mädchen heiraten, obgleich er versprochen hatte, sein Leben lang der Heiligen Jungfrau zu dienen. Als er allerdings von dem Reichtum und der Schönheit des jungen Mädchens erfährt, gibt er nach. In der Hochzeitsnacht beschwert sich die Jungfrau Maria: »Wie kann das sein, wo ich die bin, die ich bin, daß du mich wegen einer anderen Frau verläßt? Es scheint, du unterschätzt meinen Wert und meine Schönheit auf üble Weise. Du mußt betrunken sein, daß du dein ganzes Herz und deine ganze Liebe einer Frau von dieser Erde schenkst. Und daß du mich verläßt, die Herrin des Himmels? Sag wahrhaft, wo ist die Frau von größerer Güte und Schönheit als ich?«[51]

Und der letzte Troubadour der Provence, Girant Riquier, singt im Jahre 1289: »Oft in der Vergangenheit dachte ich, ich sänge von Liebe, aber ich wußte nicht, was Liebe ist, denn es war mein Wahnsinn, den ich mit diesem Namen belegte. Nun läßt mich die Liebe so eine Herrin lieben, daß ich ihr nicht genug Ehre zollen kann, noch sie so fürchten, noch sie so wertschätzen, wie sie es verdient; aber ich sehne mich danach, daß ihre Liebe mich so festhält, daß ich die Gnade erhalten möge, die ich von ihr erhoffte.«[52] Und so wird Maria für viele zur »wahren Geliebten«, der Geistliche wie Maler und Dichter verfallen. Die Treue der Geliebten übersteigt alles Frauen Mögliche. Sie bleibt verschont von männlicher Eifersucht und Mißtrauen, die die Frau durch die Jahrhunderte verfolgen, auch wenn sie die Geliebte von so vielen wird.

Unter dem Banner der Jungfrau werden die Keuschheitsforderungen der Kirche immer lauter. Sie klingen aus dem Mittelmeerraum zu uns nach Europa, wo sie einige Jahrhunderte zuvor von jenen Kirchenvätern am lautesten vertreten wurden, die vor ihrem Übertritt zum christlichen Glauben ein recht ausschweifendes Leben geführt hatten, wie beispielsweise Hieronymus und Augustin. In ihren späteren Schriften spielt dann die sexuelle Unberührtheit eine ganz besondere Rolle.

Schließlich entlädt sich der männliche Keuschheitswahn nur noch in Diffamierungen des weiblichen Geschlechts, das – anders als die keusche Jungfrau Maria – nun einmal nicht in der Lage war, seine Kinder jungfräulich zu gebären. Entweder war sie eine unberührte Jungfrau, dann bekam sie keine Kinder, oder aber sie »schenkte ihrem Mann ein Kind«, dann war sie aber keine Jungfrau mehr. Auf diese Weise erinnert die Heilige Jungfrau die konkrete Frau an ihre »Minderwertigkeit«, mit der sie doch immer hinter jener weit zurückbleiben muß. Sie bleibt eben die sündenbeladene Eva und wird schließlich zur lüsternen Hexe, die sogar mit dem Teufel buhlt, da ihre sexuellen Begierden ja nach Aussagen der heiligen Männer unersättlich sind.

Hier nun wird die Verehrung der Heiligen Jungfrau gezielt zur Diffamierung und Unterdrückung der Frau eingesetzt. Dies beginnt schon im frühen Mädchenalter; für das Maria eine wichtige erzieherische Funktion übernehmen soll. Bereits im 13. Jahrhundert werden in einer Predigt die jungfräulichen Tugenden beschrieben als »Rechtschaffenheit, Wachsamkeit gegenüber den Lastern, Mäßigung und Enthaltsamkeit und geistige Stärke(!), Schlichtheit im Verhalten, Gehorsam und Gelassenheit, Duldsamkeit und Mitgefühl für die Sorgen eines jeden Menschen, Sanftmut, Milde und Herzensgüte«[53]. Dazu gesellen sich dann noch Demut, Reinheit, Weisheit und Ehrerbietigkeit gegen Gott. Im 14. Jahrhundert entsteht die »Madonna der Demut«. Sie scheint den männlichen Geist immer wieder beflügelt zu haben – den Mann aber nur selten. So wird die Jungfrau schon bald zu all dem, was nicht unter die Rubrik »Männlichkeit« fällt, und stellt so ein Gegenbild der Kirche selbst dar. Statt dessen werden die jungfräulichen Eigenschaften als christliche Erziehungsideale insbesondere den Mädchen aufgebürdet. Letztlich spiegelt also die Jungfrauenverehrung das Frauenideal der katholischen Sittenlehre.

Die Einseitigkeit, mit der alle diese Werte von der Frau eingefordert werden, verkehrt sie schließlich zu Unwerten. Wie Warner feststellt, wird Gehorsam zur Unterwürfigkeit, Sanftheit zur Unentschlossenheit, Demut zur Kriecherei, Verzicht zur Duldsamkeit[54]. Und ich möchte hinzufügen: Liebe zur Erpreßbarkeit, Mitleid zur Manipulierbarkeit, Reinheit zu naiver Dummheit.

So matt, wie der Glanz des Weiblichen unter solch einer Erziehung werden muß, so verblaßt auch das Jungfrauenbild, mit solch einseitigen Reizen ausgestattet, zunehmend in der Neuzeit.

Die Jungfrau als Freundin der Frau

Die Verehrung der Jungfrau Maria und ihrer sexuellen Unberührtheit durch Sexualneurotiker ist nur die eine Seite der Marienmedaille, die aber durchaus auch noch eine andere Seite hat. Sie führt nicht nur zu infantiler Unterwürfigkeit, sondern auch zu größerer Selbsterkenntnis. Es gibt eine Reihe männlicher Zeugnisse, die belegen, daß die Jungfrau als Lehrmeisterin und Seelenführerin durchaus auch auf dem Weg geistiger Reifung voranschreitet. Beredtes Zeugnis geben davon die Schriften des Ludwig Grignion von Montfort, der nicht müde wird zu wiederholen, daß der Weg zu Gott und Christus über Maria führt: »Um zu Gott emporzusteigen und uns mit ihm zu vereinigen, müssen wir uns des gleichen Mittels bedienen, dessen er sich bedient hat, um zu uns herniederzusteigen, Mensch zu werden und uns seine Gnaden mitzuteilen. Dieses Mittel ist eine wahre Andacht zur allerseligsten Jungfrau.«[55] Ganz ähnlich schreibt Antonius Claret im Hinblick auf die Jungfrau in Abwandlung eines Wortes aus Philipper 4,13: »Alles vermag ich in der, die mich stärkt.«[56]

Als Braut Gottes und Christi verehrt, vermag sie die weiblichen Anteile der Gottheit darzustellen und lehrt so auch den Mann, sich mit den weiblichen Erziehungsidealen zu identifizieren. In solchen Fällen werden durch Maria geschlechtsspezifische Unterschiede ein Stück weit aufgehoben; an Männer werden dieselben Anforderungen gestellt wie an Frauen, was einer Aufwertung weiblicher Werte gleichkommt.

Aber auch in direkter Form konnte die Gestalt der Jungfrau in der Frömmigkeitsgeschichte ihrer Verehrung positive Auswirkungen auf das konkrete Leben der Frau ausüben. Als Bild weiblicher Unabhängigkeit erinnerte sie die Frau immer wieder an die Möglichkeit, auch außerhalb der Ehe ein sinnvolles Leben führen zu können, was im Mittelalter mit seinem anhaltenden Frauenüberschuß von nicht zu unterschätzender Bedeutung war.

So wird die »Braut Christi« für viele zum Vorbild für die eigene Vermählung mit Christus und einem Leben hinter Klostermauern. So ambivalent ein solcher Rückzug aus der Gesellschaft auch heute erscheinen mag, sosehr uns auch die meist strengen Ordensregeln, die zudem von Männern erstellt worden waren, befremden mögen, die Anziehungskraft, die das Kloster auf Frauen im Mittelalter ausübte, war verhältnismäßig stark. Das ist sicherlich ein Indiz für die Unzufriedenheit der Frau mit ihrem gesellschaftlichen Status als Ehefrau oder auch als Unverheiratete. Es will schon etwas heißen, wenn adlige Damen ihren Wohlstand verlassen, um ihn gegen ein Leben in Armut in der Gemeinschaft anderer Frauen einzutauschen, und das, obgleich dieser Trend von den Kirchen des 12. und 13. Jahrhunderts keineswegs gefördert wurde. Ganz im Gegenteil versuchten sie vielmehr, die Aufnahme von Frauen zu begrenzen und die Gründung von Frauenklöstern zu verhindern. Daraufhin kam es schließlich zur Gründung von Beginen-Gemeinschaften, religiös motivierten wirtschaftlichen Zusammenschlüssen von Frauen, die für sich ein beträchtliches Maß an Autonomie erlangten; dann aber auch mit die ersten waren, die der Häresie angeklagt und zu Beginn des 14. Jahrhunderts auf dem Scheiterhaufen verbrannt wurden.

Daß die Frauen mit ihrem Eintritt ins Kloster nicht nur emotionaler Bindungen verlustig gingen und ihrer Freiheit beraubt wurden, geht aus einem Zeugnis des 15. Jahrhunderts hervor. Es mag als Beweis dafür dienen, daß es den Frauen durchaus gelang, in den Klöstern eine echte Heimat zu finden und dabei starke emotionale Beziehungen zu anderen Nonnen herzustellen. Den Abschied, den sieben Nonnen nehmen müssen, weil sie den Auftrag haben, eine neue Klostergemeinschaft zu gründen, beschreibt ein alter Text: »Am 17. April (1480) sang man den Frauen ein Amt von unserer Lieben Frauen auf den Weg. Da wurden aber viel mehr Zähren vergossen als Noten gesungen; denn ein unaussprechliches Weinen, Klagen und Trauern war zu beiden Teilen; bei den acht, weil sie scheiden mußten, bei den anderen vom Konvent, weil sie ihre liebste, getreueste Frau Mutter, welche der Trost und die Zuflucht für sie alle war, weglassen mußten.«[57]

Ich bin mir durchaus darüber im klaren, daß sich ebenso Zitate finden lassen, die genau das Gegenteil beweisen. Sie sollen hiermit auch gar nicht geleugnet werden. Mir geht es an dieser Stelle nur darum, zu zeigen, daß die Jungfrauensymbolik mit ihren Keuschheitsforderungen auch positive Auswirkungen auf Frauen haben konnte, die leider häufig übersehen werden. Immerhin waren hier die Frauen männlicher Willkür weitestgehend entzogen. Außerdem war ihnen ein höheres Maß an Bildung zugänglich als außerhalb des Klosters üblich. Auch bedeutete der Ordensstatus einer Nonne eine Aufwertung vor der Verheirateten; denn als Jungfrauen galten sie fast so viel wie ein Mann. Immerhin repräsentierten sie ein Stück der Jungfrau Maria und wurden so von der Männerkirche und ihren Vertretern geachtet.

Einigen Nonnen gelingt es sogar, sich mit der Jungfrau als Seelenführerin des Mannes zu identifizieren und sich als dessen Lehrmeisterin zu erfahren, so daß sie der männlichen Lehre selbst nicht mehr bedürfen. Damit bringen sie es fertig, sich auch auf geistiger Ebene vom Mann zu emanzipieren. So wie Maria in einem direkten Verhältnis zum Heiligen Geist stand, wie sie sich unmittelbar dem göttlichen Willen unterstellte ohne menschliche Vermittlung, so erleben auch Mystikerinnen eine direkte und unmittelbare Beziehung zu Gott, ja sie werden sogar selbst zu Gott. Das erklärt beispielsweise Schwester Katrei aus Straßburg ihrem Beichtvater[58].

Für Mechthild von Magdeburg wird Maria gar zur Göttin. Sie schreibt: »Ihr Sohn ist Gott und sie die Göttin.«[59] Aus vielen Texten wird deutlich, daß die Gestalt der Jungfrau häufig für eine eigene Frauentheologie benutzt wurde. Für Hildegard von Bingen (12. Jahrhundert) wurde die Jungfrau zum Symbol für den christlichen Glauben, der rein ist wie sie und fortlaufend empfängt und gebiert.

Es ist überhaupt auffallend, daß es von Frauen keine der primitiven biologistischen Spekulationen über die Jungfräulichkeit vor, bei und nach der Geburt gibt. Statt dessen heben sie – wie andere Mystiker auch – die Jungfräulichkeit als eine bestimmte Geisteshaltung hervor, durch die sie auf sich selbst und ihre Beziehung zu Gott zurückgeworfen werden und sich dabei von priesterlicher Bevormundung befreien. Immerhin gingen einige Beginen sogar so weit, daß sie den Priester als Beichtvater oder Spender der Sakramente ablehnten. Sie verwirklichten so ein Stück jungfräulichen Lebens in seiner ursprünglichen Bedeutung; indem sie ein in sich gegründetes selbstbestimmtes Leben führten, erfuhren sie sich als Jungfrauen, die keinem Mann unterstellt waren. Genau wie Maria tragen sie Christus in sich, den sie neu gebären.

Dieses emanzipatorische weibliche Lebensgefühl wird auch an der »Vierge Ouvrante« des 15. Jahrhunderts deutlich, einer Madonnenskulptur, deren Leib geöffnet werden kann und der die göttliche Dreifaltigkeit in sich birgt. Hier wurde die Jungfrau zu einer alle göttlichen Kräfte vereinigenden Größe.

In diese Richtung müssen wohl auch die Empfindungen der Mechthild von Magdeburg gegangen sein, als sie schrieb: »Die heilige Dreifaltigkeit und alles, was Himmel und Erde trägt, muß mir ewig untertan sein.«[60]

Bei einem solchen Hochgefühl weiblicher Stärke muß die Kirche schließlich eingreifen, und so wundert es kaum, daß Mechthild sich Anfeindungen ausgesetzt sah und die Skulpturen der Vierge Ouvrante als häretisch empfunden und aus dem Verkehr gezogen wurden.

Die integrative Kraft der Jungfrau bleibt dennoch im Bewußtsein der Gläubigen, wenn sie an Marienfesten in der Kirche singen: »Freu dich, Jungfrau Maria! Alle Spaltungen hast du allein überwunden ...«

Die Jungfrau als Schutzherrin der Unterdrückten

Die Jungfrau als »Magd des Herrn«, die das Fiat, das »Mir geschehe«, spricht, hat in unzähligen Liedern, Gedichten und liturgischen Texten starken Widerhall gefunden. Jene Jungfrau aber, die das um so vieles längere Magnificat singt mit Anklängen an agitatorische Polit-Songs, suchen wir dort vergebens. Statt dessen wurden ihr, deren Gott die Herrschenden vom Thron stürzt, sämtliche Herrschaftstitel der mittelalterlichen Welt zugesprochen. Die politisch Kritische wurde zur Himmelskönigin, die so den Unterdrückern weitaus ähnlicher war und näherstand als den Unterdrückten.
Hier ein Beispiel aus dem Marienlob:

Die Schönste von allen, von fürstlichem Stand,
kann Schönres nicht malen ein englische Hand:
Maria mit Namen; an ihrer Gestalt
all Schönheit beisammen Gott selbst wohlgefallt.

Ihr Haupt ist gezieret mit goldener Kron,
das Zepter sie führet am himmlischen Thron,
ein sehr starke Heldin, mit englischem Schritt
der höllischen Schlange den Kopf sie zertritt.

Wohlan denn, o Jungfrau, der Jungfrauen Bild,
von Tugenden strahlend, mit Gnaden erfüllt,
mit Sternen geschmücket, die Sonne dich kleidt,
die Engel, den Himmel dein Anblick erfreut!

Die Sterne verlöschen; die Sonn, die jetzt brennt,
wird einstens verdunkeln, und alles sich endt.
Du aber wirst strahlen noch lang nach der Zeit
in himmlischer Glorie durch all Ewigkeit.

Daneben gibt es allerdings auch noch jene Jungfrau, die in neunfacher Wiederholung des Refrains angefleht wird: »... hilf uns all hier in diesem Jammertal!« Hier geht es um ganz irdische Dinge auf seelischer, naturhafter und sozialer Ebene. Und doch fehlt das Politisch-Revolutionäre.

Jungfrau, wir dich grüßen – o Maria, hilf!
Fallen dir zu Füßen, o Maria, hilf!
O Maria, hilf uns all hier in diesem Jammertal!

Durch dein' große Güte – o Maria hilf!
Jungfrau uns behüte, o Maria, hilf!
O Maria, hilf uns all hier in diesem Jammertal!

Aus der Sünde Ketten – o Maria, hilf!
wolle uns erretten, o Maria, hilf!
O Maria, hilf uns all hier in diesem Jammertal!

Vor des Leibs Gefahren – o Maria, hilf!
wolle uns bewahren, o Maria, hilf!
O Maria, hilf uns all hier in diesem Jammertal!

Hungersnot abwende – o Maria, hilf!
Brot uns allen spende, o Maria, hilf!
O Maria, hilf uns all hier in diesem Jammertal!

Tod und böse Seuche – o Maria, hilf!
weit von uns verscheuche, o Maria, hilf!
O Maria, hilf uns all hier in diesem Jammertal!

Schütz die Frucht der Erde – o Maria, hilf!
daß nicht Mißwachs werde, o Maria, hilf!
O Maria, hilf uns all hier in diesem Jammertal!

Wann wir müssen sterben – o Maria, hilf!
woll uns Gnad erwerben, o Maria, hilf!
O Maria, hilf uns all hier in diesem Jammertal!

Und bei deinem Sohne – o Maria, hilf!
und erwirb die Krone, o Maria, hilf!
O Maria, hilf uns all hier in diesem Jammertal![61]

Auf solchem Boden kann eine herrschaftskritische Jungfrau nicht zum Tragen kommen. Schließlich geht es ihren Anbetern nur darum, selbst die Krone zu erlangen. Noch sind auch sie Teil des dualistischen Herrschaftsgefüges.

Was aber von der Kirche unterdrückt wurde, verschaffte sich selbst Raum. Während im nördlichen Europa die Bilderstürmer im Namen der Freiheit und dem Ende aller Unterdrükkung die Heilige Madonna von ihren vielen Sockeln stießen, scheint sich die Jungfrau auf den Weg gemacht zu haben nach Mexiko, das zur gleichen Zeit von den christlichen Spaniern erobert worden war. Bei einem so überwältigenden Sieg erwies sich der christliche Gott in der Tat als der Stärkere, und so ließen sich viele Indios »bekehren«.

Einer von ihnen war Juan Diego. Er durchstreifte gerade die Berge um Tepeyac, als er etwas Seltsames hörte: »Ein Gesang wie von vielen außergewöhnlichen Vögeln, deren Stimmen wie ein Echo in den Hügeln erklangen ... ihr Singen versetzte ihn in Verzückung. Dann sah er auf der Spitze des Berges ... eine Frau ... große Verwunderung bemächtigte sich seiner ob der Außerordentlichkeit ihrer strahlenden Schönheit; ihre Gewänder glänzten wie die Sonne, und die Felsen des Berges und die Höhlen, die die Heiligkeit ihres Lichtes zurückwarfen, waren wie kostbares Gold; und er sah, wie der Regenbogen das Land bekleidete, so daß der Kaktus und alles andere, das dort wuchs, himmlischen Pflanzen gleich schienen, deren Blätter und Dornen in ihrer Gegenwart wie Gold schimmerten.«[62] Die Frau spricht ihn an und bittet ihn in seiner Sprache, er solle zum Palast des Erzbischofs gehen und ihm ausrichten, die Jungfrau Maria, die Mutter des wahren Gottes, des Urhebers des Lebens, wünsche, daß an diesem Ort ein Tempel gebaut werden solle. In ihm wolle Maria sämtlichen Bewohnern des Landes alle ihre Liebe, ihr Mitleid, ihre Hilfe und ihren Schutz zeigen und schenken, auf ihre Klagen hören und ihre Nöte, Leiden und Schmerzen lindern. Nach zwei erfolglosen Versuchen, den Bischof von der Echtheit seiner Vision zu überzeugen, wirkte die Jungfrau ein Wunder. Sie hieß den gläubigen Indio, an jener Stelle, wo sonst nur Wüstenpflanzen gediehen, Rosen pflücken. Sie wickelte die Rosen in seinen Mantel und sandte ihn mit dem Zeichen, das dieser erbeten hatte, zum Erzbischof. Als er, dort angekommen, seinen Mantel entfaltete, fielen die Rosen zu Boden, und auf seinem Mantel erschien das Bild der Jungfrau. Nach diesem Wunder, das zu Guadalupe geschah, lebte das mexikanische Volk wieder auf. Die Erscheinung löste bei den Indianern eine spontane Welle von Pilgerfahrten, Festlichkeiten und Bekehrungen zur Religion der Jungfrau aus. Aus der Sinnlosigkeit und chaotischen Existenz der Jahre nach der Eroberung war auf einmal ein neuer Sinn aufgestrahlt.

Die unmittelbare Reaktion der Kirche reichte vom Schweigen bis zur Verurteilung. Frühe Quellen weisen darauf hin, daß die Missionare – wenigstens diejenigen, die sich schriftlich ausdrückten – überzeugt waren, es handele sich um eine Erfindung der Indianer, um einen Versuch, ihrer früheren Religion wieder Geltung zu verschaffen. Doch nach und nach nahm die Kirche an, es handele sich bei der Erscheinung um die Jungfrau Maria, die Mutter des Herrn. Im Jahre 1754 erkannte Papst Benedikt XIV. die Überlieferung von Guadalupe an. Was damals für die Spanier eine Erscheinung war, war für die eroberte, im Sterben liegende mexikanische Nation die Wiedergeburt einer neuen Zivilisation. Heute findet sich die Legende von Guadalupe, die auf das mexikanische Volk den nachhaltigsten Eindruck ausübte, nur noch in der Folklore und in den Praktiken der einfachen Volksreligiosität. In der offiziellen Geschichtsschreibung war kein Platz für dieses Ereignis!

Diese Art der Geschichtsschreibung kennen Frauen inzwischen zur Genüge. Die Überlieferung von Guadalupe zeigt, daß sich die Begeisterung für die Jungfrau Maria auch gegen die Kirche durchsetzt, selbst wenn sie später dann von dieser gefördert wird, wo es opportun erscheint. Ganz sicher war die Furcht seitens der Missionare, es handele sich um einen Durchbruch der alten indianischen Religion, nicht völlig unberechtigt. Dafür spricht, daß Maria im Laufe der Zeit alle indianischen Hoheitssymbole erhielt, so wie ihr auch christlicherseits allmählich Titel und Symbole heidnischer Göttinnen übertragen wurden.

Anders als der damals nach Mexiko kolportierte Gottvater verlangte Maria nicht die uneingeschränkte Verehrung. Sie wollte einen Tempel, um ihrer Liebe zu den Unterdrückten Raum geben zu können. Auch fiel es den Indios nicht schwer, in der Mutter mit dem Jesus-Kind auf dem Arm die von ihnen durch viele Jahrtausende hindurch verehrte Erdenmutter wiederzuerkennen, die auch sie so lange Zeit durch das Leben getragen und versorgt hatte. Im Umgang mit ihr kannten sie sich gut aus. Ihre Vertrauenswürdigkeit hatten sie oft genug erfahren. Von ihr waren sie nie unterdrückt worden. Liebevoll nennt das Volk sie auch »Unsere Liebe Frau von Guadalupe«. Ihr Domizil, die Basilika von Guadalupe, gehört zu den beliebtesten Kirchen in ganz Mexiko. Dort steht sie auf einer schwarzen Mondsichel mit einem blauen Sternenmantel bekleidet. Ihr Haar ist pechschwarz genau wie ihre Augen. Dazu die gebräunte Haut einer Indio-Frau. Heute wird in ganz Lateinamerika unter ihrem Banner für die Befreiung der Unterdrückten gekämpft, und zwar nicht im Namen, sondern *trotz* der Kirche. Was in Europa nicht gelang, wurde hier Wirklichkeit. Sie ist nicht länger ein Werkzeug der Unterdrükker, sondern steht auf der Seite der Unterdrückten.

Psychologische Hintergründe der Jungfrauenverehrung

Wie ich im letzten Abschnitt gezeigt habe, waren die Motive und Folgen der Jungfrauenverehrung recht unterschiedlich. Das wohl auffälligste und daher immer wieder kritisierte Merkmal dieser Verehrungsform ist der Keuschheitswahn, dessen Leidtragende in erster Linie Frauen waren. Dennoch ist es meines Erachtens nicht haltbar, wenn diese pathologischen Auswüchse insbesondere von Feministinnen im kausalen Zusammenhang mit der Jungfrauenverehrung dargestellt werden, als sei diese für den Keuschheitswahn verantwortlich zu machen oder dieser ganz zwangsläufig aus ihr abzuleiten. Selbstverständlich ist nicht zu leugnen, daß die Jungfrau Maria vielfach als Vehikel für die kirchlich-patriarchale Sexualfeindlichkeit und daraus folgend die Zölibatsforderungen benutzt wurde.

Daß die Jungfrau wohl auch heute noch der Kompensierung männlicher sexueller Begehrlichkeit dient, zeigt folgendes Beispiel, das Mary Daly in »Kirche, Frau und Sexus« beschreibt: »Ein römischer Seminarist bemerkte, sein ›Beichtvater‹ habe ihm gesagt, er solle, immer wenn ihn ›schlechte Gedanken‹ plagten, sogleich an Maria zu denken versuchen. Man scheint den jungen Leuten diesen Rat ganz allgemein zu erteilen, wenn auch nicht immer so ungeschminkt und offensichtlich wie hier.«[63]

Dennoch wäre es viel zu vordergründig betrachtet, wollte man die Verehrung der Jungfrau allein aus diesem Kompensationsbedürfnis heraus erklären; denn die Ursachen scheinen doch viel tiefer zu liegen.

Feministinnen haben durchaus recht, wenn sie immer wieder darauf hinweisen, daß wohl kein anderes christliches Symbol der Frau so sehr geschadet hat wie das der Jungfrau, mit deren Hilfe der hohe »Wert« weiblicher Jungfräulichkeit männlicherseits gefordert werden konnte und die Frau veranlaßt wurde, dieser Forderung nachzukommen, wodurch wiederum massiver Freiheitsentzug und Willkürherrschaft »gerechtfertigt« erschienen.

Es ist daher unbedingt erforderlich, einige psychologische Hintergründe für die in der Jungfrauenverehrung sich ausdrükkende christlich-patriarchalische Sexualfeindlichkeit aufzudecken. Beginnen möchte ich mit der Darlegung einiger Fragenkomplexe, die in enger Beziehung zueinander stehen und die ich im Laufe dieses Abschnitts zu beantworten versuche.

Wie ist es möglich, daß einer der fundamentalsten menschlichen Triebe, der Sexualtrieb, der so weitreichende Auswirkungen auf die zwischenmenschlichen Beziehungen hat, in der christlichen Tradition immer wieder als böse und sündhaft beschrieben wurde, wo doch andererseits der Mensch als ein Geschöpf Gottes gilt, der ihn nun einmal so und nicht anders ausgestattet hat?

Wieso kann einerseits die Grundlage der Menschwerdung des Menschen – die Sexualität – als Schuld angesehen werden und die Geburt als die Frau verunreinigend, wo doch andererseits im Christentum die Menschwerdung Gottes verkündet und die Nacht seiner Geburt am inbrünstigsten gefeiert wird?

Warum spielt innerhalb der christlichen Religion, die ja als eine Religion der Befreiung von aller Schuld angesehen wird, da Jesus für diese geopfert wurde, gerade die Schuld eine so unverhältnismäßig große Rolle, so daß es möglich war, Unsummen von Geld zu kassieren und den Gläubigen ihre Schuldvergebung gegen bare Münze zu verkaufen?

Einer der Hauptwidersprüche liegt jedoch darin, daß einerseits der Mann als Erstling göttlicher Schöpfung als höherwertig und dem Göttlichen näherstehend, da ähnlicher angesehen wurde als die Frau, daß aber andererseits der sexuelle Kontakt mit ihm die Frau verunreinigte und so stark im Wert sinken ließ und nicht etwa ihn. Schließlich hatte *er* doch Kontakt mit einem ihm um so vieles unterlegenen Wesen aufgenommen. Weitaus logischer wäre es daher, ihn in stärkerem Maße der Verunreinigung zu bezichtigen und im Wert sinken zu lassen. Logik hilft hier anscheinend nicht weiter.

Statt dessen müssen wir bei so massiven Widersprüchen in einem Denksystem, das sich der Logik verschrieben hat, davon ausgehen, daß sich dahinter unbewältigte Konflikte verbergen, deren Bewußtmachung das System sprengen würde und die daher auf keinen Fall wünschenswert ist.

Bei genauerer Betrachtung kann man feststellen, daß das Christentum im Laufe seiner Geschichte zu einem kollektiven Abwehrsystem geworden ist; denn anders als sein angebliches Vorbild Jesus trat es nicht in erster Linie *für* etwas ein – das Heil, die Liebe, Vergebung –, sondern insbesondere *gegen* etwas – nämlich die Frau und ihre weiblichen Werte, die sich aus ihren schöpferischen Kräften ergeben. Weibliche Gottheiten wurden als heidnisch bekämpft und Frauen als Ketzerinnen, nachdem man ihren Körper dämonisiert hatte.

Ich glaube nicht, daß all diese Widersprüche und Entgleisungen allein damit zu erklären sind, daß das christliche Glaubenssystem zum größten Teil von einem zölibatären und überwiegend sexualfeindlichen Klerus geschaffen wurde, wie vielfach angenommen wird, auch wenn dieser Umstand das religiöse Klima vieler Jahrunderte sicherlich wesentlich mitbestimmt hat. Hier dürfen jedoch nicht Ursache und Wirkung verwechselt werden. Nicht die pathologische Angst vor weiblicher Sexualität ist eine Folge des Zölibats – obgleich diese Kausalität in vielen Einzelfällen durchaus zutreffen mag –, sondern der Zölibat ist umgekehrt eine Folge patriarchaler Sexualfeindlichkeit, die wiederum aus der männlichen Angst vor den weiblichen Sexualfunktionen resultiert.

Bis heute ver(sch)wendet die katholische Kirche ein beträchtliches Maß an seelischen Energien zur Unterdrückung der Sexualität. Es muß daher sehr gewichtige Gründe geben, die sich hinter dieser Abwehrhaltung verbergen. Welchen Nutzen zieht die Kirche aus solcher Abwehr?

Einen wichtigen Hinweis zur Klärung dieses Problems gibt uns Erich Fromm in seinem Buch »Haben oder Sein«, in dem er schreibt: »Alle Anstrengungen zur Unterdrückung der Sexualität müßten schwer verständlich bleiben, wenn es nur um Sexualität an sich ginge. Aber nicht darum geht es, sondern das Brechen des menschlichen Willens ist der Grund, weshalb die Sexualität so verteufelt wird.«[64] In diesem Zusammenhang weist Fromm auf die »sogenannten primitiven Kulturen« hin, in denen es keinerlei sexuelle Tabus gibt, und folgert: »Da sie ohne Ausbeutung und Unterdrückung leben, brauchen sie nicht den Willen des Individuums zu brechen. Sie können es sich leisten, Sexualität nicht zu stigmatisieren und sexuelle Beziehungen ohne Schuldgefühle zu genießen.«[65]

Halten wir also fest, daß hinter der kirchlichen Diffamierung insbesondere weiblicher Sexualität und ihren Keuschheitsforderungen ihr Wille zur Macht steht, ihr Bedürfnis, die Menschen auszubeuten und zu unterdrücken. Fromm gibt aber noch einen weiteren wichtigen Hinweis, wenn er schreibt: »Freude an der Sexualität ist bei diesen nicht besitzorientierten(!) Kulturen ein Ausdruck ihres Seins, nicht das Resultat sexueller Possessivität.« Worauf es Fromm ankommt ist zu zeigen, »daß neue Formen der Besitzlosigkeit die sexuelle Gier beseitigen werden, die für alle Haben-Gesellschaften charakteristisch ist«[66].

Ausbeutung, Unterdrückung und Sexualfeindlichkeit bilden demnach eine grundlegende patriarchale Trinität – eine Einheit in der Dreiheit –, denn Fromm macht unmißverständlich deutlich, daß auch die Haben-Orientierung zu den wesentlichen Merkmalen der Patriarchatsgesellschaft gehört, in der alles zum Besitz des Mannes und somit verdinglicht wird: die Frau, das Kind, das Tier, die Mutter Erde, die Natur. Selbst die Inbesitznahme des Mondes, der *das* zentrale Symbol einer matriarchalen Ordnung darstellt, wird von den Herren der Schöpfung nicht gescheut.

Es gibt inzwischen Beweise aus den unterschiedlichsten Fachgebieten dafür, daß die matriarchalen Gesellschaften nicht besitzorientiert waren, daß es so etwas wie privates Eigentum überhaupt nicht gab. Statt dessen waren die Menschen gemeinschaftsorientiert und frönten nicht dem individuellen Egoismus – eine Haltung, die bis heute an vielen Indianerkulturen beobachtet werden kann. Eine Frau gar als Besitz anzusehen, wie dies im alttestamentlichen Gebot: »Du sollst nicht begehren deines Nächsten Haus, ... Weib, Knecht, Magd, Rind, Esel noch alles, was sein ist«[67] geschieht, ist nach matriarchalem Verständnis ein Unding.

Wie sehr aber im patriarchalen Vorstellungsgefüge die Inbesitznahme einer Frau mit dem Geschlechtsakt verbunden ist, hat Erich Neumann recht anschaulich beschrieben: »In unserer patriarchalen Zeit wird der Ausdruck eine Frau ›besitzen‹ für den Geschlechtsverkehr mit ihr gebraucht, durch den der oben liegende Mann die Frau – aus keineswegs rational verständlichen Gründen – zu seinem Eigentum zu machen glaubt. Der Ausdruck verrät aber noch die ursprünglichere und prägenitale Form der Besitznahme, in der das Männliche die Erde, den Besitz, vom Weiblichen dadurch erhält, daß es von diesem als Sohn auf den Schoß genommen wird.«[68] Nicht aus sich heraus, sondern nur als Sohn der Mutter hatte er teil am gemeinsamen Besitz, aber auch an der Macht, denn wie im nächsten Kapitel gezeigt wird, ist der Herrscherthron ein späteres Symbol für den Mutterschoß. Aus weiblicher Sicht war das Auf-den-Schoß-Nehmen des Sohnes zugleich seine Inthronisierung und ein Akt des Teilens. Die Frau machte den Mann zum Teilhaber ihrer Macht, zum Mitverwalter ihres Besitzes, weil sie sich sicher wähnte, daß er sich mit ihr identifizieren konnte, daß er sich als würdiger Vertreter ihrer mütterlichen Werte erweisen würde. In der späten Form des Matriarchats muß es eine Reihe Initiationsriten gegeben haben, die dem Mann die Identifizierung mit der Frau erleichtern sollten bis hin zur Einkleidung in Priesterinnen-Gewänder – eine Sitte, die sich bis heute erhalten konnte.

Josefine Schreiers Buch »Göttinnen« verdanke ich den Verweis auf Freuds Identifikationslehre und ihre Bedeutung für dieses Thema. Bei ihrer Frage, wie es möglich war, daß der Mann die Macht an sich reißen konnte, »daß er die Überlegenheit der Frau nicht mehr anerkannte und sich von der Identifizierung mit ihr lossagte«[69], dient ihr Freuds Aussage über die zwei Formen der Identifizierung zur Erhellung dieses Problems.

Freud unterscheidet nämlich zwischen jener Identifizierung, der es um das Sein geht, und einer weiteren, der es um das Haben geht. Der Unterschied besteht für ihn darin, »ob die Bindung am Subjekt oder am Objekt des Ichs angreift«[70]. Bei der ersten Form geht es darum, daß der Junge sein will wie die Idealperson, mit der er sich identifiziert, daß er sich auf sie hin entwickelt, sich nach ihrem Vorbild bildet. Im zweiten Fall geht es lediglich darum, zu *haben*, was jene Idealperson ihm voraushat; es geht nicht darum, ihr gleich zu sein.

Diese Gedankengänge wendet Josefine Schreier auf die Situation der Männer im Patriarchat an. Während sich im Matriarchat die Männer mit den Frauen identifiziert und ihre Werte angenommen sowie ihre Herrschaft anerkannt hatten, ging es ihnen im Laufe der Zeit mehr und mehr darum, »sich von der Frauenherrschaft (zu) befreien und das Gleiche (zu) haben, was die Frauen hatten, die Macht; in ihrem Bestreben, sich an die Stelle der mächtigen Frauen zu setzen, waren sie jedoch behindert durch das durch die Identifizierung entwikkelte Überich (Gewissen, C. M). Sie hatten also die beiden einander widersprechenden Wünsche: das Gleiche zu haben, was die Frauen hatten, ohne die Forderungen des Überichs zu verletzen und daraus Schuldgefühle zu entwickeln.«[71] Gelöst wurde dieses Problem durch die Eliminierung der Göttin, was durch recht unterschiedliche Vorgehensweisen erreicht wurde, die bei Schreier ausführlich beschrieben werden[72].

An der Wurzel des ganzen Übels finden wir also den männlichen Neid auf die Frau, der dem Mann Schuldgefühle verursacht, die es im Laufe der Jahrtausende zu überwinden galt.

Abgesehen vom Paradiesmythos stellt auch das Alte Testament den männlichen Neid an den Beginn patriarchaler Schuldverstrickungen. Kain erschlägt seinen Bruder Abel aus Neid darüber, daß dessen Opfer von der Gottheit angenommen wird, das des Kain aber nicht.

Helmut Schoeck hat sich in seinem vierhundertseitigen Werk dem menschlichen Neid gewidmet und sieht diesen dem Schuldgefühl gegenüber als primär an. Er ist sozusagen der Ursprung des Bösen und auch für Schoeck Ausdruck einer Haben-Orientierung. Wie er weiter darlegt, wird der Neid immer von einem Aggressionsgefühl begleitet, »das sich seiner Impotenz bereits bewußt ist«[73]. Aus der Aggression resultieren zerstörerische Akte, die sich gegen Menschen, Werte, Dinge, aber auch gegen den Neider selbst richten können, denn in der Regel ist nach Schoecks Auffassung der Neider, der anderen ihre personalen oder materiellen Werte nicht gönnt, »fast noch stärker daran interessiert, sie zu vernichten als sie selbst zu erwerben«[74]. Dahinter steckt die verweigerte Identifizierung mit diesen Werten, die Verweigerung des Seins-Modus. Es läßt sich in der Tat aufzeigen, daß im Patriarchat die matriarchalen Werte zu Unwerten wurden und weitgehend der Vernichtung anheimfielen. Der Neid auf weibliche Werte und Fähigkeiten aber wurde verdrängt und wie alles Verdrängte auf die Außenwelt projiziert.

Die Griechen benutzten ihre Götter als Projektionsleinwand. Sie fürchteten sich vor dem Neid der Götter und ergriffen Maßnahmen zur Neidvermeidung. Auch der Jahwe des Paradiesmythos scheint seinen Erstgeschöpfen die Erkenntnis, die sie ihm gleich macht, nicht zu gönnen. Er versucht daher, sie am Genuß der Erkenntnisfrucht durch ein Verbot zu hindern. In der Hiobsgeschichte ist es dann der Satan, der Hiob das göttliche Wohlwollen neidet. Im Europa des ausgehenden Mittelalters wurde der Neid in massivster Form auf die Frauen projiziert. Der bereits zitierte Schoeck beruft sich auf C. Kluckhohn, der »keinen Zweifel an der unmittelbaren Beziehung zwischen Neid und Hexenverdacht« läßt[75]. Wie Schoeck schreibt, sind während der Hexenprozesse in Europa »gerade auch solche Personen angeklagt worden, die irgendwie den Verdacht erweckt hatten, neidisch zu sein und deshalb anderen Schaden gewünscht zu haben. Allmählich wurde aber auch der Neider selber zum Ankläger: und als Hexen wurden die schönen, tugendsamen, stolzen, reichen Menschen, die Frauen reicher Mitbürger, angeklagt.«[76] Hier hat ganz offenkundig der männliche Neid auf weibliche Stärke und Unabhängigkeit eine ganz entscheidende Rolle gespielt. Es waren in der Tat autonome Frauen wie Beginen und Heilerinnen, gegen die sich der männliche Vernichtungswille zuerst richtete.

In diesem Zusammenhang ist auch ein Hinweis Max Schelers wichtig. Nach seiner Auffassung führt der Neid um so mehr zum Ressentiment, »wo es sich um ihrer Natur nach unerwerbbare(!) Werte und Güter handelt und als diese gleichwohl in der Vergleichssphäre gelegen sind, in der wir uns im Vergleich mit anderen bewegen«[77].

Wo nun müssen wir jenen Punkt ansetzen, an dem die Unvergleichbarkeit des Mannes mit der Frau sichtbar wird? Wo der Mann das Gefühl entwickeln könnte, bei einem solchen Vergleich auf der Strecke zu bleiben, und ihr daher jene für ihn »unerwerbbaren Werte« übelnimmt? Es kann sich dabei nur um die Fähigkeit handeln, neues Leben zu erschaffen und zu erhalten, zu gebären und zu nähren, um den inzwischen vielfältig konstatierten Gebärneid des Mannes. Dazu schreibt Erich Fromm: »Im völligen Gegensatz zu Freuds Annahme, der ›Penisneid‹ sei eine natürliche Erscheinung in der Konstitution der weiblichen Psyche, bestehen gute Gründe für die Annahme, daß vor der Errichtung der Vorherrschaft des Mannes bei ihm ein ›Gebärneid‹ existierte, den man sogar noch heute in vielen Fällen antreffen kann.«[78] Auch mir haben inzwischen eine Reihe von Männern diesen Neid bestätigt, allerdings meist in Gesprächen zu vorgerückter Stunde und häufig erst unter dem Einfluß von Alkohol bei herabgesenkter Bewußtseinsschwelle.

Wenn dieser Neid aber noch heute konstatiert werden kann, wo der Frau aus ihrer Gebärfähigkeit weitaus mehr Nachteile, häufig sogar Diffamierungen erwachsen, dann können wir uns vorstellen, welch bedeutsame Rolle dieser Neidfaktor in einer Zeit und Gesellschaft gespielt haben mag, in der der Gebärfähigkeit ein hohes Maß an sozialer Anerkennung gezollt wurde, da die Große Göttin Natur die Frau dazu ausersehen hatte und nicht den Mann.

Auf diesem Hintergrund ergibt sich folgendes Bild: Am Anfang der Menschheitsentwicklung steht die Erfahrung, daß das weibliche Geschlecht über Potenzen verfügt, mit denen sich der Mann nicht messen kann. Leben gebären, erhalten und wachsen lassen sind in die Hände der Frau gegeben. Diese Fähigkeiten können durch keinerlei Anstrengung erworben werden. So offensichtlich von der Natur benachteiligt, erlebt sich der Mann als »minderwertig«. Dennoch gelang es durch viele Jahrtausende hindurch, dieses männliche Minderwertigkeitsgefühl durch erzieherische Maßnahmen nicht in aggressiven Neid umschlagen zu lassen. Die Frauen entwickelten Kulte und Rituale, um den Mann an ihrer weiblichen Seinsweise teilhaben zu lassen, indem sie ihn in ihre Mysterien einweihten. Sie teilten ihre Macht mit dem Mann, den sie liebten. Um Teilhaber der Macht zu werden, mußte der Mann die Liebe der Frau »erwerben«. Solche Teilhabe funktionierte allerdings nur so lange, wie sich der Mann auf der Seinsebene mit der Frau identifizierte, sie also wahrhaft liebte. Psychologisch gesehen beginnt das Patriarchat dort, wo diese Identifizierung nicht mehr nachvollzogen wird und sich der Wille zur Macht abgrenzt vom Willen zur Liebe, der eine immer bedeutungslosere Rolle zu spielen beginnt. Gleichzeitig begibt sich der Mann auf die Suche nach einer Möglichkeit, auch ohne den Liebeskontakt zum weiblichen Geschlecht Macht ausüben zu können. Doch bedarf es dazu eines Ausgleichs der männlichen Unfruchtbarkeit.

Wie dieser Mangel vom Mann dann kompensiert wurde, beschreibt der Mythos. Anhand des babylonischen Schöpfungsmythos (Enuma Elish) zeigt Fromm auf, wie der Mann an die Stelle weiblicher Schöpfungskraft seine Verstandeskraft setzte. »Da er mit seinem Leib nichts erzeugen kann, muß er es auf andere Weise tun: Er produziert etwas mit seinem Mund, seinem Wort, seinem Denken.«[79] Biblisch ausgedrückt heißt es dann: Am Anfang war das Wort oder auch der Logos!

Auf diese Weise tritt der Mann »seine Herrschaft an, die auf seiner Fähigkeit beruht, durch die Macht seines Denkens etwas hervorzubringen«[80], eine Fähigkeit, die er selbstverständlich mit der Frau teilt, die er jedoch so einseitig verbissen in den Vordergrund schiebt, wie es der Frau niemals eingefallen wäre – bis er schließlich von seiner eigenen »geistigen Größe« überwältigt ist. Allmählich entwickelt sich das männliche Wort zum Wort Gottes, während das weibliche Wort zunehmend verboten wird. (»Das Weib schweige in der Gemeinde!«)

Diesen Prozeß der Abwertung weiblicher intellektueller Fähigkeiten (»Einer Frau aber gestatte ich nicht, daß sie lehre...«) bei gleichzeitiger Diffamierung ihrer biologischen Schöpferkraft setzte die Kirche dann mit großem Eifer fort, bis schließlich die Frau, um etwas zu gelten, auf ihre Gebärfähigkeit verzichten und sich der Unfruchtbarkeit des Mannes anpassen mußte. Sie legte ein Keuschheitsgelübde ab und wurde zur christlichen Jungfrau. Als solche gab sie dem Mann keinerlei Anlaß mehr zum Gebärneid. Endlich war er vor ihr sicher!

Damit aber auch der Mann nicht mehr an die Möglichkeit einer Identifizierung mit der Frau erinnert werden sollte, wurde er zum Zölibatär gemacht, der sich statt dessen im Schoß der Mutter Kirche aufgehoben weiß und sich mit ihr identifiziert. Dennoch waren seine sexuellen »Vergehen« weitaus verzeihlicher als die ihren, denn ihre hatten schöpferische Folgen, die ja gerade aus dem patriarchalen Bewußtsein verdrängt werden sollten. Für den Mann hingegen bleibt der Geschlechtsakt immer folgenlos. Seine sexuelle Unberührtheit ist daher relativ belanglos, solange er sich nicht offen zu seiner Beziehung bekennt.

Der Geschlechtsakt selbst, der in weiblichen Religionen die Bindung des Mannes an die Göttin darstellte, aber auch später noch die weiblich-männliche Einheit symbolisierte, mußte zur Sünde erklärt werden, um solche Vorstellungen verdrängen zu können. So wundert es kaum, daß er für viele Gläubige eine der Hauptquellen ihrer Schuldgefühle wurde.

Bis in die heutige Zeit entscheidet das Leben im Haben- und Seinsmodus der Jungfrauenverehrer/innen über die positiven oder negativen Auswirkungen dieses Kultes. Auf der Habenebene steht und fällt der Kult mit der Anwesenheit des Hymen, die nicht nur für Maria verbindlich ist, sondern auch für die Frau vor und außerhalb der Ehe. Nur im Zustand sexueller Unberührtheit ist eine Identifizierung mit der Jungfrau möglich. Der beschränkte Anteil an ihrer Verehrung ist allerdings recht kurzlebig, da das Festhalten an diesem Zustand schon bald eine »alte Jungfer« aus ihr macht, die im kultischen Schema nicht vorgesehen ist.

Beim Mann kann an die Stelle sexueller Unberührtheit auch die Abwertung alles Weiblichen treten, die ja einer Nicht-Beziehung zum weiblichen Geschlecht gleichkommt. Die Ablehnung der realen Frau und die Verehrung der Jungfrau bedingen einander geradezu. Das beste Beispiel für diese Haltung ist wohl Jakob Sprenger, der Mitverfasser des vor Frauenhaß strotzenden »Hexenhammer«, der gleichzeitig ein glühender Marienverehrer war.

Ein ganz anderes Bild ergibt sich auf der Seinsebene. Die Jungfrauenverehrerin hat die Möglichkeit, sich mit einer mannunabhängigen Seinsweise zu identifizieren, die nicht unbedingt an sexuelle Abstinenz gebunden sein muß. Vielmehr geht es um die uneingeschränkte Ausschöpfung und Entfaltung weiblicher Potenzen.

Für beide Geschlechter bietet die Jungfrau aber auch die Möglichkeit der Sublimierung der Sexualität, das heißt, daß sexuelle Energien in andere Seelenbereiche gelenkt werden und so für geistig-kulturelle Betätigungen in verstärktem Maße verfügbar sind. Gleichzeitig hat der Mann die Möglichkeit, seine eigenen weiblichen Kräfte und Fähigkeiten zu entdecken und zu entfalten, und ist so nicht länger auf die reale Frau für deren Realisierung angewiesen.

Nur unter Berücksichtigung solch vielfältiger Möglichkeiten kann den recht unterschiedlichen Folgen der Jungfrauenverehrung Rechnung getragen werden, wobei dann kaum noch undifferenzierte Pauschalurteile möglich sind.

Mit den Augen von Frauen betrachtet

Ablehnung der Jungfrau Maria

Mit vehementer Kritik haben sich katholische und protestantische Frauen in den vergangenen Jahren gegen das Bild der jungfräulichen Magd des Herrn zur Wehr gesetzt. In den meisten Fällen geschah dies jedoch, ohne den Blick zu verlieren für die Möglichkeit einer positiven Interpretation dieser Symbolik, um die es im nächsten Abschnitt gehen wird.

Hier sollen einige Frauen zu Wort kommen, von denen ich sicher bin, daß sie mit ihrer Kritik die Empfindungen vieler

Frauen zum Ausdruck gebracht haben. Was also stört die Frauen an der Jungfrau?

»Maria – das erste Bild, das ich vor mir sehe, ist das Gipswesen aus der Grotte von Lourdes, niedergeschlagene Augen, den Körper bis zur Unkenntlichkeit verhüllt: Entsexualisierung plus Demut, das weibliche Ideal. Ein Symbol, geschaffen, den Unterdrückten die Selbstunterdrückung beizubringen, den Verunsicherten die Selbstzensur, den doppelt Ausgebeuteten die Selbstausbeutung.

Das funktioniert am glattesten, indem man das Idol scheinbar erhebt und erhöht, es auf einen Sockel (den Piedestal) setzt und verklärt. So wie zur Unterdrückung der Schwarzen das Bild eines treuherzig-aufopferungsbereiten Onkel Tom gehörte, so gehörte zu der Frau das Bild einer verklärten, erhabenen Maria. Sie thront über uns. Sie ist rein, wir sind schmutzig. Sie ist entsexualisiert, wir haben sexuelle Probleme und Bedürfnisse. Wir können sie nie erreichen und sollen deswegen Schuld und Schamgefühle empfinden. Das wiederum macht demütig.«[81]

Fast alle Kritikerinnen sind sich darin einig, daß so die Negativ-Wirkungen aussahen, wie sie Frau Sölle beschrieben hat. Sie verbinden mit der Jungfrau Maria die Erinnerung an eine Erziehung nach einem Frauenideal, mit dem sie sich entweder von vornherein nicht identifizieren konnten oder aber eine solche Identifizierung als lebensbehindernd, wenn nicht gar zerstörerisch empfunden haben.

Im Dienste einer »Erziehung zur Frau« mußten sie Maria als willenloses Geschöpf erleben, »als eine Jasagerin, in Demut und Gehorsam unterworfen dem Willen Gottes, der sich für ›Marienkinder‹ verkörperte im Willen der Männer, der Priester, Chefs, Gatten«[82]. Und natürlich der Politiker, möchte ich hinzufügen.

Die Frauen erleben die Jungfrau als Symbol einer weiblichen Rolle, die ihnen verhaßt ist, weil sie sie zu geschlechtslosen Wesen machen soll, »dienstbar, züchtig, bescheiden, brav, langweilig«[83]. Dahinter spüren sie die Absicht, Frauen auf die männlichen Wunschvorstellungen gemäßen Rollen festzulegen.

Die Frau muß zur Dienstbarkeit erzogen werden, damit er um so leichter über sie herrschen kann. Sie soll Keuschheit darstellen, damit ihm das kirchlich vorgeschriebene asketisch zölibatäre Lebensideal attraktiver erscheint. Ihr Leben muß in züchtigen Bahnen verlaufen, damit er nicht verpflichtet wird, seine eigenen Moralvorstellungen auch selbst zu leben. Sie muß bescheiden sein, damit er sich breitmachen kann. Sie soll sich langweilig geben, damit es ihm nicht so schwerfällt, interessant zu wirken. So wie die Magd des Herrn nach Luther keine Würde aus sich hat, sondern lediglich die Empfängerin göttlicher Gnaden ist, soll auch die Frau kein eigenes Selbstwertgefühl entwickeln und auf die gnädige Zuwendung ihres Herrn angewiesen bleiben.

Es ist nur verständlich, wenn es für viele katholische Frauen ein beträchtliches Stück Emanzipation bedeutet, wenn Maria für sie nur noch »ein freundliches Anhängsel des Christentums darstellt«[84] und sie in bezug auf ihre Gestalt »bisweilen abgeschaltet haben«. Sie durchschauen, daß das ihnen vorgesetzte Ideal der Jungfräulichkeit sie daran hindert, ihre eigene Persönlichkeit zu prägen, sich nach eigenen Werten und Vorstellungen zu entwickeln. Auch wollen sie sich nicht länger durch das definieren lassen, was sie *nicht* tun, nämlich eine sexuelle Beziehung eingehen. Passive Negativ-Bilder sollen endgültig der Vergangenheit angehören.

Für andere Frauen hingegen ist die Vorstellung der Jungfrau Maria mit weitaus stärkeren Ressentiments verbunden. Da gibt es beispielsweise jene, »bei denen der Gedanke an die wächserne Maria Stöhnen, Brechreiz und Empörung wachruft«[85]. Hier wird ganz klar ausgesprochen, wie wenig den Frauen das Leersein für den männlichen Willen bekommen ist.

Andererseits wird aber auch deutlich, wie real die Wirkungen der patriarchalischen Version der Jungfrauensymbolik für die Frauen sind, als wie mächtig sich das Symbol für sie erwies, das ihnen jeglichen Zugang zu sich selbst versperrte. In solchen Fällen trifft es zu, was Mary Daly über die katholische Maria schreibt, die für sie nicht die Göttin ist, die parthenogenetisch allein Leben hervorbringt, sondern als »das vollkommene Vergewaltigungs-Opfer« angesehen wird. Ihr stellt sich der christliche Mythos als »eine Vergewaltigung von Seele und Geist« dar[86]. Die Wirkungsgeschichte dieses Mythos scheint ihr durchaus recht zu geben, wenn sie auch für protestantische Frauen erfahrungsgemäß kaum nachzuvollziehen ist.

Weiblicher Umgang mit der Jungfrauensymbolik

In diesem Abschnitt möchte ich gemeinsam mit anderen Frauen eine abschließende Wertung der Möglichkeit eines positiven Umgangs mit dem Symbol der Jungfrau vornehmen.

Insbesondere wir protestantischen Frauen stellen uns seit einiger Zeit die Frage, was uns dieses Symbol vermitteln beziehungsweise welche von uns oftmals schmerzlich vermißten religiösen Erfahrungen im Umgang mit Weiblichkeit es eröffnen könnte. Die Antwort darauf ist zum Teil bereits in den vorangegangenen Abschnitten angeklungen.

Für viele Frauen hat sich in der Tat die Auseinandersetzung mit matriarchalen Religionen und Göttinnenkulten als ein neuer Zugang zu Maria erwiesen. Hier wurden Kräfte entdeckt, die dem eigenen Selbstwertgefühl Auftrieb geben, und selbst Mary Daly, die sich ansonsten gegen den weiteren Gebrauch christlicher Symbole ausspricht, räumt ein, daß außerhalb des christologischen Zusammenhangs die jungfräuliche Maria etwas über weibliche Autonomie aussagen und als Botschaft der Unabhängigkeit verstanden werden kann[87].

Ganz ähnlich lautet auch die Interpretation Catharina Halkes', die ebenfalls den Aspekt weiblicher Autonomie hervorhebt. In diesem Sinne heißt Jungfrau »dann nicht primär die Frau, die von allem sexuellen Verkehr absieht, sondern die Frau, die kein ›abgeleitetes‹ Leben führt, als Mutter von, Tochter von, Gattin von . . ., sondern die zu einer Ganzheit in sich selbst heranreift, die als Person intakt ist, die sich selbst angehört und aus ihrer eigenen Mitte heraus offen für andere, für Gott ist. Durch diesen Reifungsprozeß wird sie fruchtbar, gibt sie Leben.«[88] Wie die Christen vergangener Jahrhunderte bereits wußten, ist auch für sie Jungfräulichkeit »zutiefst eine Haltung und nicht eine Ent-haltung«[89].

Neben der Lieblichkeit, die das Bild der Jungfrau ihnen durch ihre ganze Kindheit hindurch gebracht hat, an die sie sich heute noch gern erinnern, entdecken viele Frauen, nachdem ihnen die Jungfrau zum Symbol heilsamer Autonomie geworden ist, in ihr das Bild höchster Freiheit. In unserer Gesellschaft bedeutet das aber gleichzeitig: Sie entdecken die »Maria vom Widerstand«. Dabei kommen sie aus recht unterschiedlichen Richtungen: aus der Arbeit für die Dritte Welt, aus der Lektüre des Evangeliums der Bauern von Solentiname, aus der politischen Auseinandersetzung mit Lateinamerika und der Begegnung mit der Jungfrau von Guadalupe. Kurzum: Frauen entdecken die Jungfrau als Sängerin des Magnificats!

Damit entdecken sie auch eine Botschaft des Lukas, die ihnen bisher entgangen war, da die Männerkirche sie nicht formuliert. Sie sehen plötzlich eine Beziehung zwischen dem »Wissen« Marias um die Notwendigkeit menschlicher Befreiung und ihrer Fähigkeit, den göttlichen Sohn jungfräulich hervorzubringen. Nur eine Frau, die zu dieser Erkenntnis gelangt ist, hat das Ziel ihrer Jungfräulichkeit erreicht: ihr eigenes Wesen und parallel dazu auch jenes der Gesellschaft, der Menschheit zu durchschauen. Sie ist in der Lage, einen unmittelbaren Kontakt zu ihrem eigenen Inneren, zur Gottheit und zu der Gesellschaft, in der sie lebt, herzustellen. Dazu ist sie auf keine Vermittler mehr angewiesen. Sie braucht keine Therapeuten, Priester oder Politiker, um auf allen Ebenen aufgeklärt zu sein über das innerste Wesen der wirkenden Systeme. Die Freiheit aber, die sie tief in ihrem Inneren gefunden hat, von der sie weiß, daß sie der eigentliche göttliche Wille für den Menschen ist, wird nun auch zu ihrem innersten Anliegen für die Menschheit und kommt im Magnificat anschaulich zum Ausdruck.

Dorothee Sölle hat das Magnificat auf dem Hintergrund der südamerikanischen Befreiungstheologie in eine entsprechende Sprachform gebracht[90]. In Anlehnung an diese sich immer stärker auch der feministischen Theologie zuwendende Theologin habe ich den Versuch unternommen, dieses Loblied der Befreiung nach meinem eigenen Verständnis wiederzugeben:

Es steht geschrieben, daß Maria sagte:
Meine Seele erhebt den Herrn,
und mein Geist freut sich Gottes, meines Heilandes,
denn er hat die Niedrigkeit seiner Magd angesehen,
siehe von nun an werden mich selig preisen
alle Kindeskinder.

Heute sagen wir Frauen das so:
Meine Seele weiß um das göttliche Ziel der Gerechtigkeit,

und ich freue mich, erkannt zu haben,
daß das Göttliche nur das Ganzheitliche
und Heile sein kann
und daß dieses Göttliche die Frau nicht als niedrig abtut.
Darum ist es an der Zeit,
den Wert des Weiblichen hervorzuheben.

Es steht geschrieben, daß Maria sagte:
... denn er hat große Dinge an mir getan,
der da mächtig ist
und dessen Name heilig ist,
und seine Barmherzigkeit währt
von Geschlecht zu Geschlecht.

Heute sagen wir Frauen das so:
... denn das Göttliche offenbart sich in mir – einer Frau.
Es ist der Wille jener Gottheit,
die ich als gegenwärtig erkannt habe
und die das Heil jedes Menschen will,
deren Barmherzigkeit mit all denen ist,
die sich der Aufgabe des Heils der Welt stellen.

Es steht geschrieben, daß Maria sagte:
Er übt Macht mit seinem Arm
und zerstreut die Hochmütigen,
er stößt die Gewaltigen von ihren Thronen,
und die Getretenen richtet er auf.

Heute sagen wir Frauen das so:
All jene aber, die eigene Macht
dieser Aufgabe vorziehen,
können nicht länger auf die Hilfe
dieser Gottheit hoffen
und sich auf ihren Willen berufen.
Diesen Dienern der Macht
wird das Herrschaftsrecht abgesprochen,
damit die Unterdrückten auferstehen
zum wahren Menschsein.

Es steht geschrieben, daß Maria sagte:
Hungrige hat er mit Gütern gefüllt
und die Reichen leer hinweggeschickt,

er denkt der Barmherzigkeit
und hat sich Israels, seines Knechts, angenommen.
So hat er es unseren Vätern zugesagt,
Abraham und seinen Nachkommen auf ewig.

Heute sagen wir Frauen das so:
Sie, die bis jetzt gehungert haben,
sollen die Fülle dieser Welt erfahren.
Die Unterdrücker aber
müssen Armut und Leere kennenlernen.
Aber die, die bis jetzt der Mißachtung, der Mißhandlung
und dem Mißbrauch ausgesetzt waren,
sollen liebende Wärme erfahren.

Nur wo solches geschieht, kann in Zukunft
von der Erfüllung göttlicher Verheißung gesprochen werden.

Diese Botschaft trifft das Patriarchat an seinem Hauptnerv, da sie seine Existenzberechtigung negiert, es als »Widersacher« des göttlichen Willens entlarvt, der mit der Freiheit des Menschen identisch ist, jedoch nicht mit seiner Beherrschung durch Mächtige. Obwohl im Grunde genommen uralt, klingt eine solche Botschaft in diesem System immer wieder als etwas Neues, wird also als »jungfräulich« empfunden und macht die Künderin dieser Botschaft zu »einer kraftvollen, prophetischen und kritischen Gestalt«[91]. Wohl ruft sie zur Befreiung auf, kann »aber zugleich menschlich nahe sein, entspannt und voll Hingabe, weil sie nicht habsüchtig danach strebt, Macht zu erwerben, sondern einen Aspekt eschatologischen Seins darstellt, indem sie in ihrem Protest nicht fordert, sondern hinweist, nicht tadelt, sondern offenbart, nicht verabsolutiert, sondern offenbleibt, teilhabend an jener Fülle des Seins, dem sie so einzigartig verbunden ist«[92]. Die »Magd des Herrn«, an der so viele Frauen heute großen Anstoß nehmen, ist für viele inzwischen zur Magd, zur Dienerin der Liebe und der Freiheit geworden, die eintritt für eine bessere Gerechtigkeit als jene, die das Patriarchat zu bieten hat – und der ihr Sohn später folgt, dem es jedoch nicht gelingt, seinen Anhängern zur Verwirklichung dieser Werte zu verhelfen.

Das müssen auch die unterdrückten Massen in Lateinamerika gespürt haben, als sie sich dafür entschieden, ihre Befreiung unter dem Banner der Jungfrau und nicht des Kreuzes zu erkämpfen. Jesus, der Mann, stand religionsgeschichtlich betrachtet immer auf der Seite der Herrschenden, die ihn sehr schnell vereinnahmten. Bei Maria hingegen hat sich dieser anarchistische Zug nie ganz ausrotten lassen, wie auch Dorothee Sölle in ihrem zuvor erwähnten Aufsatz schreibt. In ihrer submissiven Haltung – sich dem göttlichen Willen unterwerfend – ist Maria uns hinlänglich bekannt. »Aber sie ist auch subversiv in dem Sinn, wie die lateinamerikanische Polizei das Wort benutzt: Sie zersetzt die Macht der Herrschenden.«[93] Diese Maria wurde bisher noch kaum entdeckt. Sie beginnt erst ganz allmählich sichtbar zu werden.

So ist Maria schon heute für einige Frauen nicht mehr das Vergewaltigungsopfer. Sie sehen vielmehr die Freiwilligkeit, mit der sich die Jungfrau an eine Sache verschenkt, aus der sie neue Impulse für die Liebe, die Freiheit und die Gerechtigkeit erhofft, für jene Werte, die schon seit undenklichen Zeiten mit Göttinnen in Beziehung gebracht wurden und wohl eher in einer matriarchalen als in einer patriarchalen Kultur zu Hause sein dürften.

Maria wird also – genau wie dies später ihr Sohn sein wird – zur Vertreterin matriarchaler Werte, einer neuen Art des Bewußtseins. Sie lebt – genau wie wir heute – in einer vom Männlichkeitswahn besessenen Welt, in der Göttlichkeit, Männlichkeit und Allmacht als Synonyme angesehen werden und die daher erlösungsbedürftig ist. Dieser Tatsache wird sich die in der Unabhängigkeit lebende Jungfrau bewußt. Sie selbst »enthält« sich jeglicher Ausübung von Macht, ist also »keusch«. Doch bezeichnet das Wort keusch nicht nur einen Menschen, der enthaltsam lebt, sondern meint auch, sich einer Sache bewußt zu sein. Es hängt nämlich zusammen mit dem Althochdeutschen »kuski« (lateinisch: conscius – bewußt).

Die Keuschheit Marias besteht also darin, sich patriarchalischer Theorien und Denkmuster, die sich der Auslegung des göttlichen Willens bemächtigt haben, zu enthalten. Diese Enthaltsamkeit schenkt ihr das Ansehen der Gottheit, führt sie in die Bewußtheit dessen, was allein Anspruch hat auf die Bezeichnung »göttlich«, macht sie letztendlich zur Repräsentantin der Liebe, Freiheit und Gerechtigkeit.

Auch im Russischen bedeutet das Wort »keusch« mehr als nur sexuelle Abstinenz. Recht eindrücklich schildert Tatjana Goritčeva, wie sie nach einer atheistischen Erziehung in Rußland, einer enttäuschten Ehe, der nachfolgenden »Verzweiflung, des generellen ›alles ist erlaubt‹«, an eine Grenze ihres Lebens stößt, mit »der Unmöglichkeit, jemanden zu lieben, und der ununterbrochenen Unzucht von Geist und Körper«. An dieser Grenze kommt sie mit dem Kult der Jungfrau Maria in Berührung. »Und da erschien sie, die die Sterbenden rettet. Freue dich Tor der Rettung! Das Gebet zur heiligsten Herrscherin half mir, mich zu öffnen und in mir selbst den weiblichen Ursprung wiederzugewinnen in seiner ganzen Reinheit und Absolutheit. Zum ersten Mal eröffnete sich mir der geistige Sinn der wichtigsten Tugend, der Keuschheit. Früher konnte ich darüber nur mit einem Lächeln sprechen, wie etwas Altmodisches, eine naive Unkenntnis oder etwas unanständig Hinterweltlerisches. Aber dieses Wort leuchtete und strahlte in seinem hohen Sinn. Das Wort spricht von einem ›ganzen‹ und ›weisen‹ Menschen (im Russischen). Aber an einen solchen Menschen konnten wir damals noch nicht denken.«[94]

Solche bewußte Keuschheit, die möglicherweise auch den Bereich sexueller Beziehungen mit einschließt, kann uns das Bild der Jungfrau neu lehren und zu der Frage veranlassen, ob wir im Rahmen unserer eingeschliffenen, vom patriarchalischen Denken beherrschten Beziehungen überhaupt in der Lage sind, unseren jungfräulichen, das heißt autonomen Status beispielsweise mit unseren sexuellen Erfahrungen, die darin ablaufen, in Einklang zu bringen. Machen nicht viele von uns die Erfahrung, daß wir mit unserer sexuellen Hingabe unsere seelische Eigenständigkeit mit hingeben, weil wir den verhängnisvollen Wunsch haben, uns *ganz verschenken* zu wollen? Erleben wir uns nicht in diesem Verlangen nach umfassender Hingabe unserem eigenen Prinzip Liebe am treuesten verhaftet, ohne darauf zu achten, was mit dieser unserer Liebe geschieht? Die meisten Frauen merken erst zu spät, wie sie ausgebeutet und mißbraucht wurden und wie dieses System geradezu darauf angelegt ist, die weibliche Liebesfähigkeit für eigene Zwecke zu mißbrauchen, das heißt, sie zu nutzen, ohne daß es damit zu einem lebendigen Austausch kommt, der auch der Frau etwas wiedergibt. Müssen wir uns nicht des Wunsches nach vollkommener Hingabe enthalten, solange dieses Dilemma nicht gelöst ist? Die Jungfrau in uns bedarf des Schutzes, der aber gegenwärtig nur im Selbstschutz gewährleistet werden kann.

Während ich diese Zeilen schreibe, erhalte ich von einer Abiturientin die von ihr verfaßten »Zehn Gebote der Liebe für die Frau«, von denen ich hier vier wiedergeben möchte, weil sie das zuvor Gesagte unterstreichen und ergänzen:

3. Gebot: »Liebe nie einen Mann, weil du dir selbst nicht genug bist oder weil du die große Erlösung, das große Abenteuer oder gesellschaftliche Anerkennung erwartest. Du brauchst keinen Mann, der deinen Wert steigert. Erfülle dir deine Träume und Wünsche selbst und warte nicht auf den Märchenprinzen. Du brauchst weder einen Bewacher noch einen Beschützer. Sei dir selbst genug. Erst wenn du dir selbst genug bist, bist du bereit, die Heilige Hochzeit zu feiern.

4. Gebot: Mißtraue einem Mann, wenn er sagt, daß er dich liebt, denn es muß nicht heißen, daß er dich wirklich liebt. Es kann auch heißen, daß er dich begehren, ausnutzen, benutzen, gebrauchen, besitzen, aussaugen, mißbrauchen will. Erst, wenn etwas in *dir* sagt, daß er dich wirklich liebt, kannst du dir sicher sein, daß er liebt. Wisse, daß lieben leben lassen bedeutet.

8. Gebot: Gib niemals deine Ziele und Werte für einen Mann auf, denn er liebt dich nicht, wenn er das von dir verlangt.

9. Gebot: Verrate niemals eine Frau oder ein Kind eines Mannes wegen, denn Frauen und Kinder haben deine Liebe nötiger[95].

Es ist erstaunlich, welchen Durchblick dieses junge Mädchen erkennen läßt, wie klar sie die Aufgaben der Frau in ihrer Zeit der Jungfräulichkeit umreißt: die Selbstfindung als Grundbedingung für die Findung des andern, damit die echte Liebe überhaupt erst zum Tragen kommen kann. Danach, wenn sie sich den Prozessen der Selbsterkenntnis gestellt hat, ist sie erst in der Lage, auch den in Frage kommenden Partner zu prüfen, ob er sich als ihrer Liebe würdig erweist. Schließlich bedeutet die Liebe zum Mann immer auch den Tod der Jungfrau, ihr Ende, wie auch die Beziehung der Kore als eine Fahrt ins Totenreich beschrieben wird, die sie der ihr bisher gewohnten Welt entreißt und als Persephone eine dem Hades verhaftete Frau wieder zurückkehren läßt.

Nach der Entscheidung für eine feste Bindung gehört die Frau nicht mehr sich selbst. Sie gehört ihren Kindern und in unserer Gesellschaftsform eben auch dem Mann. Die Frage nach der Liebe wird für sie also auch zu einer Frage nach dem Tode, nach ihrer Bereitschaft, für diese Liebe als Jungfrau zu sterben, um dann als eine andere (mit anderen Aufgaben und Verpflichtungen) wiedergeboren zu werden.

Ob diese Auferstehung zu neuen Lebensbereichen gelingt, oder ob sie letztlich in der Ehe im Tode bleibt, hängt davon ab, wie stark die Verbindung ist, die zuvor ihre Liebesfähigkeit mit ihrer Erkenntnisfähigkeit eingegangen ist. Denn echte Liebe ist nur dort, wo sie auch der weiblichen Erkenntnis standhält. Nicht umsonst wird im biblischen Paradiesmythos die männliche Angst vor dieser weiblichen Erkenntnisfähigkeit so eindringlich geschildert; schließlich hat sie ihn durch viele Jahrtausende hin »bloß«gestellt und die Frau in die Lage versetzt, ihn so zu sehen, wie er wirklich ist – und dennoch wurde er ihr Liebling ...

Aus diesem Grund erscheint mir gerade jenes 9. Gebot für unsere Zeit wichtig. Ist es doch inzwischen ganz selbstverständlich für junge Mädchen, ihre Beziehung zu Freundinnen abzubrechen, sobald sie eine Beziehung mit einem jungen Mann eingehen, was ihnen dann später meist leid tut, die Freundin aber sehr verletzt. Mehr und mehr werden sich jedoch in den letzten Jahren die Frauen der Bedeutsamkeit ihrer Beziehungen auch zu anderen Frauen bewußt und wenden ihnen ein höheres Maß an Aufmerksamkeit zu als früher. Gleichzeitig erleben sie das Eingebettetsein ihrer Beziehungen in ein größeres Sozialgefüge, wie es dem nicht auf Vereinzelung basierenden matriarchalen Bewußtsein entspricht.

Vielleicht ist in diesen Ausführungen deutlich geworden, weshalb die wahrhaft erkennende Frau und die echte Jungfrau dem Patriarchat so sehr zuwider sind, daß es sie gefoltert und bis zur Unkenntlichkeit verstümmelt hat, bis aus ihnen der Blaustrumpf und das Naivchen wurden.

Immerhin, im christlichen Glauben bildet die Jungfrau die Basis, auf der die Frohe Botschaft aufbaut, ohne die das Heil nicht in diese Welt kommen kann.

Maria –
die Mutter Gottes

Die Gottesmutter ist eine Tiefe,
die in die Höhe führt.

Tatjana Goritčeva

Die Mutter Jesu in der christlichen Überlieferung

Noch größer als die Schwierigkeiten mit der Jungfrau Maria sind auf protestantischer Seite jene mit der Gottesmutter. So selbstverständlich dieser Name auch Katholikinnen und Katholiken von der Zunge geht, protestantischen Ohren klingt er befremdlich. Mit der »Gottesgebärerin«, wie der offizielle Titel lautet, konnten sie sich nie recht anfreunden.

Und in der Tat, auf dem Hintergrund des »sola scriptura« – allein durch die Schrift –, die vielfach als wahrer Gott der Protestanten angesehen wird, haben sie ja auch recht. Weder der Titel der Gottesgebärerin noch die Bezeichnung Mutter Gottes (oftmals auch: Muttergottes!) kommen in den neutestamentlichen Schriften vor.

Dennoch – auch für protestantische Christen ist Jesus Christus zu einem Symbol geworden, das uns Gott veranschaulicht. Daß sich dieses Gottessymbol aber nicht nur seinem himmlischen Vater verdankt, sondern auch seiner irdischen Mutter, das wird im Protestantismus doch allzugern vergessen. Für katholische Christen hingegen wird durch eine Fülle von Bild- und Wortsymbolik die neutestamentliche Überlieferung stark überlagert.

Für beide Seiten ist es daher wichtig, die Mutter Jesu durch das Neue Testament zu verfolgen. Das soll in drei Schritten geschehen: Wir begegnen Maria als der Mutter Jesu, die ihn gebiert, ihn bei seinem öffentlichen Auftreten begleitet und die ihn schließlich verliert.

Die Mutter gebiert den göttlichen Sohn

Von der Geburt des Erlösers berichten Matthäus und Lukas recht unterschiedlich. Viele Christen wissen gar nicht, daß es zwei Weihnachtsgeschichten gibt, so harmonisch einander ergänzend lassen sie sich ineinanderweben.

Für Lukas beginnt der christliche Äon mit zwei Schwangerschaften, die nach den herkömmlichen Patriarchatsnormen gar nicht hätten »passieren« dürfen. Die eine war in der »Schande« der Unfruchtbarkeit alt geworden und wurde durch eine so späte Schwangerschaft der Lächerlichkeit preisgegeben. Die andere war noch nicht verheiratet und riskierte mit ihrer unehelichen Schwangerschaft nach Patriarchatsrecht die Todesstrafe; zumindest aber würde sie von ihrem Verlobten verstoßen werden. So ist die Herrenmoral, die hier so gar nicht recht greifen will.

Maria scheint weder Furcht noch Scham vor den Folgen ihrer Schwangerschaft zu haben, mit der sie sich bei der Gottheit aufgehoben weiß. Die Freude über dieses Wissen teilt sie nicht mit ihrem Verlobten. Sie kann sie nur mit einer Frau teilen, der die Dimensionen des Weiblichen geläufig sind. Und so macht sie sich auf den Weg zu ihrer ebenfalls schwangeren Verwandten Elisabeth. »Und es begab sich, als Elisabeth den Gruß Marias hörte, hüpfte das Kind in ihrem Leibe. Und Elisabeth ward des heiligen Geistes voll.«[1]

Zwei Frauen begegnen einander, und die Freude ist so groß, daß sie auf die nächste Generation überspringt! Das ekstatische Erlebnis, das Maria bei der Verkündigung durch den Engel gehabt hatte, wirkt so stark nach, daß es auch die ältere Freundin ergreift. Über Maria empfängt auch sie die Heilige Ruach bei sich. Durch sie kommt das Heil auch zu ihr, das nur eine Frau in diese Welt bringen kann, die selbst unversehrt, *heil*, also Jungfrau ist.

Es ist Elisabeth, die der jugendlichen Freundin den Ehrentitel »Mutter meines Herrn« verleiht, der der Mutter Gottes schon recht nahe kommt, denn schließlich steht »Herr« Tausende Male in der Bibel für Gott[2].

Nach dreimonatigem Aufenthalt bei Elisabeth kehrt Maria in ihre Heimatstadt Nazareth zurück. Wenige Monate später geht sie als Hochschwangere denselben Weg wieder nach Bethlehem, dem Geburtsort des Erlösers, der an glorreiche Zeiten der Königsherrschaft Davids erinnert. Das Motiv der Wanderschaft scheint Lukas besonders wichtig zu sein. Nicht in einem Königspalast, sondern in einem Stall, in einer Höhle unter der Herberge, in der kein Raum für sie war, erblickte der göttliche Sohn das Dunkel der Welt – bei Nacht – in der Gegenwart von Mann und Tier ohne Hebamme oder weibliche Verwandte. Welch eine Chance für den Vater! – Durch zwei Jahrtausende hindurch wurde sie vertan und wird erst heute wiederentdeckt.

Im Schoße der Nacht und im Dunkel einer Höhle findet die Geburt statt. Zeit und Raum gehen eine Verbindung ein – das ist erfüllte Zeit. Das Dunkel gibt dem Licht Raum. Hirten und Weise erkennen an den himmlischen Zeichen göttliche Mitteilungen. Ein Stern führt die Weisen aus dem Osten herbei. Sie öffnen sich der kosmischen Botschaft und wissen um ihre Wahrheit. Für sie sind Sterne mehr als Lampen, die der Patriarchatsgott angeblich am Himmel befestigt hat, wie es der erste Schöpfungsbericht in überheblicher Abgrenzung zu östlichen Religionen beschreibt. Die Weisen sind bereit, den neuen Gott auch außerhalb ihres Kulturraumes zu verehren mit den uralten Kultopfern Weihrauch, Myrrhe und Gold.

Wenn der für seine eigene Volksgruppe schreibende Jude Matthäus die Sterndeuter als traditionelle Anhänger der in Israel so verpönten Astralreligionen als erste den neugeborenen Gottessohn verehren läßt, bekundet er damit, daß das orthodoxe religiöse Denken Israels nicht mehr ausreicht für das, was sich hier ereignet. Es ist die religiöse Offenheit der »Heiden«, die sie bereit macht, das Licht, das in die Finsternis scheint, zu empfangen.

Kommen die Verehrer bei Matthäus aus der höchsten Bildungsschicht des Auslandes, so sind sie für Lukas die Ausgestoßenen der jüdischen Patriarchatsgesellschaft; denn »die Hirten sind verdächtigt als Betrüger, deshalb von der Zeugenaussage vor Gericht ausgeschlossen und verachtet; Rabbi Jose ben Chanina hat gesagt, es gäbe keine verächtlichere Beschäftigung in der Welt als die des Hirten«[3]. Die Charakterisierung der Hirten gleicht in auffallender Weise jener der Frauen, die selbst im heutigen Israel vor einem Rabbinatsgericht nicht als Zeuginnen anerkannt werden.

Damit wird bei beiden Evangelisten das formalistische religiöse Gefüge von Anfang an gesprengt. Das neue Gottesbild läßt die traditionelle Vorstellung vom Patriarchatsgott weit hinter sich. Im neuen Glauben sollen patriarchalische Denkstrukturen keinen Platz mehr haben. Historisch gesehen, findet jedoch genau das Gegenteil statt. Für den Gottessohn ist kein Raum in der Herberge des Patriarchats. Es setzt sich von Anfang an gegen ihn zur Wehr, bis es ihn am Ende ganz vertilgt.

Vertreter des patriarchalischen Systems ist bei Matthäus Herodes, der die Weisen veranlassen will, zu Denunzianten des Neuen zu werden. Sie – wie auch Josef – erweisen sich als

Träumer, die aus ihrer weiblichen Bewußtseinshälfte die göttliche Stimme vernehmen und auf sie hören. So vermeiden sie eine Begegnung mit dem grausamen Tyrannen, dessen dreifacher Sohnesmord historisch belegt ist. Matthäus stellt Herodes in eine Reihe mit den Kindesmördern Pharao und Jahwe, der die Erstgeborenen Ägyptens tötete, wie in der Auszugsgeschichte Israels berichtet wird. Wie zeitlos sind doch diese Gestalten im Rahmen patriarchaler Menschheitsgeschichte, die immer wieder dafür sorgt, daß Frauen ihre Kinder beweinen wie Rahel, weil es aus ist mit ihnen und ihre Mütter untröstlich sind[4]. Jener Exodus aus der Gründerzeit des Volkes Israel findet nun in umgekehrter Richtung statt. Maria und Josef verlassen das Gelobte Land, da in ihm das neue Göttliche von Anfang an verfolgt wird. Das Land einstiger Knechtschaft wird durch diese Flucht nach Ägypten zum Symbol der Freiheit und des Schonraumes für das göttliche Kind.

Lukas weiß nichts von solcher Dramatik. Die Hirten können ungehindert die frohe Botschaft von der Geburt des göttlichen Kindes ins Land hineintragen. Maria hingegen behält die Botschaft des Friedens auf Erden den Menschen seines Wohlgefallens und bewegt sie in ihrem Herzen. Der Sohn war nur ein Teil der göttlichen Botschaft, die sie in sich trug.

Die Mutter begleitet den göttlichen Sohn

Es ist geradezu auffallend, wie sehr sich die innige Nähe zwischen Maria und ihrem Sohn, die uns in den Geburtsgeschichten entgegenstrahlt, dreißig Jahre später in kühle Distanz verwandelt hat, und zwar bei allen vier Evangelisten. Daß sich in dieser fast befremdlich wirkenden Abwendung von Familienbanden bis hin zum schroffen Verweis der Mutter nur die Tatsache widerspiegelt, daß es Jesus gelungen ist, sich von infantilen Mutterbindungen zu lösen, wie Hanna Wolff meint, möchte ich zwar hier nicht zu widerlegen versuchen, aber doch zumindest in Frage stellen.

Die drei Synoptiker (Matthäus, Markus, Lukas) berichten einhellig über einen Vorfall, den ich hier nach Markus zitiere. Jesus wird vom Volk umringt und erhält die Nachricht: »Siehe, deine Mutter und deine Brüder und deine Schwestern draußen suchen dich. Da antwortete er ihnen und sagte: Wer sind meine Mutter und meine Brüder? Und indem er ringsumher die um ihn Sitzenden ansieht, sagt er: Siehe, *das* sind meine Mutter und meine Brüder. Wer den Willen Gottes tut, der ist mir Bruder und Schwester und Mutter.«[5]

Hier stellt sich sofort die Frage, wie Jesus zu solchen Pauschalurteilen kommt. Wie konnte er mit solcher Bestimmtheit davon ausgehen, daß seine Familie den Willen Gottes nicht tut, das ihn umringende Volk aber doch? Sicher waren auch Neugierige dabei, die gar nicht daran dachten, den Willen Gottes zu tun. Die Frage nach der Historizität dieses Textes will ich offenlassen. Warum sollten nicht familiäre Spannungen auch den Alltag Jesu mitbestimmt haben? Aufgrund des Pauschalurteils Jesu entsteht jedoch der Verdacht, daß hier nicht in erster Linie reale Spannungen zwischen Jesus und seiner Familie beschrieben werden, sondern jene, die sich innerhalb der frühen Christengemeinde abgespielt haben.

Von Lukas wissen wir, daß Maria und Jesu Brüder noch vor den Pfingstereignissen zu den engsten Nachfolgern Jesu gehörten[6]. Aus anderen christlichen Überlieferungen, die nicht in das Neue Testament aufgenommen worden sind, wissen wir, daß »Jesu Mutter ähnlich wie Maria Magdalena zur Trägerin besonderer Offenbarungen, ja geradezu zum Mittelpunkt der Kirche« wird[7]. Dieselben Kreise aber verehren Gott nicht als männlich, sondern als eine Zweiheit, »die maskuline wie feminine Elemente in sich vereint«[8]. Neben Gott als Vater verehren sie die »Mutter des Alls«, die unter vielen Namen beschrieben wird. Sie ist das mystische, ewige Schweigen, die göttliche Gnade, der Mutterschoß, aus dem alles hervorgeht. »Möge sie, die vor allen Dingen ist, die unbegreifliche und unbeschreibliche Gnade, dich im Innern erfüllen und in dir ihre Erkenntnis mehren.«[9] Einige dieser gnostischen Christen gehen so weit zu lehren, der Abendmahlswein symbolisiere ihr Blut und der Kelch ihren Schoß.

In einer anderen Schrift heißt es schließlich von der göttlichen Mutter, sie ist »das Bild des unsichtbaren, jungfräulichen, vollkommenen Geistes ... sie wurde die Mutter des Alls, denn sie war vor ihnen allen, die Mutter-Vater«[10]. Daß die Heilige Geistin als Jungfrau oder aber auch als Weisheit (Sophia) beschrieben wird, ist keine Seltenheit. Die Parallele dieses Zitats zu den neutestamentlichen Beschreibungen der Maria als Jungfrau, die ohne Zutun des Mannes neues Leben gebiert, ist auffallend. Diese geistige Erhöhung der historischen Maria scheint parallel zu laufen mit der Erhöhung des Herrn, zumindest in bestimmten christlichen Kreisen, für die Jesus und Maria zu Symbolen des zweigeschlechtlichen Göttlichen werden, eine Tradition, die noch heute im katholischen Volksglauben allenthalben gegenwärtig ist. Gegen diese Art von Symbolsprache scheinen sich aber die uns überkommenen neutestamentlichen Schriften zur Wehr zu setzen.

Wohl wird Maria, die Mutter Jesu, gebraucht, um den Erlöser in diese Welt zu bringen, aber dann muß sie auch wieder von der Bildfläche verschwinden, nicht allerdings, ohne zuvor einen fragwürdigen Eindruck hinterlassen zu haben. Wie wäre es sonst zu erklären, daß Maria von Jesus an keiner Stelle des Neuen Testaments mit »Mutter« angeredet wird, sondern immer nur mit »Weib« (Frau), einer auch für die damalige Zeit recht unüblichen Anrede der eigenen Mutter. Verbirgt sich dahinter historische Wirklichkeit oder männliche Manipulation, der es darum geht, alle Assoziationen auszuschalten, die Jesus mit der göttlichen Allmutter in Verbindung bringen? Beantworten läßt sich die Frage an dieser Stelle selbstverständlich nicht.

Dem distanzierten Verhältnis zur Mutter stellen alle neutestamentlichen Texte ein ausgesprochen intimes Verhältnis zum Vatergott gegenüber, den er zärtlich Abba, Väterchen oder Papilein, nennt. Zwei Texte legen fast den Eindruck nahe, der himmlische Vater solle gegen die irdische Mutter ausgespielt werden. In der Legende vom zwölfjährigen Jesus im Tempel läßt Lukas den Jesusknaben auf die besorgten Fragen seiner Mutter nach seinem Verbleib antworten: »Warum habt ihr mich gesucht? Wußtet ihr nicht, daß ich sein muß in dem, was meines Vaters ist?«[11] Daraufhin begegnet Maria ihm mit Unverständnis – sie, die doch bei der Eröffnung der um so vieles schwerer verständlichen Verkündigung ihrer jungfräulichen Schwangerschaft relativ schnell erfaßte, worum es geht.

Den zweiten Text finden wir bei Johannes, der von dem Weinwunder auf der Hochzeit zu Kana berichtet[12]. Unter den Geladenen befinden sich Maria, Jesus und seine Jünger. »Und als der Wein ausgegangen war, sagt die Mutter Jesu zu ihm:

Sie haben keinen Wein. Und Jesus sagt zur ihr: Weib, was habe ich mit dir zu schaffen? Meine Stunde ist noch nicht gekommen.« Hier soll deutlich gemacht werden: Die Stunde bestimmt der Vater und nicht die Mutter!

Wie gesagt, ich möchte nicht behaupten, daß diese Abgrenzung Jesu gegenüber seiner Mutter an ganz bestimmten Punkten seines Lebens auf keinen Fall auch historischen Charakter haben könne. Doch kann ich mir andererseits auch vorstellen, daß sie nicht die *ganze* Wirklichkeit der Mutter-Sohn-Beziehung ist, daß aber bestimmte Kreise Interesse hatten, dieses Verhältnis ausschließlich unter dem Aspekt des Konflikts und der Distanz darzustellen, um so aus dem Sohn der Maria den Sohn des Vaters im Himmel werden zu lassen.

Daß Jesus in gnostisch-christlichen Schriften den Heiligen Geist als seine Mutter bezeichnet, davon wissen die neutestamentlichen Schriften nichts zu berichten. Dabei zeigt die Tatsache, daß Jesus in wenigstens einem Gleichnis göttliches Verhalten auch im Bild der Frau beschreiben kann, wie wenig er selbst auf einseitiger Männlichkeit im Gottesbild bestanden hat. Für ihn ist die Freude Gottes über die Rückgewinnung eines Menschen vergleichbar mit der Freude einer Frau, nachdem sie einen verlorenen Groschen wiedergefunden hat[13].

Von der allgemeinen Frauenfreundlichkeit Jesu, die zu gut belegt ist, um nicht wahr zu sein, und die wohl heute kein ernstzunehmender Theologe mehr abstreitet, wird nichts auf die Jesus durch das Leben begleitende Mutter übertragen. Die wenigen Male, die Mutter und Sohn nach den Evangelisten in der Öffentlichkeit zusammentreffen, sind durch die teilweise recht schroffe Abweisung der Mutter durch Jesus gekennzeichnet. Meine Vermutung ist allerdings, daß mit diesen Berichten die Abweisung Marias durch jene christlichen Kreise dokumentiert wird, bei denen der Streit um innergemeindliche Machtpositionen, der ja bereits im Jüngerkreis beginnt, auch nach dem Tode Jesu fortgesetzt wird. Einzelheiten zu diesem Thema können bei Elaine Pagels nachgelesen werden[14]. Daß diese Machtkämpfe sich in den Inhalten der christlichen Überlieferung niederschlugen, zeigt die Tatsache, daß Paulus in seinem Auferstehungsbericht keine Frauen erwähnt, obwohl diese nach den Evangelisten als erste eine Begegnung mit dem Auferstandenen hatten, die wiederum als

Legitimation für ein Apostelamt galt. Von diesem galt es ja schon recht bald, die Frauen auszuschließen. So offenbart sich in dem gestörten Verhältnis Jesu zu seiner Mutter, das die Evangelisten beschreiben, möglicherweise in erster Linie das gestörte Verhältnis, das die Nachfolger Jesu zu den Frauen und Jüngerinnen hatten.

Trotzdem erfuhr die Mutter des Herrn im Christentum eine Verehrung, wie sie nach den neutestamentlichen Überlieferungen kaum gerechtfertigt erscheint. Welche Kräfte waren es wohl, die ihr ein so großartiges Denkmal setzten?

Die Mutter verliert den göttlichen Sohn

Wohl kennt die christliche Tradition die Mater Dolorosa, die Schmerzensmutter, in Wort und Bild, nicht aber die neutestamentliche Überlieferung. Das Leiden der Mutter um den geliebten Sohn wird an keiner Stelle des Neuen Testaments thematisiert. Keiner der Evangelisten beschreibt auch nur eine Gefühlsregung jener Frauen, die stundenlang unter dem Kreuz gestanden haben und die einzigen Zeuginnen seines Sterbens für die ersten Christen waren. Diese Tatsache wirkt um so befremdlicher, wenn wir entdecken, wie zahlreich die Bilder und Skulpturen sind, die das Leiden der Mutter um ihren toten Sohn darstellen: Maria, mit dem leblosen Körper ihres Sohnes auf dem Schoß, über den sie sich in tiefer Trauer beugt. Ein starkes Bild, das im Patriarchat zum Sinnbild vieler Mütter geworden ist, von denen das System – welcher Gesellschaftsordnung auch immer – das Opfer ihrer Söhne und zunehmend auch Töchter verlangt.

Um die Nüchternheit des neutestamentlichen Textes möglichst klar hervortreten zu lassen, zeige ich an einem Text, wie die christliche Tradition mit diesem Thema umgegangen ist. Er entstand an der Schwelle des 14. Jahrhunderts[15]:

Christi Mutter stand mit Schmerzen
Bei dem Kreuz und weint von Herzen,
Als ihr lieber Sohn da hing.

Durch die Seele voller Trauer,
Seufzend unter Todesschauer,
Jetzt das Schwert des Leidens ging.

Welch ein Weh der Auserkornen,
Da sie sah den Eingebornen,
Wie er mit dem Tode rang.

Angst und Trauer, Qual und Bangen,
Alles Leid hielt sie umfangen,
Das nur je ein Herz durchdrang.

Wer könnt' ohne Tränen sehen
Christi Mutter also stehen
In so tiefen Jammers Not?

Wer nicht mit der Mutter weinen,
Seinen Schmerz mit ihrem einen,
Leidend bei des Sohnes Tod?

Mit sicherem Gefühl für unentschuldbare Lücken nahm sich die Kunst des mütterlichen Leids an und ermöglichte so den Gläubigen, dem Nachempfinden des Schmerzes Raum zu geben, sich mit dem weiblichen Leid zu identifizieren. Gleichzeitig werden dabei biblische Inhalte sinnvoll verarbeitet, so die Weissagung des Simeon im Tempel: »... und es wird ein Schwert durch deine Seele dringen, auf daß vieler Herzen Gedanken offenbar werden.«[16] Durch das Aufgreifen dieser Simeon-Worte stellt der Schreiber des mittelalterlichen Textes Maria als die seelisch Durchbohrte neben ihren im Tode durchbohrten Sohn, den wir nur bei Johannes finden.

Die vom Leid durchbohrte Mutter – diese wahrhaft zeitlose Patriarchatserscheinung – soll »vieler Herzen Gedanken offenbar werden« lassen. Soll, mit anderen Worten, die Denkstrukturen dieses möderischen Systems bewußt machen, ihm die scheinheiligen Masken vom Gesicht reißen und seine dunklen Machenschaften offen zutage legen. Spätestens beim Verlust ihres Sohnes am Kreuz muß auch Maria das zerstörerische Ausmaß jenes religiösen Politgebildes erkannt haben, das zu allen Zeiten männlicher Herrschaft darauf bedacht ist, die Spreu zu schonen und den Weizen zu zertreten, um so die geistige Unterernährung zu fördern.

Kein Klagepsalm erinnert an ihren Schmerz. Das Leid der Mutter mußte verdrängt werden zugunsten des Leidens ihres Sohnes. Wohl kann die Christenheit auch heute noch den Leidensweg Jesu in den Straßen Jerusalems verfolgen – der

Leidensweg der Mütter durch die Straßen dieser Welt aber bleibt weiterhin verborgen.

Schauen wir uns nun an, wie der Evangelist die Mutter unter dem Kreuz darstellt. Obgleich alle vier Evangelisten davon ausgehen, daß es die Frauen waren, die Jesus unter das Kreuz begleiteten, überliefert nur Johannes, daß auch Maria unter diesen Frauen war. (Die Ungeschichtlichkeit, die diesem Evangelisten von Theologen bescheinigt wird, soll uns hier nicht weiter stören.) »Beim Kreuze Jesu aber standen seine Mutter und die Schwester seiner Mutter, Maria (die Frau) des Klopas, und Maria aus Magdala.«[17] Die Nüchternheit dieses Textes ist auffallend, insbesondere wenn wir ihn mit einem anderen Johannes-Text vergleichen, bei dem es um die Reaktionen auf den Tod des Lazarus geht. »Als nun Maria kam, da Jesus war, und sah ihn, fiel sie zu seinen Füßen und sprach zu ihm: Herr, wärest du hier gewesen, mein Bruder wäre nicht gestorben! Als Jesus sie sah weinen und die Juden auch weinen, die mit ihr kamen, ergrimmte er im Geiste und betrübte sich selbst und sprach: Wo habt ihr ihn hingelegt? Sie sprachen zu ihm: Herr, komm und sieh es! Und Jesus gingen die Augen über. Da sprachen die Juden: Siehe, wie hat er ihn so liebgehabt!«[18] Welch ein Unterschied in der Textgestaltung! Keines der hier beschriebenen Gefühle wird in der Kreuzesszene zugelassen. Hier fehlt das Erleben der Schreiber. Von ihnen stand ja keiner unter dem Kreuz. Vielleicht ist das aber nicht der einzige Grund. Die Frage, warum das Leid der Mutter unter dem Kreuz von keinem Evangelisten in Worte gefaßt wurde, möchte ich im Laufe dieses Kapitels zu beantworten versuchen. Wenn Johannes als einziger die Gegenwart Marias unter dem Kreuz erwähnt und ihr noch die eigene Anwesenheit hinzufügt, so verfolgt er damit eine ganz bestimmte Absicht. Hier sollen für ihn wichtige Beziehungen im Kreuzesgeschehen verankert werden. Nach seiner »Anwesenheitsliste« folgen die Worte: »Als nun Jesus die Mutter sah und neben ihr den Jünger stehen, den er liebhatte, sagt er zur Mutter: Weib, siehe, dein Sohn! Hierauf sagt er zum Jünger: Siehe, deine Mutter! Und von jener Stunde an nahm sie der Jünger in sein Haus.«[19]

Hier entsteht ein Paar von Mutter und Sohn als Repräsentanten beider Geschlechter in der Jesus-Bewegung. Ganz unüberhörbar klingt dabei gnostisches Gedankengut durch. Möglicherweise handelt es sich um eine Beschreibung des Verhältnisses zwischen den beiden Geschlechtern in einigen frühchristlichen Kreisen, in denen der weibliche Einfluß recht stark gewesen sein muß. Gleichzeitig wäre dieser Text dann ein Appell an alle machthungrigen Nachfolger Jesu, sich den Frauen gegenüber wie liebende Söhne zu verhalten und sich nicht wie herrschsüchtige Tyrannen aufzuspielen, was ja in der Tat häufig der Fall war. Daß es sich bei diesem neuerschaffenen Paar sozusagen um eine Auferstehung im Tode handelt, soll im Verlauf dieses Kapitels gezeigt werden.

Entwicklung des Dogmas

Rund vierhundert Jahre, nachdem Paulus in Ephesus seine größte Pleite erlebt hatte, wurde in dieser Stadt im Jahre 431 das Dogma von der Theotokos, der Gottesgebärerin, verkündet.

Paulus hatte sich diese Stadt seinerzeit für eine mehrstündige flammende Rede ausgewählt, in der er Jesus Christus, den auferstandenen Sohn Gottes, verkündete, um die heidnischen Mengen endlich für seine neue Religion zu gewinnen und sie damit von ihrem skandalösen Göttinnenkult abzubringen. Es hatte fast den Anschein, als würden sich die Menschen zu dem von ihm verkündeten neuen Gott bekehren, aber dann, nachdem sie ihm lange genug zugehört hatten, besannen sie sich doch noch einmal auf ihre Große Göttin, der sie einen prächtigen Tempel in dieser Stadt geweiht hatten. Jetzt schleuderten sie ihm ihr Bekenntnis entgegen: Groß ist die Artemis (Diana) der Epheser!

In diesem Treuebekenntnis zur Göttin drückte sich nicht nur die Liebe und Verehrung aus, die das Volk durch die Jahrtausende hindurch für sie empfunden hatte. Vielmehr verband sich hier der Volksglaube mit dem Materialismus der Patriarchatsgesellschaft. Gemeint sind jene Silberschmiede, die nicht schlecht lebten von der Herstellung der Artemis-Figuren. Noch wußten sie ja nicht, daß man bei einer Umstellung auf silberne Kruzifixe genausogut verdienen konnte. Hier die Liebe zur Göttin – dort die Liebe zum Geld.

Ähnlich unterschiedlich waren auch die Interessen, die

schließlich zur Verkündigung des Dogmas führten. In ihm drückte sich wahrlich nicht nur die Verehrung aus, die die Konzilsväter für Maria hegten. Hier wurde Bündnispolitik betrieben, denn die Entscheidung war nicht ohne innerkirchlichen Widerspruch zustande gekommen. Schließlich ging es den Kirchenmännern gar nicht primär um die Stellung Marias, sondern um das göttliche Wesen ihres Sohnes, das in den ersten Jahrhunderten noch keine ausgemachte Sache war.

Zwei Gefahren drohten dem göttlichen Menschensohn: einerseits die totale Auflösung des Gottessohnes in ein göttliches Phantom; andererseits das Verbleiben des Menschensohnes im Bereich des Allzumenschlichen. Die erste »Gefahr« drohte aus der Lehre des Doketismus, die von den Gnostikern vertreten wurde. In ihr wird gelehrt, Jesus sei nur als ein Geist auf Erden erschienen (dokeo, griechisch: ich erscheine) und habe nicht als physischer Mensch am Kreuz gelitten, wie es überhaupt keine Fleischwerdung des Logos gegeben habe. Grundlage dieser Lehre ist die Vorstellung von der unrettbaren Verderbtheit der materiellen Welt (des Patriarchats?). Von ihr wenden sich diese Gnostiker daher ab und begründen eine »Mysterienkult-Version des Christentums«[20]. Die zweite »Gefahr« resultierte aus dem Arianismus. Er lehrte, daß Jesus ein ganz gewöhnlicher Mensch war, den Gott erst bei der Taufe im Jordan als seinen Sohn angenommen hat, wie es das Markusevangelium überliefert. »Um diese Häresie zu widerlegen, ohne gleichzeitig denselben Fehler zu begehen, Christi Menschlichkeit zu leugnen, mußten die Geburt Christi von einer Frau durch das Wirken des Heiligen Geistes und sein daraus folgendes menschlich-göttliches Doppelwesen zufriedenstellend definiert werden.«[21]

So wie es von alters her das Weibliche ist, das die Welt zusammenhält, so war es hier die jungfräuliche Muttergottes, mit deren Hilfe beide Lager verbunden wurden. Sie scheint aus diesem Jahrhunderte andauernden Kampf, der die Theologen und das Volk gleichermaßen ergriffen hatte, als eigentliche Siegerin hervorzugehen, war sie doch die Garantin der Göttlichkeit *und* Menschlichkeit Jesu. »Ihre unversehrte Jungfräulichkeit hob das Naturgesetz auf und manifestierte die Gegenwart Gottes, während der ganz auf sie beschränkte Teil seiner Geburt als Beweis seiner Menschlichkeit diente.«[22]

Auf diesem Hintergrund erscheint ihr Titel als Gottesgebärerin eher als ein Nebenprodukt. Wer den göttlichen Sohn will, muß eben auch die Gottesmutter in Kauf nehmen. Zweifellos ist es in diesem Beschluß der Sohn, der seiner Mutter göttliche Würde verleiht. – Eine fast ironische Zwangsläufigkeit, die allen Unabhängigkeitserklärungen der patriarchalen Männerwelt ins Gesicht schlägt und der in vielen Geburtslegenden vom göttlichen Helden Ausdruck verliehen wird: Wohl läßt sich der Vater verleugnen, nicht aber die Mutter!

Von Anfang an aber war dieser Titel der Gottesmutter umstritten. Heute ist er »der wichtigste in der katholischen Marienlehre«[23]. Noch drei Jahre vor der endgültigen Verleihung hatte der Patriarch von Konstantinopel, Nestorios, dagegen argumentiert. Entweder »war Maria die Mutter des Menschen – Anthropotokos – oder höchstens die Mutter Christi – Christotokos –, doch konnte sie nicht die Mutter Gottes sein, da Gott schon immer gewesen sei. Außerdem verleihe der Gebrauch eines so ausgefallenen Titels ihr eine sehr gefährliche Position und erhebe sie in den Rang einer Göttin, so wie die Heiden sie verehrten.«[24] Wie die Geschichte der Marienverehrung und deren Anknüpfung an »heidnische« Vorstellungen zeigt, hatte Nestorios mit seinen Befürchtungen durchaus recht – genau wie mit seiner sachlichen Argumentation, der wohl nur schwer etwas entgegengesetzt werden konnte. Was aber nicht durch sinnvolle Argumente zu lösen war, mußte daher – gut kirchlich – durch Exkommunikation gelöst werden. Und so kam es, daß im Juni 431 Kyrill von Alexandria, der Vorsitzende jenes turbulenten Konzils, das mit der Ernennung Marias zur Gottesgebärerin endete, Nestorios kurzerhand exkommunizierte.

Für die Epheser kam diese Entscheidung in der Tat einer Wiedereinsetzung ihres zuvor von der christlichen Kirche bekämpften Göttinnenkultes gleich, die sie mit einer Fackelprozession durch die Stadt feierten und ihrem Jubel mit den Rufen: »Gelobt sei die Theotokos! Lang lebe Kyrill!« Ausdruck verliehen[25]. Name war schon immer Schall und Rauch. Das Volk jedenfalls feierte die Auferstehung seiner zuvor vom Christentum getöteten Göttin. Nur unter Ausschluß der sachlich logischen, doch mit Hilfe der rationalen Argumentation war es möglich gewesen, dem religiös-emotionalen Bedürfnis des Volkes Genüge zu tun und dabei gleichzeitig das eigene irrationale Bedürfnis nach der dogmatisierten Vergottung des Menschensohnes zu befriedigen.

Die Tatsache, daß Maria den Titel der Mutter Gottes von ihren großen Vorläuferinnen übernimmt, findet eine fast symbolische Bestärkung dadurch, daß die Verkündigung des Dogmas in der gerade fertiggestellten Marienkirche in Ephesus vorgenommen wird, einer Kirche, die auf den Trümmern des riesigen Artemis-Tempels errichtet worden war – dem Kultort jener Göttin, an der knapp vierhundert Jahre zuvor Paulus gescheitert war.

Religionsgeschichtliche Hintergründe

Da es eine solche Fülle von Mythen gibt, die die Mutter mit ihrem göttlichen Sohn thematisieren, möchte ich hier wiederum exemplarisch vorgehen und mich hauptsächlich einer von ihnen zuwenden, deren Kult durch viele Jahrhunderte den ganzen Mittelmeerraum beherrscht hat, der ägyptischen Isis.

Da auch Israel in diesem Kulturraum beheimatet war und sich den vielzähligen Mutterkulten nicht entziehen konnte – auch wenn das Gegenteil häufig angenommen wird –, möchte ich in diesem Abschnitt auch eine Reihe alttestamentlicher Aussagen religionsgeschichtlich untersuchen. Nur so können auch die jüdischen Wurzeln der Verehrung Marias voll gewürdigt werden[26].

Der Hauptgrund für die Wahl der ägyptischen Gottesmutter Isis ist die Offensichtlichkeit der Tatsache, daß Maria ihr Erbe angetreten hat. Wenn auch katholische Mariologen nach wie vor eine solche direkte Beziehung nicht wahrhaben wollen und damit ihren Leitsatz: Analogie ist nicht gleich Genealogie, förmlich überstrapazieren, so gibt es doch auch genügend andere katholische Theologen, die ein enges Verwandtschaftsverhältnis zwischen Maria und Isis bestätigen.

Der Religionswissenschaftler Joseph Campbell drückt das ganz unmißverständlich aus. Er spricht von einer »Kontinuität der Göttinnenverehrung« im Nahen Osten von 5500 v. Chr. bis zur Verehrung der Madonna von Guadalupe anno 1531. Wie er schreibt, würde wohl kein guter Katholik vor einem Bildnis der Isis niederknien, wenn er wüßte, daß es sich um diese handelt, obgleich Inhalte und Titel der Marienverehrung mit ihr völlig identisch sind. In beiden Gestalten ist nach Ansicht Campbells die Muttergöttin aller Dinge auf die geistesgeschichtliche Bühne der Menschheit getreten. In beiden erscheint die Mutter des göttlichen Sohnes sowie die Mutterbraut des toten und auferweckten Gottes, deren erstes Auftreten bereits ins 6. Jahrtausend zurückverfolgt werden kann[27].

Lassen wir nun die Theologen zu Wort kommen. Bereits vor zwanzig Jahren stellte Karlheinz Deschner fest: »Die göttliche Zeugung aus einer Jungfrau kannte man in Ägypten und Babylon, Indien und Persien, Griechenland und Rom.«[28] Einige Jahre vor ihm war bereits der Theologe und Religionswissenschaftler J. Leipoldt zu der Überzeugung gelangt: »Es läßt sich wohl beweisen, daß Isis und Maria zusammenhängen ... sie tritt geradezu an die Stelle der Isis.«[29] Als dritter der vielen Zeugen der Zusammengehörigkeit beider Kulte sei Wilhelm Weber zitiert, der schreibt: »So früh hat kein Volk den Typus der Madonna gekannt, an ihr hing kein Volk der

Stillende Isis. Bronze aus Bubastis, um 600 v. Chr.

späten Zeit so glühend wie das ägyptische. Die Mission hat den Kult hinausgetragen, am Sternenhimmel sah man das Bild der göttlichen Jungfrau, Isis mit dem Kind, aufsteigen.«[30] Sie scheint also in der Tat am geeignetsten zu sein für diese Vergleichsstudie, die unter drei Aspekten vorgenommen werden soll. Beginnen will ich mit der Verehrung der Isis, ihren Titeln und Funktionen, die die Verbindung zu Maria bereits klar erkennen lassen. Aus zwei Titeln der Isis leiten sich dann die beiden nächsten Abschnitte ab: Sie ist die »thronende Göttin« und die »Schmerzensmutter«.

Verehrung der Isis als Gottesmutter

Ursprünglich war Isis eine nationale Göttin Ägyptens, die bereits 2500 v. Chr. nachweisbar ist. Im 2. Jahrtausend sog ihre Religion dort auch andere weibliche Kulte in sich auf. Aufgaben und Titel der großen Göttinnen Neith und Hathor wurden auch auf sie übertragen. Im nachfolgenden Jahrtausend erobern ihre Mythen und Kulte den ganzen Mittelmeerraum. Die griechische Welt beeinflußt sie vom 4. vor- bis zum 4. nachchristlichen Jahrhundert. Im 2. Jahrhundert gelangt sie auch nach Italien.

Im Gegensatz zu römischen Kulten, in denen die Details der Anbetung sowie die jeweils zugelassenen Anbeter genau vorgeschrieben waren, zeichnete sich ihr Kult durch seine große Flexibilität und Anpassungsfähigkeit aus; denn Isis konnte die gegensätzlichsten Qualitäten in sich vereinigen. So wurde sie auch bald mit anderen Göttinnen des Mittelmeerraumes identifiziert. Sie reichten von der phönizischen Astarte zur Fortuna, Athene, Aphrodite, Hestia, Hera, Demeter und Artemis. Sie hatte magische Fähigkeiten, konnte Kranke heilen und verhieß ihren Anhängerinnen und Anhängern die Auferstehung nach dem Tode. Von ihr heißt es aber auch, daß sie den Nationen ihre Sprachen zuteilte, das Alphabet und die Astronomie erfand, den Frauen das Mahlen des Korns sowie das Spinnen und Weben beibrachte, sie aber auch lehrte, die Männer ausreichend zu zähmen, um mit ihnen leben zu können.

»In Kleinasien, Athen, auf Sizilien, in Pompeji und Rom standen ihre Heiligtümer. Schon zur Zeit des Augustus wirkte sie auf die vornehmsten Kreise dieser Stadt. Ihre höchste Machtentfaltung erfolgte im Westen jedoch erst im 3. Jahrhundert. Die letzte Isisprozession wurde in Rom 394 abgehalten und der Isistempel auf Philai erst 560 geschlossen.

Isis, von der die gleiche Ruhe ausströmt wie nachher von Maria, ist voll mütterlicher Gnade und Erbarmen, sie verspricht Hilfe und spendet Trost, und die ihr dargebrachten Gebete, die den Mariengebeten stark ähneln, zeugen von einem inbrünstigen Glauben.«[31]

Obwohl es überwiegend Frauen und Mädchen sind, die die Gottesmutter in allen Nöten um Hilfe anflehen, wurde uns nur das Gebet eines Mannes[32] überliefert, das ich hier wiedergeben möchte. Es ist von ergreifender Inbrunst und erinnert sehr stark an Marienlieder und -gebete.

Du heilige und ewige Retterin des Menschenvolkes,
allezeit freigebig gegen die Sterblichen, die dich umfassen.
Du schenkst süße Mutterliebe allen, die in Not sind.

Kein Tag, keine Stunde, kein kurzer Augenblick vergeht,
da du nicht deine Gaben ausschüttest.
Auf dem Meer und auf dem Lande, überall
schützest du die Menschenkinder
und breitest deine Rechte über sie aus,
verscheuchst des Lebens Stürme
und entwirrst die hoffnungslos verwirrten Fäden
des Schicksals,
du linderst die Unwetter des Verhängnisses
und hinderst der Sterne unheilvollen Lauf.

Dich ehren die Götter droben,
dir dienen die Geister der Unterwelt,
du lässest kreisen das Weltenrund,
du erleuchtest die Sonne, regierst die Welt,
zertrittst die Hölle.

Dir antworten die Gesteine,
zu dir kehren die Jahreszeiten,
deiner freuen sich die Götter,
dir dienen die Elemente. –

Ich aber bin zu geringen Geistes, dir würdig zu danken,
und mein Gut ist viel zu klein, dir Opfer zu bringen;
nicht habe ich der Rede Fluß, in Worten zu sagen,
was ich fühle von deiner Herrlichkeit.

Ein tausendfacher Mund und eine tausendfache Zunge,
eine ewige Reihe unendlicher Gebete,
sie reichen doch nicht aus.

So will ich dankbar tun,
was der arme, doch fromme Mann tun kann:
dein göttlich Antlitz und deine allerheiligste Gestalt
will ich in meiner Brust geheimnisvoller Tiefe bergen
und dort bewahren und meiner Seele vorstellen.

Für diesen Mann ist Isis das, was auch Maria für ihre Anhänger/innen ist: die Rettende, Liebende, Schenkende, Schützende, Helfende, deren Zuwendung bis in die Unterwelt reicht. Ob der Autor des Kirchenliedes: »O daß ich tausend Zungen hätte und einen tausendfachen Mund« aus dem beginnenden 18. Jahrhundert um das Gebet dieses Mannes wußte, ist mir leider nicht bekannt. Ebenso wie Maria vermag auch Isis noch in aussichtslosen Fällen zu helfen. Blinde und Gelähmte hat sie geheilt und die von Ärzten Aufgegebenen gerettet. Die Inschriften und Votivtafeln, mit denen Gläubige ihren Dank abstatten, gleichen solchen in Lourdes.

Auch die Ehrentitel der Isis gleichen in auffallender Weise jenen der christlichen Muttergottes. Sie lauten: »›liebe Herrin‹, ›liebreiche Mutter‹, ›thronende Göttin‹, ›Himmelskönigin‹, ›Meereskönigin‹, ›Gnadenspenderin‹, ›Retterin‹, ›Unbefleckte‹, ›sancta regina‹. Isis war – man denke an das katholische Lied ›Maria Maienkönigin‹ – ›die Mutter des Grünens und Blühens‹ schon seit ägyptischer Zeit. Wie Isis als ›Herrin des Krieges‹ galt, so feierte man auch Maria bald als ›Betreuerin des Wehrwesens‹ oder vielmehr Unwesens. Wie Jesu Mutter ›Schmerzensmutter‹ wurde, so war schon Isis ›mater dolorosa‹. Überhaupt ist die Vorstellung von der Schmerzensmutter des Heilandes, die den toten Sohn beweint, der heidnischen Mythologie längst geläufig gewesen.«[33] Auf sie werde ich im übernächsten Abschnitt eingehen. Zuvor wende ich mich jedoch der thronenden Göttin zu.

Gottesmutter – Gottesthron

Wie Rosemary Radford Ruether schreibt, hatten traditionelle christliche Darstellungen Jesu als Baby-König mit der Welt in der einen Hand und dem Szepter in der anderen, mit denen er vom Schoß der Maria aus regierte, ihren Ursprung in der traditionellen Darstellung der ägyptischen Muttergottheit Isis und dem neuen Gott-König Horus[34]. Dieses Sinnbild ist es immer wieder, das die Verehrung der christlichen Gottesmutter als eine Fortführung des Isiskultes mit anderen Namen erscheinen läßt. Das ist er auch mit Sicherheit – aber nicht nur; zeigt sich doch gerade an dieser Stelle ganz deutlich die patriarchale Verkehrung, die die Muttergottes, das Sinnbild des Großen Weiblichen, zu einem beliebig nutzbaren Instrument patriarchalischer Machtinteressen verkommen ließ.

Innerhalb des dogmatischen Denkschemas der katholischen Kirche besagt dieses Sinnbild, daß es das männliche Kind ist, dem alle Macht und Ehre gebührt; denn auch die Verehrung Marias, der innerhalb der Kirche kein adorierender Kultus (Anbetung) zusteht, gilt letztlich nur der Verherrlichung ihres Sohnes, wie die Dogmengeschichte ganz deutlich zeigt.

Schauen wir uns das Sinnbild des kindlichen Herrschers auf dem Schoße der Mutter etwas genauer an, so gibt es noch eine ganz andere Möglichkeit der Deutung, die wir in der Isis-Tradition finden. Im Namen der Isis stoßen wir auf jene beiden Pole der Großen Göttin, die hier beleuchtet werden sollen. Ihr Name bedeutet zum einen »Thron«, zum anderen als »Ish-ish: Die Weinende«[35]. Zur ersten Namensdeutung schreibt Erich Neumann: »Nicht zufällig ist der Name der größten Muttergöttin der frühen Kultur ›Isis‹, der Sitz, der Thron, dessen Symbol sie auf ihrem Haupt trägt; und der König, der die Erde, die Muttergöttin, ›in Besitz nimmt‹, tut dies, indem er im wahren Sinne des Wortes auf ihrem Schoße sitzt. Die sitzende und thronende Muttergöttin lebt im Sakralgebilde des Thrones. Der König kommt zur Macht, indem er den ›Thron besteigt‹ und so seinen Platz auf dem Schoße der Großen Göttin, der Erde, als ihr Sohn einnimmt. So finden wir weitverbreitet einen Thron-Kult, in welchem der Thron, der ursprünglich die Gottheit selbst war, als ›Sitz der Gottheit‹ verehrt wurde.«[36]

Auffallend häufig begegnen wir jenen Abbildungen und Skulpturen, auf denen Isis den Horus-Knaben auf dem Schoß hat, das göttliche Kind, das mit jedem Pharao neu auf die Erde steigt. Als der lebende Horus war der König das Verbindungsglied zwischen Göttinnen und Menschen. Das drückt eine Statuengruppe aus dem dritten vorchristlichen Jahrhundert ganz deutlich aus, die den Pharao Mykerinos (4. Dynastie) zwischen zwei Göttinnen zeigt. Zu seiner Rechten steht Hathor-Isis, die ihn an der Hand hält. Als göttliche Mutter und Gemahlin begnadet und belebt sie den König durch ihre körperliche Nähe. »Mykerinos bezeichnet sich als ›von Hathor erwählt‹, und die Gaugöttin übergibt dem König ›alle Opfergaben Oberägyptens, damit du erscheinst als König Ägyptens ewiglich‹.«[37]

Als Knabe auf dem Schoß der Göttin, als erwachsener Mann an ihrer Hand. Als seine Begleiterin erinnert sie ihn auch an seinen Ursprung und die Herkunft seiner Macht. Und wenn er auf dem Thron sitzt, so sitzt er wiederum auf ihr.

Der Mutterschoß als Thron und »Sitz der Gottheit« erinnert an den ersten Kultgegenstand des Volkes Israel, der aus Ägypten mitgenommen wird. (Es ist nämlich recht unwahrscheinlich, daß die Bundeslade wirklich in der Wüste angefertigt wurde, wie es die Texte suggerieren.) Auch die Bundeslade galt als »Sitz Jahwes«. Handelte es sich hierbei möglicherweise um ein Erinnerungsstück an die in Ägypten verehrte Göttin? Von verschiedenen Seiten wird inzwischen auf den weiblichen Charakter der Lade hingewiesen sowie auf ihre Nähe zu matriarchalen Kulten. Die Weisheitsliteratur spricht ebenfalls von der Lade als dem Thron Salomos. Von dessen Vater David heißt es, daß er halbnackt mit jungen Mädchen vor der Lade tanzte, und zwar zur Ehre Gottes[38]. Gerda Weiler ist davon überzeugt, daß David die matriarchalen Rituale übernommen hat, zu denen auch der orgiastische Tanz gehört[39]. Wie Gynz-Rekowski in Anlehnung an Hugo Gressmann folgert, wurde bei diesen Tänzen unter anderem der Geschlechtsakt vollzogen; denn auch Gressmann kommt zu dem Schluß, daß »vor dem Gott der Lade der Zusammenhang mit der kultischen Prostitution nicht geleugnet werden kann. Auch im Tempel zu Jerusalem, wo schließlich die Lade im Allerheiligsten stand, wird solcher Dienst berichtet, da es bei

Josijas Kultreform heißt: Er riß nieder die Häuser der Kedeschen, die im Haus Jahves waren, wo die Weiber Zelte webten für die Aschera (2. Kön. 23,7). Hier ist unmißverständlich der Dienst dieser heiligen Frauen umrissen, da dazu – als archetypischem Dienst aller heiligen Frauen und Göttinnen – auch das Weben und Spinnen gehört.«[40]

Wie das apokryphe Jakobusevangelium berichtet, wurde auch Maria schon früh an den Jerusalemer Tempel gegeben, wo sie Gewänder webte. So rückt sie als Tempeljungfrau, die ein göttliches Kind gebiert, in die Nähe matriarchaler Kulte, von denen das Alte Testament in vielfältiger Form berichtet – wenn auch häufig verschleiert und entstellt. Wenn wir die Tatsache hinzunehmen, daß die Symbolik der Lade ebenfalls auf Maria angewandt wird, so lohnt es schon, der Frage nachzuspüren, ob es im Alten Testament noch Spuren der Tempeljungfrauen gibt. Sie heißen dort »Kedeschen«, und ihr Dienst wird vielfach und fälschlicherweise als »Tempelprostitution« bezeichnet. Verfolgen wir aber den sprachlichen Hintergrund, so ergibt sich eine ganz andere Bedeutung.

Der Name Kedesche leitet sich ab aus dem hebräischen kadosch = heilig beziehungsweise kedêšâ (babylonisch kadištu) = die »Reine«, »Heilige«. Sie ist die Dienerin am Heiligtum[41]. Die Kinder, die sie in ihrem kultischen Dienst, der sakralen Hingabe, empfängt, werden der Gottheit geopfert und tun als »Gotteskinder« später ebenfalls Dienst am Tempel.

Solche »Gottessöhne« wußten sich dem Kult der Großen Mutter und ihren Werten – Liebe und Leben – einschließlich ekstatischer Höhepunkte verpflichtet. Einen wichtigen Hinweis auf solche Kulte im Alten Testament gibt Jörg Zink im Hinblick auf die »Hure« Rahab, die übrigens im Stammbaum des Matthäus als eine der Stammütter Jesu aufgeführt wird. Vor der Eroberung Jerichos durch die Israeliten hatte sie deren Kundschafter beherbergt und damit gerettet. Fest steht wohl, daß sie »nicht eine Art Frau Wirtin (war), sondern eine Tempeldirne am Tempel einer Göttin. ... Es wird nun von manchen vermutet, der Kult an diesen Standbildern habe sich so abgespielt, daß ein Tempelbesucher sich unter das Gewand der Göttin begab, sozusagen zur Großen Mutter zurückkehrte und danach wiedergeboren als ihr Sohn und Geliebter hervorkam. Rahab versteckte die Kundschafter also unter dem Gewand der großen Muttergöttin.«[42]

Noch eine andere Geschichte im Alten Testament erinnert an den matriarchalen Mutterkult, bei dem der göttliche Sohn empfangen und dann dem Tempel der Göttin zurückgegeben wurde. Dabei scheint auch das Moment der Ekstase nicht zu fehlen; denn wie das erste Samuelbuch berichtet, glaubte der Priester Eli von Hanna, die zum Tempel kommt, um ein Kind zu empfangen, sie sei betrunken. Die Erläuterung des Schreibers, dieser Irrtum ginge auf die Tatsache zurück, daß sie ein tonloses Gebet gesprochen hätte[43], ist wenig glaubwürdig. Auf jeden Fall empfängt Hanna nach diesem Tempelaufenthalt ein Kind, von dem der Priester noch vor ihrem Ehemann etwas weiß[44]! Und wie es weiter heißt, gibt sie den Knaben Samuel an den Tempel ab, nachdem er entwöhnt ist. Hier kommen eine Reihe von Anzeichen zusammen, die berechtigterweise vermuten lassen, daß es sich bei Samuel um einen jener am Tempel gezeugten »Gottessöhne« handelt[45].

Ich möchte hier nur kurz auf den Zusammenhang hinweisen, den der älteste jüdische Midrasch (eine Sammlung von Auslegungen alttestamentlicher Schriften) zwischen Rahab und Hanna herstellt. Letztere wird als eine Reinkarnation der Rahab angesehen, die ursprünglich eine Meeresgöttin ist[46].

Wenn nun auch in christlicher Zeit Maria zur Königin des Meeres wird, so ist das kein Zufall, sondern vielmehr Ausdruck einer inneren Kontinuität. Die Beziehungen zwischen Maria und Hanna sind selbst Theologen längst aufgefallen. Lukas scheint bei der Schwangerschaft Marias bewußt an die alttestamentliche Hanna anzuknüpfen, denn von beiden heißt es, daß sie Gnade gefunden haben vor den Augen des Priesters beziehungsweise der Gottheit[47]. Über die Ähnlichkeit, die zwischen dem Lied Hannas und dem Magnificat der Maria besteht, ließe sich ebenfalls eine Menge sagen, was hier jedoch unterbleiben muß.

Kehren wir noch einmal zurück zur Bundeslade als Sitz der Gottheit, für die der König Salomo einen prächtigen Tempel baut und die später spurlos verschwindet. Wie Gynz-Rekowsky schreibt, stellt sie die »numinose Kraft des Weiblichen«[48] dar und muß aus diesem Grunde auch als Gottesbild angesehen werden. Er vermutet, daß sie nicht – wie vielfach angenommen – den feindlichen Heeren, sondern den späteren Reformern zum Opfer fiel, so daß mit ihrem Ausscheiden aus dem Kult auch die Anerkennung dieses Gottesbildes wegfällt. Damit geht auch die durch Jahrtausende hindurch geltende Erfahrung verloren, daß »die weibliche Gottheit ... zur Partnerschaft im Ganzen mit der Gottheit ruft«[49].

Dieses Rufen in die Gemeinschaft Gottes aber ist nach katholischer Vorstellung eine der Hauptfunktionen Marias. Interessant ist auch, daß die Liturgie, die biblische Passagen über die Bundeslade verwendet, davon ausgeht, daß sie »das Bild für Marias Schoß (ist), der den Neuen Bund gebar«[50]. In der Lauretanischen Litanei, der eine bedeutsame Rolle innerhalb der gottesdienstlichen Marienverehrung zukommt, wird Maria zum einen als »Bundeslade« und zum anderen als »Thron« bezeichnet.

Thron, Lade und Mutterschoß, dieses Beziehungsgefüge verweist auf eine noch ältere Natursymbolik. Wenn wir die Religionsgeschichte noch weiter zurückverfolgen, so finden wir an Stelle des Thrones den Berg, der die Höhe und Höhle umfaßt. Den Menschen der Frühzeit vermittelte er den Eindruck, als herrsche diese unbewegliche Berggottheit über die Erdlandschaft. Da der Berg Öffnungen hat und den Menschen in seinen Höhlen vor Nässe und Kälte Schutz bot, war es ganz selbstverständlich, daß sie es hier mit einer Bergmutter zu tun hatten, die sie in ihrem Leib barg. Religionsforscher sind sich heute darin einig, daß in dem bergenden, schützenden Sakralraum, wie ihn die Höhle darstellt, der archetypische Raum des Großen Weiblichen zu sehen ist. Der Mensch trat in den Leib der großen Bergmutter, wenn er die Höhle betrat. Er ging sozusagen zurück an seinen eigenen Ursprungsort. Durch viele Jahrtausende hindurch zieht es ihn mit magischer Kraft dorthin. Anders ausgedrückt: Er vernimmt den Ruf der Berggöttin. Sie ruft die Menschen zu langen Prozessionen zu sich in die Berge hinauf. Die Faszination, die bis heute der wohl beliebteste Wallfahrtsort Lourdes ausübt, ist nur auf diesem Hintergrund richtig zu verstehen, denn dort begegnet die sündlose Maria (sündlos bedeutet nicht-patriarchalisch) einem jungen Mädchen am Eingang einer Grotte.

In späterer Zeit entsteht das Bild der auf dem Berg thronenden Göttin. Die thronende, sitzende Haltung der Großen

Göttin ist bereits im 7. Jahrtausend in Catal Hüyük nachweisbar. Es ist die Gebärhaltung – symbolischer Ausdruck ihrer schöpferischen Fähigkeiten. Wie überhaupt der Ort, an dem geboren wurde, als der früheste heilige Bezirk der Urzeit anzusehen ist – ein Ort, an dem die Große Göttin herrscht, von dem alles Männliche selbstverständlich ausgeschlossen ist. Die drei wichtigsten Ereignisse im Leben des Mannes hängen mit diesem Ort zusammen: Aus ihm tritt er in das Leben ein, in ihm findet er die Befriedigung seiner sexuellen Bedürfnisse, vollzieht er die Heilige Hochzeit, durch die er Anteil hat an der Erschaffung neuen Lebens, bevor er nach seinem Tode endgültig wieder in den Schoß der Mutter Erde zurückkehrt.

Diese primäre Bezogenheit des Menschen auf das Weibliche bringt das Sinnbild des Göttlichen Weiblichen mit dem Knaben auf dem Schoß zum Ausdruck. Es muß ein Sohn sein, denn der männliche Mensch muß an diese Beziehung, dieses Angewiesensein immer wieder erinnert werden, neigt er doch dazu, diese Tatsache zu verdrängen, aus den Augen zu verlieren. Herkunft, Höhepunkt und Rückkehr zur Quelle des Lebens erfährt der Mann als unaufhebbar mit dem Weiblichen verbunden, dessen Göttlichkeit durch Jahrtausende hindurch erfahrbar war und daher außer Frage stand.

Ebenso, wie in fast allen Religionen das Mütterliche als das Göttliche par excellence erfahren wurde, begegnen wir in verschiedenen Kulten auch der Gestalt der Schmerzensmutter, die ihren Sohngeliebten durch einen vorzeitigen Tod verliert und um ihn trauert. Ihr wende ich mich nun zu.

Die Schmerzensmutter

Aus den vielen klagenden Göttinnen suche ich wiederum eine aus und stelle sie exemplarisch vor. Da ich den Schmerzensweg der Isis bereits in meinem Buch »Die Weiblichkeit Gottes« verfolgt habe, möchte ich mich hier der Ishtar zuwenden, der eine Vielzahl klagender Göttinnen zur Seite stehen. Im babylonischen Kultus beklagen die Frauen gemeinsam mit Ishtar den Tod ihres Sohngeliebten Tammuz, der in die Unterwelt, in das »Land ohne Wiederkehr« hinab mußte. Schließlich unternimmt Ishtar eine gefährliche Reise in jenes Land, um ihren Geliebten zu retten. An den sieben Toren der

Unterwelt wird ihr aller Schmuck, Spangen und schließlich auch noch das »Schamtuch ihres Leibes« abgenommen[51]. Völlig entblößt tritt sie ein in das Totenreich. »Und zuletzt, als sie durch den Verlust ihres Schmuckes ihrer Macht beraubt war, mußte sie noch mit ihrer Schwester Allatu, die in dieser Form der Mythe Königin der Unterwelt ist, (bei Ungnad heißt sie Ereschkigal) um den Besitz des Tammuz ringen.«[52] Die Königin der Unterwelt ist nur ein anderer Aspekt der Ishtar selbst.

»Während die Herrin Ishtar in der Unterwelt war,befiel eine Zeit furchtbarer Depression und Verzweiflung die Erde. Denn in ihrer Abwesenheit konnte nichts gedeihen. Weder Mensch noch Tier noch Pflanze und Baum konnten fruchten, nein, sie konnten nicht einmal wünschen, fruchtbar zu sein. Es wird beschrieben, wie die ganze Welt in einer hoffnungslosen Untätigkeit versunken war, in einer Trauer über ihren Verlust. ... Nachdem die Herrin Ishtar nach Kurnugea hinabgestiegen,

Bespringt der Stier nicht mehr die Kuh,
beugt sich der Esel nicht mehr über die Eselin;
Beugt sich der Mann nicht mehr über das Weib in der Gasse:
Es schlief der Mann an seiner Stätte,
Es schlief das Weib für sich alleine.«[53]

Fast die gleichen Worte finden wir wieder im Isis-Mythos wie auch in jenem von der suchenden und durch die Welt irrenden Demeter, deren Tochter Persephone in die Unterwelt entführt wurde. Erst nachdem die trauernden Göttinnen das Gesuchte – Tochter oder Sohngeliebten – wiedergefunden haben, kehren die Liebe und mit ihr die Fruchtbarkeit auf die Erde zurück. »In einer Hymne spricht Istar: ›Ich wende das Männchen dem Weibchen zu; ich bin Sie, die das Weibchen für das Männchen schmückt.‹«[54]

Ursprünglich drückt sich in diesen Mythen das alljährliche Vergehen der Vegetation aus, an deren Ende dann immer die Freude über das wiederkehrende Leben und Lieben steht.

Im Neuen Testament ausgeklammert, doch von der Kunst nachgeschaffen: Die Schmerzensmutter, die den Leichnam ihres gekreuzigten Sohnes im Schoß hält – ein Bild der Rückkehr zur Mutter im Tode, von der alle Religionen wissen.

Tafel II
Michelangelo, Pietà

Doch muß die Vergänglichkeit der Vegetation die Menschen bei solchen Trauerfesten – und dies scheint insbesondere die Frauen zu berühren – an ihre eigenen Verluste erinnert haben, die dann beklagt wurden.

»Laß mich weinen über die Männer, die ihre Gattinnen verlassen mußten,

Laß mich weinen über die Frauen, die aus ihrer Gatten Arm gerissen wurden,

Laß mich weinen über das schwache Kindlein, das vor seiner Zeit dahingerafft ward!«[55]

Das sind die Klagen der Göttin bei ihrer Fahrt in die Unterwelt. Bei den Verlusten, die sie beschreibt, scheint es sich um solche zu handeln, die als unnatürlich empfunden werden. Hier verschmilzt die Natur mit der Gesellschaft. Beide verursachen leidvolle Trennungen und Verluste. Und so wird die Natur zur Projektionsträgerin, zur Erinnerungshilfe, und kann auch gesellschaftliche Mißstände in ihren Auswirkungen veranschaulichen. Doch neigen die klagenden Schmerzensmütter meist dazu, ihre unnatürlichen Verluste als »Schicksalsschläge« und nicht als gesellschaftliche Mißstände anzusehen.

Neuerdings gibt es hier allerdings Anzeichen für Veränderungen. In Lateinamerika protestieren Mütter öffentlich gegen die Verschleppung und Ermordung ihrer Söhne und Ehemänner. Auch die Frauen im Libanon sind nicht länger gewillt, zu schweigen und in der Stille zu trauern um Tausende von Kindern, die ihnen die Militärs entführt und größtenteils umgebracht haben. Als Schmerzensmütter ziehen sie nunmehr mit Knüppeln auf die Straße und errichten Sperren. In ihrem Leid werden endlich auch sie aggressiv.

Bei ihrer Ankunft in der Unterwelt droht Ishtar, diese aus den Angeln zu heben, falls sie nicht den Geliebten herausgeben würde. Demeter, die griechische Göttin der Saat, vernachlässigt ihre Pflichten, nachdem ihr die einzige Tochter von Hades, dem Herrn der Unterwelt, geraubt worden war, so daß auf der Erde nichts mehr wächst und die Menschen zu verhungern drohen. In beiden Fällen führt die Art des Umgangs mit dem Leiden zum Erfolg. Ishtars Drohungen waren aus Liebe zur Liebe und zum Leben geschehen – nicht aus Zerstörungswut. Demeters Nachlässigkeit geschieht nicht aus Trägheit, sondern weil sie ohne den Gegenstand ihrer Liebe, die einzige Tochter, nicht mehr leben kann. Beide sind nicht gewillt, sich in ihr »Schicksal« zu ergeben und ohne den geliebten Menschen weiterzuleben. Und bei beiden erweist sich die Liebe stärker als der Tod. Sie und der Beklagte kehren ins Leben zurück und bekunden: Die Liebe hat die Welt des Todes besiegt.

Die Häufigkeit, in der dieser Mythos vorkommt in den orientalischen Religionen, ist vielleicht ein wichtiger Teil der Antwort auf die zuvor aufgeworfene Frage, weshalb uns die Evangelisten nichts überliefern von einer um ihren Sohn trauernden Maria. Wohl begleitet die Mutter den Sohn in den Tod, doch die letzten beiden Akte, die Suche nach dem Toten und das Wiederfinden des Geliebten, sind einer anderen vorbehalten. Die christliche Überlieferung stellt Maria Magdalena als jene dar, deren Liebe stärker ist als der Tod. Ihre Gegenwart am Grabe – in der Welt des Todes – evoziert sein Erscheinen, seinen Ruf: »Maria!«, an dem sie den Geliebten erkennt. Anknüpfen an bereits vertrautes Überlieferungsgut wollen die christlichen Schreiber schon, aber auch gleichzeitig allzu große Übereinstimmungen vermeiden. Das Neue am bereits Vertrauten verständlich machen, ja, aber nicht durch das Neue das Alte verewigen.

Doch ist es für das symbolische Verständnis nicht von Belang, mit welcher Maria wir es zu tun haben. Wie in allen Religionen ist es das weibliche Geschlecht, das den Getöteten in den Tod begleitet und ihn nach seiner Rückkehr aus dem Totenreich liebend empfängt. *Diese* Wahrheit klingt bis heute im christlichen Ostererlebnis nach.

Verschiedene Aspekte der Verehrung der Gottesmutter innerhalb der Frömmigkeitsgeschichte

Mit der Verehrung der Gottesmutter gelingt die wohl grandioseste Auferstehung der Muttergöttin früherer Jahrtausende, deren Symbole und Titel sie übernimmt. Maria wird zur »liebreichen Herrin« und zur »thronenden Göttin«, zur »Gnadenspenderin« und zur »Retterin«, zur »Erhörerin von Gebeten« wie auch zur »Meereskönigin«, als »Maienkönigin« wird sie zur

»Herrin des Grünens und Blühens«, sie wird zur »sancta regina« wie auch zur »mater dolorosa«.

Genau wie beim Kult der Isis sind auch in ihrem Kult alle Bevölkerungsschichten in wunderbarer Weise vereinigt. Sie ist die Mutter des Ungeborenen wie auch des Kindes, des kleinen Gauners wie auch des gemeinen Schurken, der Fürsten, Könige und Päpste wie auch der Prostituierten – ja sogar Gottes! Sie ist in siegreichem Triumph durch die Kontinente der Welt gezogen, wobei es ihr gelang, den Chinesen eine Chinesin, den Indianern eine Indio zu werden; sie schwebt in den höchsten Höhen und ist doch bei den Ärmsten der Armen zu finden, Herrschende benutzen sie, und doch ist sie bei den Unterdrückten.

Von den vier Aspekten, unter denen Maria in den Dogmen verherrlicht wird, ist jener der Mutterschaft derjenige, dem auch Protestanten sich am wenigsten entziehen können. Bis in die Gegenwart hat sie einen festen Platz in der protestantischen Frömmigkeitsliteratur, und im Hinblick auf ihre Verehrungswürdigkeit ließe sich wohl noch am ehesten ein Konsens mit der katholischen Seite finden. Nicht zuletzt um ihretwillen wird sogar die Bilderstürmerei bedauert.

In drei Abschnitten sollen die unterschiedlichen Aspekte ihrer Verehrung beleuchtet werden; in ihrer Beziehung zu Gottvater und Sohn, in ihrer Beziehung zum Menschen und schließlich auch als Schmerzensmutter mit ihrem eigenen Kult.

Sie ist der Himmelsheere,
der Engel Königin,
der Heilgen Lust und Ehre,
der Menschen Trösterin,
die Zuflucht aller Sünder,
die Hilfe aller Kinder,
die beste Mittlerin.

Die Mutter Gottes

Für das kirchliche Lehramt war die jungfräuliche Gottesmutter von allergrößter Bedeutung, weil sie mit ihrem eigenen Menschsein das menschliche Wesen Jesu zu garantieren vermochte. Als eine für den göttlichen Willen offene Jungfrau hingegen wurde sie zur Garantin seiner Göttlichkeit. Jesus allein genügte demnach nicht, um die Vereinigung des Göttlichen mit dem Menschlichen glaubhaft zu machen. Diese Erfahrung durchzieht auch die Frömmigkeitsgeschichte. Das sollen die folgenden Abschnitte zeigen.

Dabei wird aber auch deutlich, daß sie nicht nur Objekt des Willens Gottes ist, sondern in gleicher Weise Subjekt des eigenen Willens. Bei Bernhard von Clairvaux kommt das sehr schön zum Ausdruck, wenn er schreibt: »Die Mutter Gottes *wird auserwählt,* doch *sie macht sich* zur Magd des Herrn.«[56]

Jesus ist demnach das Ergebnis eines Zusammenspiels von göttlichem und weiblichem Wollen. Dieser Doppelaspekt wird heute über dem Bild der »Magd des Herrn«, die das Fiat spricht, oftmals vergessen. Auch zeigt die Frömmigkeitsgeschichte ganz klar, daß sie nicht nur als »Magd des Herrn« verehrt wurde, sondern vielfach als dessen bessere Hälfte.

Nachdem es im Mittelalter weder dem liebenden Vatergott noch dem für die Sünden der Menschen gestorbenen Gottessohn gelungen war, Liebe und Barmherzigkeit dem christlichen Glauben einzuprägen, weil es wohl nicht genügend Männer gab, die ein solches Bild glaubhaft veranschaulichen konnten, verschmolzen beide. Jesus Christus wurde mit Gott dem Vater eins auf dem himmlischen Richterstuhl und verbreitete Angst und Schrecken.

Wie recht hat Hans Christoph Schöll, wenn er schreibt:

Der Mensch fürchtet sich, wo er sich ausgeliefert sieht.
Er gehorcht, wo er sich als der Schwächere fühlt;
und er glaubt und vertraut, wo er sich geborgen weiß[57].

Der Richtergott machte den Menschen im Mittelalter zum willfährigen Objekt der Kirche, das sich mit Unsummen von Ablaßgeldern aus seiner Angst freizukaufen suchte. Vertrauen und Liebe in göttliche Kraft hingegen waren bei der Gottesmutter beheimatet. Ihr gelang es, den Glauben an göttliche Liebe und Barmherzigkeit aufrechtzuerhalten, und sie erwies sich somit als Retterin des Göttlichen und Menschlichen gleichermaßen.

So flieht der Angeklagte vor Gott, dem Richter,
zu der guten Mutter des gnädigen Gottes ...[58]

Seit dem 13. Jahrhundert haben die Darstellungen der Schutzmantel-Madonna in Europa weite Verbreitung. Herrschende und Beherrschte drängen sich gleichermaßen unter den Mantel der jungfräulichen Gottesmutter und suchen hier Schutz auch vor dem gestrengen Gott-Vater und Sohn. Solch ein Bedürfnis nach mütterlichem Schutz kommt auch in allen vorchristlichen Religionen zum Ausdruck.

Diese Worte des Anselm von Canterbury aus dem 11. Jahrhundert entstammen seinem Gebet an Maria und sollen immer dann gesprochen werden, wenn der Geist »vor Angst gelähmt ist«[59].

So entsteht allmählich das Bild der »Madonna della Misericordia«, zu deutsch »Unsere Liebe Frau der Barmherzigkeit«. Viele Bilder und Skulpturen des 13. Jahrhunderts stellen sie mit einem großen, sternenübersäten Umhang dar, unter dem sich Frauen und Männer zu ihren Füßen drängen. Sie ist es, die das Bild von der Henne verkörpert, die ihre Küken zum Schutze unter ihre Flügel sammelt. Der mütterliche Gnadenmantel schützt vor dem männlichen Zorn Gottes oder Christi – das ist eine der vielen Darstellungen des Jüngsten Gerichts aus dem 13. Jahrhundert. Im Bewußtsein der Gläubigen wurde sie selbst zur wahren Göttin. Davon zeugt auch das Gebet einer Frau aus dem 15. Jahrhundert in Frankreich:

Ich bin eine alte Frau, ältlich schon und kläglich.
Ich weiß ja gar nichts und las nie ein Wort.
Im Kloster der Pfarrei erblick' ich täglich
Den Himmel, und die Engel harfen dort,
Doch auch den siedenden Verdammungsort.
Die Bilder machen Freude mir und Schrecken.
Laß, Göttin, denn die Freude mir erwecken[60]!

Maria vermag den Schrecken des richterlichen Zorns in Freude zu verwandeln. Allgegenwärtig war der göttliche Zorn vom Mittelalter bis in unsere Gegenwart, wie Tilman Mosers »Gottesvergiftung« beweist; nur daß er als Protestant keinen Zugang mehr hat zum mütterlichen Erbarmen der Gottesmutter. Sie vermag im katholischen Glauben bis heute das Vertrauen zu erwecken, daß durch sie auch noch die schwärzeste Seele vor der Verdammnis gerettet wird. Ihr Bild ist es durch Jahrhunderte hindurch, das auch noch den hartgesottensten Burschen und Ganoven zur Reue bringt. Die Legenden sind reich an solchen Bildern. In einer nimmt sie sogar die Wiederbelebung eines Sünders vor, um ihm Gelegenheit zur letzten Beichte zu geben; oder aber sie hält die Verdammten noch so lange am Leben, daß ihnen die Buße möglich ist.

Auf diese Weise wird sie zur Gegenspielerin des Teufels, der durch sie um seine Beute geprellt wird. Richtergott,

Gottessohn und Teufel – die Gottesmutter nimmt es mit allen dreien auf. Immer stellt sie sich gegen sie, um sich auf die Seite der Menschen stellen zu können. Dem Teufel bleibt nur noch die Möglichkeit, vor dem Richterstuhl Christi Protest einzulegen. Und er fordert, »sie von einer Behinderung des gerechten Laufs abzuhalten«[61]. Weiter heißt es, daß der Teufel jammert: »Sie fügt uns den größten Schaden zu. Die, welche der Sohn in seinem gerechten Urteil verwirft, bringt die Mutter in ihrem Überfluß an Barmherzigkeit zurück zur Gnade.« Wer immer sich unter ihren Schutz stellt – egal, was sie oder er getan hat –, findet bei ihr Rettung. »Durch sie findet die ganze lustvolle, sinnenfreudige, schwache Menschheit den Weg ins Paradies.«[62] Da liegt dann der Gedanke auch nicht mehr fern, daß Maria, die die Macht hat, Seelen vor dem Fegefeuer zu retten, die Herrschaft im Paradies mit Gottvater teilt. Eine Vorstellung, die bei Petrus Abaelard auftaucht.

Nicht nur vor Gott und Teufel vermag die Gottesmutter zu retten, auch auf Erden ist sie gegenwärtig und hilft den Menschen in den Kümmernissen ihres täglichen Lebens, wie der nächste Abschnitt zeigen soll.

Die Mutter der Menschen und die Mutter der Kirche

Wenn Maria sich zwischen den Menschen und Gottvater, der ihn züchtigen will, stellt, wenn sie den Mantel der Gnade zwischen die strafende Rute und den Menschen wirft und so den Zorn des Königs beschwichtigt, wie es in einem französischen Klostertext aus dem 14. Jahrhundert heißt, dann zeigt das ganz klar, was sich im Christentum ereignet hat: Wohl vermochte es der Gott, sich im Sohn zu offenbaren, wohl konnte der Sohn das Erbe des Vaters antreten. Beiden aber ist es bis heute nicht in überzeugendem Maße gelungen, die Rolle der Mutter zu übernehmen. Was weder Gottvater noch der Gekreuzigte schaffen, Maria gelingt es: die Schuldgefühle der Menschen zu lindern, ihnen das Gefühl des Angenommenseins – auch mit ihrer Sünde – zu vermitteln. Unzählige Legenden berichten davon. Eine, die mir besonders gut gefällt, möchte ich hier wiedergeben. Sie handelt von der Nonne Beatrix, die die Mutter Maria in ganz besonderer Weise verehrte.

Beatrix war noch jung und sehr schön. Als ein junger

Priester sie eines Tages sah, wurde er begehrlich und begann, um sie zu werben. Jene wies die glänzenden Worte zurück, aber dadurch beharrte der Priester um so mehr. Und die »Alte Schlange« kam hinzu, so daß sie die aufkommende Liebe nicht aushalten konnte. Sie ging zum Altar der seligen Jungfrau Maria und sagte: »Herrin, ich konnte sehr demütig sein und dir dienen. Sieh, ich gebe dir die Schlüssel zurück. Ich kann die Versuchungen des Fleisches nicht länger aushalten.« Sie legte die Schlüssel auf den Altar und folgte dem Priester. – Nachdem nun jener sie in Schande gestürzt hatte, verließ er sie nach einigen Tagen. Aber sie hatte nichts, um zu leben, und sie schämte sich, zum Kloster zurückzukehren. Sie wurde Dirne. In dieser öffentlichen Schande verlebte sie fünfzehn Jahre, und danach ging sie in weltlichen Kleidern an die Pforte des Klosters. Als sie die Pförtnerin fragte, ob sie die Wächterin Beatrix kenne, die immer soviel gebetet habe, antwortete diese: »Ich mache dich ganz neu.« Die Pförtnerin war nämlich die liebe Heilige Jungfrau, frei von Schuld und Sünde von Jugend auf, die bis zu diesem Tage im Kloster Dienst getan hatte. Jene hörte die menschlichen Worte, verstand sie aber nicht und wollte davonlaufen. Aber die Schmerzensmutter erschien ihr in einem sichtbaren Bild und sagte: »Ich habe während der fünfzehn Jahre deiner Abwesenheit deinen Dienst übernommen. Gehe nun an deinen Platz und tue Buße, da ja niemand von deinen Verirrungen weiß.« In der Gestalt und in der Kleidung jener hatte die Gottesmutter stellvertretend das Pförtneramt übernommen[63].

Hier wie auch in der Theologie kommt es ganz deutlich zum Ausdruck: Die Gottesmutter ist die Große Lückenbüßerin, und sie übernimmt diese Rolle anstandslos und ohne Dünkel. Sie ist nicht der Logos, das Wort, sondern die realisierte Liebe und Barmherzigkeit. Sie verwirklicht das, was der gekreuzigte Sohn verheißt.

Maria äußert ihre Liebe in der Hingabe für das Leben, so wie es gerade in seiner Fülle gelebt wird, hier in der Liebe zu einem Priester. Und das ist gerade das Schöne an dieser Legende: Marias Hingabe ist nicht an moralische Anforderungen, Grundsätze, Ideen gebunden. Sie ist einfach da, als die andere sie braucht, ohne daß diese auch nur die geringste Ahnung davon gehabt hätte. Ganz selbstverständlich versetzt sie sich in das Leben der Beatrix, gibt sich ganz an deren Aufgabe, so wie jene sich zuvor ganz der Maria hingegeben hatte.

Diese wortlose, selbstverständliche Hingabe ist jene Haltung, die Mütter in Jahrmillionen praktiziert haben, und zwar auf allen Ebenen ihres Seins. Sie geben ihr Blut, um neues Leben entstehen zu lassen – und wie viele von ihnen haben im Laufe der Erdengeschichte ihr Leben hierfür hingegeben, still und selbstverständlich. Ein wahrhaft göttliches Verhalten, das den Menschen zu fast allen Zeiten der Ehre würdig erschien, bis auf jene End-Zeit des Patriarchats, das nur noch das gewaltsame Blutvergießen des Mannes verehren kann. Es kennt bestenfalls die Verehrung der Hingabe des göttlichen Sohnes am Kreuz.

Diese innere Beziehung Marias zu dem von den Gläubigen konkret erfahrenen weiblichen Verhalten (durch Mütter, Tanten, Großmütter, Schwestern, Ehefrauen) mußte im Rahmen einer wirklichen Marienverehrung die Verehrung der konkreten Frau mit einschließen, die dann sozusagen ein Gradmesser wäre für ihre positiven Auswirkungen.

Ein solches Verhältnis zwischen der Frau und Maria wird auch innerhalb der Frömmigkeitsgeschichte vereinzelt gesehen. Die Dominikanerin Elsbeth Stagel berichtet von ihrem Freund, dem Eckart-Schüler Heinrich Seuse (14. Jahrhundert), daß ihm auf einem schmalen Feldweg einmal eine ärmliche Frau entgegenkam. Als sie sich ihm näherte, wich er aus und mußte dabei ins Nasse treten, so daß die Frau auf dem trockenen, festgetretenen Weg bleiben konnte. Als die Frau sich über ein so zuvorkommendes Verhalten des »ehrwürdigen Herrn und Priesters« wunderte, gab er ihr zur Antwort, es sei seine Gewohnheit, allen Frauen gern Ehre zu erweisen »um der zarten Mutter Gottes willen im Himmelreich«. Inwieweit Seuse mit dieser Haltung zu den rühmlichen Ausnahmen zählt, will ich hier nicht untersuchen. Von der Kirche selbst läßt sich allerdings nachweisen, daß sie eine solche Konkretisierung der Verehrung der Gottesmutter keineswegs gutgeheißen hat. Ganz im Gegenteil gelang es ihr, die Marienverehrung zu fördern, ihr neuen Auftrieb zu geben bei gleichzeitiger verstärkter Unterdrückung der Frau und Mißachtung ihrer Bedürfnisse, so daß die Mutter Gottes zur Feindin der Frau wurde.

Die Kirche bediente sich dabei des Tricks, sich selbst mit Maria zu identifizieren. Sie ist die »Mutter Kirche«, die den Menschen Schutz und Geborgenheit verheißt. Damit lenkt sie alle weiblichen Energien, jene, die Maria von den Frauen bezog, und jene der Maria selbst als Mutter Jesu, auf sich. Wann immer sie die Gottesmutter mit Symbolen der Macht ausstattete, ihr die Krone aufsetzte und das Szepter in die Hand drückte, wie das in vielen Marienliedern und Kunstwerken geschieht, meinte sie letztlich immer sich selbst – niemals die Frau. Maria wurde mehr und mehr die Repräsentantin der Kirche. Mit der Gottesmutter wurden die Sehnsüchte nach Liebe und Zuwendung wachgehalten. Konnte Maria diese nicht erfüllen, so dachte die Kirche selbst auch nicht daran, für sie einzuspringen.

Bis heute können wir feststellen, daß jene Päpste, die Maria am stärksten huldigten, am wenigsten für die Frauen ihrer Kirche übrig hatten. Unter Papst Pius XII. und in gewisser Weise unter Papst Paul VI. sowie in auffallender Weise unter dem gegenwärtigen Papst erhielt die Marienverehrung Auftrieb. Andererseits ist in Zeiten stärkeren Wandels mit ökumenischen Tendenzen, wenn die Kirche weniger selbstgerecht auftritt, die Verehrung der jungfräulichen Gottesmutter eher rückläufig und erfährt Einschränkungen.

Wie diese vom Vatikan herausgegebene Briefmarke zeigt, wird die Schutzfunktion Marias auf den Papst übertragen, was jedoch einem Mißbrauch der Mütterlichkeit gleichkommt, da sich das Papsttum weitaus häufiger im Verfolgen und Vernichten geübt hat als im Beschützen.

Es hat also durchaus einen tieferen Sinn, wenn die Kirche in ihrer Liturgie alles daran setzt, daß der gläubigen Frau eine Identifizierung mit Maria unmöglich gemacht wird. Ihr Muttersein, jener Zustand, der die Frau in dieser Gesellschaft ohnmächtig und verletzbar macht, wird durch Maria mit Symbolen der Macht und des Reichtums über-, wenn nicht gar verschüttet.

Und doch ist die mütterliche Macht der Mutter, die sie aus der Macht ihrer Liebe hat, nicht zu ersticken. Sie taucht immer wieder auf – trotz kirchlich geförderter oder auch unterdrückter Verehrung der Gottesmutter, aber auch trotz protestantischer Bilderstürmerei und Aufhebung des Marienkults. Als Urbild mütterlichen Verhaltens konnte man ihr Bild wohl aus den meisten Kirchen entfernen, aber nicht aus den Seelen jener Menschen, die sensibel sind für Verstümmelungen des christlichen Glaubens.

Dies wird besonders dann deutlich, wenn der Kriegsgott sein Schwert schwingt und in einen diametralen Gegensatz zur Gottesmutter tritt. Ihm war es in der Vergangenheit immer möglich, die christlichen Werte der Liebe und des Friedens zu verraten. Maria aber schien unverbrüchlich an ihnen festzuhalten. An sie wandten sich protestantische Soldaten im letzten Weltkrieg in dem Bewußtsein, daß sie selbst in den Schützengraben kommt, um jene durch die Todesnähe geläuterten Männer zu trösten. So heißt es zum Beispiel im letzten Teil eines Gedichtes von Heinrich Lersch:

> O Mutter Gottes, du kannst ja nicht
> in die prächtigen Häuser der Reichen gehen,
> Komm du nur zu uns,
> wir können die große Gottesliebe verstehen,
> Du willst ja nur die Armen, Reinen und Frommen,
> nur liebende Menschen um dich haben:
> O Mutter Gottes, dann komm zu uns,
> zu uns in den vordersten Schützengraben[64].

Noch ergreifender ist allerdings ein Gedicht, das Arno Pötzsch herausgegeben hat. Der Anlaß dazu war eine Kohlezeichnung auf der Rückseite einer großen Landkarte, die Überlebende aus Rußland mitbrachten. Einer der Soldaten hatte in dem Hexenkessel von Stalingrad kurz vor dem tödlichen Ende Weihnachten 1942 das Bild einer Madonna gezeichnet, um seinen Kameraden eine Freude zu bereiten. Irgend jemand brachte diese Zeichnung zurück nach Deutschland. Ihr zum Gedenken veröffentlichte Pötzsch sein Gedichtbändchen »Die Madonna von Stalingrad«, dem ich das folgende Gedicht entnehme:

Maria mit dem Kind – Kurt Reuber (1905–1946)

Die Mutter Gottes von Stalingrad
weilt heut bei den deutschen Soldaten.
Sie hat in der eisigen Winternacht
der russischen Steppe sich aufgemacht,
die Frau und die Mutter voll Gnaden.

Die Mutter Gottes von Stalingrad
besucht heut die Ärmsten der Armen.
Sie hocken in Trümmern in bitterster Not,
nur einer ist nahe, und das ist der Tod,
da will sich die Mutter erbarmen.

Die Mutter Gottes von Stalingrad,
sie kommt durch die eisigen Winde
in Hütten und Höhlen, sie findet sich ein
und läßt sich dort nieder im kärglichen Schein,
die Frau mit dem himmlischen Kinde.

Die Mutter Gottes von Stalingrad –
so kam sie, die Mutter der Gnaden,
zu den Ärmsten der Armen in heiliger Nacht,
weil die Mutter noch immer des Ärmsten gedacht,
sie kam zu den deutschen Soldaten.

Die Mutter Gottes von Stalingrad,
aus Liebe vom Himmel entboten,
sie hat sie gesegnet in schauriger Welt,
in Gräben und Gruben, in grausigem Feld,
die Lebenden und auch die Toten!

Die Mutter Gottes von Stalingrad
sitzt still bei den Jungen und Alten.
Und den Männern weiten die Augen sich groß,
sie schauen die Mutter, das Kind ihr im Schoß,
und sachte die Hände sich falten.

Die Mutter Gottes von Stalingrad –
o hört doch, jetzt singt sie ganz leise!
Den Männern klingt es wie Heimat und Licht.
Da löst es sich heimlich im starren Gesicht.
O Wunder der göttlichen Weise!

Die Mutter Gottes von Stalingrad,
im weiten Gewande geborgen –
was seh ich? Jetzt breitet den Mantel sie aus!
Jetzt spricht sie: Kommt alle, ich bring euch nach Haus,
ich will euch, die Mutter, versorgen!

Die Mutter Gottes von Stalingrad,
die weiß um unsägliche Schmerzen;
sie kennt den Jammer, sie weiß alle Not,
und tausendmal, tausendmal litt sie den Tod,
sie trug doch ein Kind einst am Herzen!

Die Mutter Gottes von Stalingrad,
jetzt legt sie auf alle die Hände,
Da stillt sich der Kummer, das Leid und der Schmerz,
da füllt sich mit Frieden das einsamste Herz,
wird fröhlich und still bis ans Ende.

Eingegraben in den mütterlichen Schoß der Erde, erfahren Soldaten im Schützengraben, der ihnen den Schutz verwehrt, die Nähe der Gottesmutter. Die meisten der Toten von Stalingrad liegen im Schoß der Erde von Mütterchen Rußland. Sie nahm alle Kinder in ihren Schoß zurück.

Vielleicht ist es nicht von ungefähr, daß ausgerechnet protestantische deutsche Soldaten in dieser Nähe zur Mutter Erde Rußlands im Untergang für das Vaterland nicht die Gegenwart des protestantischen Vatergottes oder ihres *Herrn* Jesus Christus spüren, sondern die Nähe der Gottesmutter erfahren. Den ganzen Glauben der russischen Orthodoxie durchzieht diese weibliche Triade.

Anders als in den übrigen europäischen Ländern kennen die Russen kein *Vater*land, sondern nur ihr *Mütterchen* Rußland. Wie überall auf der Welt wird hier selbstverständlich auch der Erdboden als Mutter Erde bezeichnet. Beide verbinden sich im russischen Glauben mit der Gottesmutter, die in russischen Liedern und Dichtungen häufig verbunden wird mit dem Begriff »Mutter feuchte Erde«.

So heißt es beispielsweise in einem religiösen Gesang:

Die *erste* Mutter ist die heilige Mutter Gottes,
Die *zweite* Mutter ist die feuchte Erde,
Die *dritte* Mutter ist, die den Schmerz erlitt[65].

In einem anderen Lied heißt es:

Oh, Mutter Erde, feuchte Erde,
Aus dir sind wir geboren alle,
O Gräber, o ihr Eichensärge,
Ihr werdet uns're Wohnstatt sein,
Ihr Würmer ohne Rast und Ruh',
Ihr seid dann uns're Wirte! ...

Meine Nachbarn – die Steine,
Die Würmer – meine Freunde,
Der Sand – mein Lager,
O du feuchte Mutter Erde,
Nimm dein armes Kind zurück!
Denk an uns o Herr der Zeiten,
Wenn dein ew'ges Reich beginnt!
O wunderbare Königin, Mutter Gottes,
Mutter feuchte Erde[66]!

In diesem altrussischen Kirchenlied wird deutlich zum Ausdruck gebracht, was überall auf der Welt empfunden wurde: Die Mutter Erde wird als Quelle des Lebens verehrt, aber auch als Todesgöttin, in deren Schoß die Toten zurückkehren. In dieses Lebensgefüge wird die Mutter Gottes sinnvoll integriert – ein Prozeß, der überall nachvollzogen wurde, wo der christliche Glaube Fuß faßte.

So schrieb Anfang unseres Jahrhunderts der »prophetische« Philosoph Nikolaij Berdjajev: »Die russische Religiosität ist nicht so sehr eine Religion Christi, als eine Religion der Gottesgebärerin, eine Religion der Mutter Erde, der weiblichen Gottheit, die das irdische Leben heiligt. Mutter Erde ist für das russische Volk – Rußland. Rußland verwandelt sich in die Gottesgebärerin. Rußland – ein gotttragendes Land ... Der ökumenische Geist Christi, der männliche ökumenische Logos, ist durch das weibliche nationale Element gefangen, durch die russische Erde in ihrer heidnischen Erstgeborenheit.«[67] In dieser Beziehung klingt noch etwas an von dem Wissen um Marias Erbschaft, die sie von der Religion der Großen Mutter angenommen hat.

In diesen Rahmen gehört auch die von katholischen und protestantischen Theologen so hoch gepriesene Demut der jungfräulichen Gottesmutter, deren Niedrigkeit insbesondere Luther hervorhebt. Als »humilitas« hängt sie mit »humus«, dem Erdboden, zusammen, mit dem also, was ganz unten ist. Auf dieser unteren Ebene darf sie ganz sie selbst sein, denn hier findet keine Identifikation der Kirche mit ihr mehr statt. Und gerade auf dieser untersten Ebene – frei von Symbolen politischer Macht –, auf der sie der realen Frau in dieser Gesellschaft am nächsten kommt, scheint sie auch für Protestanten wieder zugänglich zu werden. Das geschieht einerseits dann, wenn der Traum männlichen Größenwahns im Namen des *Vater*landes zu Ende geträumt ist und nur noch die Mutter Erde als letzte Wirklichkeit den Erfahrungshorizont berührt. Unter extremem Leidensdruck taucht häufig die Erinnerung an die eigene Mutter auf, die im Bild der Gottesmutter zu einer religiösen Erfahrung erhöht werden kann. Beide sind Repräsentantinnen derselben Kräfte.

Bereits einige Jahrzehnte vor der Entstehung der Gedichte über die Madonna von Stalingrad hatten sich protestantische Stimmen geregt, um für die Wiedereinführung der Marienverehrung zu plädieren. In den sechziger Jahren des vorigen Jahrhunderts fordert sie ein evangelischer Pastor (W. O. Dietlein) und sieht die evangelische Kirche »in der beständigen Flucht vor der Mutter, in der steten Angst, ihr auch nur ein Wort des Grußes zu gönnen, ihr das Ave zuzurufen, welches ihr doch der ewige Vater durch Engelsmund zusandte«[68]. Ein halbes Jahrhundert später schreibt der Protestant Max Jungnickel: »Die evangelische Kirche ist kalt. Wir müssen unsere Kirche warm machen ... Wir müssen die Mutter Maria zurückholen ... Wir wollen nicht die Madonna haben, die in himmelblauer, krachender Seide mit blinkender Krone auf dem Throne sitzt; nein ein blasses blondhaariges Mägdlein mit blauen großen Kinderaugen. Eine Maria aus dem Volke ... Es kann sein, daß dann die Lauen, die davongegangen sind, wieder umkehren werden mit neuen Augen und verlangenden Herzen.«[69] Ob sie wirklich blond und blauäugig sein muß, will ich an dieser Stelle nicht diskutieren. Immerhin soll sie real existierende Weiblichkeit darstellen und nicht ein überirdisches Machtgebilde als Überhöhung eigener Machtgelüste.

Abschließend sei E. W. Hengstenberg zitiert, der die Entfernung von Marienbildern aus evangelischen Kirchen eine »rationalistische Barbarei« nannte. Für ihn sind Maria und die Heiligen »tatsächliche Prediger der göttlichen Gnade, Muster christlicher Tugend, Diener und Werkzeug, durch welche Gott sein Volk segnet«[70].

Die Schmerzensmutter

Die Höhen und Tiefen des Mutterseins dürfen nicht auseinandergerissen werden. In der Frömmigkeitsgeschichte sind beide Aspekte lebendig erhalten geblieben. Bereits Ende des 5. Jahrhunderts hatten sich in Syrien Dichter und Hymnenschreiber dieses Themas angenommen. Sie beschrieben die Trauer Marias um den toten Christus noch zu einer Zeit, als in Syrien jene Tradition der lauten und öffentlichen Totenklagen, insbesondere durch Frauen, noch lebendig war.

In einer dieser Hymnen klagt Maria:

Überwältigt bin ich, mein Sohn,
  Überwältigt von Liebe.
Und ich kann nicht ertragen,
  Daß ich in der Kammer sei
Und du am Holze des Kreuzes.
  Ich im Hause
  Und du dort im Grab[71].

Erst mit den Kreuzrittern kam diese Tradition nach Europa, wo das Thema der leidenden Gottesmutter in Kunst und Dichtung sofort aufgegriffen wurde. In einer englischen Elfenbeinschnitzerei aus der Mitte des 12. Jahrhunderts ist es Maria, die den vom Kreuz abgenommenen Leichnam in Empfang nimmt. Einige Jahrzehnte später entsteht das Stabat Mater, aus dem ich bereits zitiert habe. Trotz ungesicherter Verfasserschaft wird es meist Jacopone da Todi zugeschrieben, von dem es heißt, er sei ein erfolgreicher Anwalt gewesen, der plötzlich seine noch junge Frau verloren habe. Als er am Körper der Toten »unter ihren reichverzierten Brokatgewändern ein härenes Bußhemd entdeckte«[72], überkam ihn eine plötzliche Reue. Persönliche Trauer und Reue gegenüber der eigenen Frau bilden so den Hintergrund, auf dem dieses sensible Kunstwerk entstanden sein muß, in dem der Verfasser den Schmerz Marias teilt und so schreibt, als sei er selbst Augenzeuge des Passionsgeschehens. Hier noch einige Verse aus der berühmten Lieddichtung:

Unterm Kreuz mit dir zu stehen,
Dort zu teilen deine Wehen,
Ist es, was mein Herz begehrt.

O du Jungfrau der Jungfrauen,
Wollst in Gnaden mich anschauen.
Laß mich teilen deinen Schmerz.

Laß mich Christi Tod und Leiden,
Mutter, Angst und bitt'res Scheiden
Fühlen wie dein Mutterherz.

Vierhundert Jahre nach seinem Entstehen wurde das Stabat Mater 1727 von Papst Benedikt XIII. in die Liturgie aufgenommen. Jacopone selbst schloß sich einige Jahre nach dem Tod seiner Frau »dem geistig radikalen Flügel der Franziskusbewegung an, wurde ein heiliger Narr, der voller Hingabe die Demut und Schmach des Gottessohnes auf dieser Welt nachzuahmen suchte«[73].

Als wenige Jahrzehnte nach der Abfassung dieser Liedsequenz die Pest in Europa wütete und in wenigen Jahren die Bevölkerung um ein Fünftel dezimierte, wurde das Lied bevorzugt von den Flagellanten gesungen, die sich bald in allen Städten öffentlich geißelten, um so ihre eigenen Sünden, aber auch die anderer Menschen zu büßen. Überhaupt waren es die vielfältigen Leiden der Menschen im Mittelalter, die ihnen die leidende Gottesmutter nahebrachten und den Mater-Dolorosa-Kult an Bedeutung gewinnen ließen. Der Pest waren zahlreiche Epidemien, Dürreperioden und Hungersnöte vorausgegangen. In ihrem Leiden um den Verlust der allernächsten Verwandten – häufig waren es die eigenen Kinder, die nicht überlebten – wußten sich die Menschen mit Maria verbunden, die ebenfalls ihren geliebten Sohn durch einen unnatürlichen Tod verloren hatte. Es kam allerdings auch verstärkt vor, daß sich die Menschen hilfesuchend an die alten Muttergottheiten wandten. Viele führten sogar die Pest auf die Vernachlässigung ihrer Kulte zurück. Gebete, in denen die Muttergottes angerufen wurde, sind jedoch bevorzugt überliefert worden.

Vielfach wurde sie um Erlösung von der Pest angefleht. Überall vertrauten ihr Menschen, daß »sie dem Wüten der Krankheit Einhalt gebieten werde, und weihten ihr 1348, nachdem die Seuche 65000 Menschen aus einer Bevölkerung von 80000 gefordert hatte, die Kapelle des Palazzo Pubblico, die mit einer Bildfolge über ihren Tod und ihre glorreiche Himmelfahrt geschmückt war. ... Der Mater-Dolorosa-Kult legte eine besondere Betonung auf ihre Teilnahme an dem gewöhnlichen und beschwerlichen Leben der Menschen, und deshalb verlor sie, obwohl die Gestalt des Richters Christus als Auswirkung des Schwarzen Todes viel an Erhabenheit und Schrecken wiedergewonnen hatte, nichts von ihrer Vertrauen schenkenden Volkstümlichkeit. Ihr Leiden rückte in den Mittelpunkt mittelalterlicher Betrachtungen.«[74] Dabei dienen die Worte des alten Simeon vom Schwert, das Marias Herz durchbohren wird, als Vorbild für zahlreiche künstlerische Ausgestaltungen. »Kleine italienische Figuren, die zur Andacht zu Hause dienten, zeigen, wie ein Blutstrahl aus Christi Seite Marias Herz durchbohrt.«[75]

Die Tradition weiß sogar von Erscheinungen der Schmerzensmutter zu berichten, die sieben Ordensgründern ihre sieben Schmerzen offenbart habe. Diese wurden dann auch offiziell festgelegt auf »die Prophezeiung des Simeon, die Flucht nach Ägypten, Jesu Zurückbleiben im Tempel, die Begegnung mit Jesus auf dem Weg nach Golgatha, die Kreuzigung, die Kreuzabnahme und das Begräbnis«[76]. Auf einer bildlichen Darstellung, die nach dieser Vision angefertigt wurde, wird Maria als »Unsere Liebe Frau der Schmerzen« von sieben Schwertern durchbohrt. Ihr Feiertag ist bis heute der 15. September.

Die Litanei von der Schmerzensreichen Mutter kennt allerdings mehr als sieben Schmerzen. Es heißt dort:

Heilige Maria – bitte für uns
Du schmerzensreiche Mutter
Du Mutter des Gekreuzigten
Du Königin der Märtyrer
Du Vorbild aller Leidenden

Du Trösterin der Betrübten
Du Hilfe der Notleidenden
Du Schutz der Verlassenen
Du Stärke der Kleinmütigen
Du Zuflucht der Sünder
Du Heil der Kranken
Du Hoffnung der Sterbenden
Durch deine Armut und Verlassenheit
im Stalle zu Bethlehem –
hilf uns, o schmerzreiche Mutter
Durch deinen Schmerz bei Simeons Weissagung
Durch die großen Verdienste deiner Schmerzen
Vor aller Sünde – bewahre uns, o schmerzreiche Mutter
Durch deine Drangsal auf der Flucht nach Ägypten
Durch dein Herzeleid über den Kindermord des Herodes
Durch dein angstvolles Suchen nach dem verlorenen Kinde
Durch deine schmerzliche Betrübnis
über die Verblendung deines Volkes
Durch deine Angst und Not
bei der Gefangennahme deines Sohnes
Durch den Schmerz beim Anblick seiner Leidensgestalt
auf dem Wege zum Tode
Durch dein unaussprechliches Leid und Weh
bei seiner Annagelung an das Kreuz
Durch das Meer der Betrübnis
beim Tode deines Eingeborenen
Durch deine unüberwindliche Standhaftigkeit
unter dem Kreuze
Durch deine wunderbare Ergebung
in den Willen des Allerhöchsten.

Möglicherweise bezieht sich die »schmerzliche Betrübnis über die Verblendung deines Volkes« nicht nur auf das damalige Israel; denn auch die Verblendung der gegenwärtigen Christenheit gibt genügend Anlaß zu solcher Betrübnis. Wen wundert es da, daß sich in den letzten Jahren die Meldungen über eine weinende Madonna aus vielen Teilen der Welt mehren?

»Im sizilianischen Syrakus weinte zwischen dem 29. August und dem 1. September 1953 ein in Massenproduktion hergestelltes Gipsrelief an der Wand über dem Ehebett eines kommunistischen Arbeiters und seiner Frau. ... Im Jahre 1972 reiste ein Priester mit einer weinenden Marienstatue durch Amerika, die seinen Behauptungen zufolge im Auftrag Lucias geschnitzt worden war, dem letzten noch lebenden der drei Kinder, die 1917 die Jungfrau Maria in Fatima in Portugal gesehen hatten. Als 1975 der Vietkong in Saigon einmarschierte, behaupteten die Katholiken in der Stadt, daß die Marienstatue vor der Kathedrale weine.«[77]

Neuerdings weint Maria auch in Belgien. Genau dreißig Jahre nach Syrakus weint sie dort seit dem 8. August 1983 in unregelmäßigen Abständen in dem kleinen Ort Maasmechelen in der belgischen Provinz Limburg in der Koning-Albert-Laan 115 bei dem Ehepaar Linden, dem von seinen sieben Kindern nur die drei Söhne am Leben blieben. Alle vier Mädchen starben gleich nach der Geburt. Bei der Statue handelt es sich um eine Nachbildung (ebenfalls billige Massenproduktion) der »Rosa Mystica«, die seit den späten sechziger Jahren aufgrund eines Gesichts der Signora Pierina Gilli verehrt wird.

Gläubige sehen in diesem Weinen die »mütterliche ultima ratio«[78]. Sie mögen sogar recht haben.

Das letzte – bewegende – Wort dazu soll eine Frau unseres Jahrhunderts haben, die sich intensiv und sehr tiefgründig mit dem Wesen der Frau befaßt hat. Getrud von Le Fort schrieb, ebenfalls unter dem beängstigenden Eindruck des Zweiten Weltkrieges, folgendes Gebet:

Lasset uns beten für den Frieden unserer Erde,
denn der Friede der Erde ist todkrank.
Hilf ihm, Jungfrau Maria,
hilf uns sprechen:
Friede sei dem Frieden unserer armen Welt.
Die du vom Geist des Friedens gegrüßt wurdest,
erbitte uns den Frieden.
Die du das Wort des Friedens in dich aufnahmst,
erbitte uns den Frieden.
Die du das Heilige Kind zur Welt geboren hast,
erbitte uns den Frieden.
Du Helferin des Allversöhners,
du Willige des Allverzeihers,

du Hingegebene an sein ewiges Erbarmen,
erbitte uns den Frieden.
Du milder Mond in den milden Nächten der Völker,
wir begehren den Frieden.
Du sanfte Taube unter den Geiern der Völker,
wir ersehnen den Frieden.
Du sprießender Ölzweig in den dürren Wäldern
ihrer Herzen,
wir verzehren uns nach Frieden.
Daß die Gefangenen endlich erlöst werden,
daß die Vertriebenen endlich ihre Heimat finden,
daß sich alle Wunden endlich, endlich wieder schließen,
erbitte uns den Frieden.
Um der Lieblichkeit der Erde willen,
erbitte uns den Frieden.
Um der unversehrten Majestät der Meere willen,
erbitte uns den Frieden.
Um der reinen Hoheit der Gebirge willen,
erbitte uns, erbitte uns den Frieden.
Du Geliebte unseres Schöpfers,
Du Gebenedeite seiner Schöpfung,
Du Vertreterin seiner Schöpfung,
erbitte uns den Frieden.
Um der Angst der Kreaturen willen,
wir bitten dich um den Frieden.
Um der kleinen Kinder willen,
die in ihren Wiegen schlafen;
wir bitten dich um den Frieden.
Um der Greise willen,
die so gern in ihren Betten stürben,
wir bitten dich um den Frieden.
Du Mutter der Schutzlosen,
Du Feindin der Herzlosen,
Du klarer Stern in allen Wolken der Verwirrung,
wir bitten dich um den Frieden.
Die du bei den Sterbenden warst,
als ihr Blut das Schlachtfeld tränkte,
erbarme dich des Friedens.
Die du zu uns in den Keller stiegst,
als die grausen Bomben fielen,

erbarme dich des Friedens.
Die du dich der armen Frauen annahmst,
die geschändet wurden,
erbarme, o erbarme dich des Friedens.
Du Mutter, die mit uns geweint hat,
Du Mutter, die mit uns gebebt hat,
Du Mutter, die mit ihren Kindern trostlos war,
erbarme dich des Friedens.
Mutter, Mutter, Schmerzensreichste aller Kreaturen,
nimm in den Arm die verlorene Welt.
Es ist ein Grauen um uns wie noch nie gewesen,
es ist, als sännen tausend Finsternisse Blut und Mord.
Mutter, Mutter,
unser Friede ist ja schon gestorben.
Es gibt nur noch den Frieden in den Himmeln.
Die du bei uns bleibst – auch wenn sie dich verstoßen,
Die du liebreich bleibst – auch wenn sie dich verachten,
Die du mächtig bleibst – auch wenn dein zarter Thron
auf Erden bricht,
bitte um die Auferstehung unseres Friedens.

Psychologische Hintergründe – Die Gottesmutter als Wiederkehr des Verdrängten

Die Gottesmutter ist nicht nur eine Tiefe, die in die Höhe führt, wie es das Eingangszitat dieses Kapitels besagt, sondern sie ist auch umgekehrt eine Höhe, die in die Tiefe führt.

Schwebt sie einerseits als jungfräuliche Gottesmutter erhaben über allen irdischen Müttern, deren Fähigkeiten sie weit in den Schatten stellt und ihnen so das Gefühl der Minderwertigkeit vermittelt, so ist sie andererseits als eine Personifikation weiblicher schöpferischer Kräfte fest verankert in der weiblichen Seele. Im Grunde ihres Herzens »weiß« jede Frau sich eins mit ihr. Die Begegnung mit ihr wird auch zur Selbsterfahrung.

Doch ist sie nicht nur in den tiefsten Seelenschichten der Frau verankert, sondern beherrscht als »Mutter allen Lebens«, als weiblicher Archetypus weite Bereiche des kollektiven Unbewußten des Menschen. Als Erinnerungsbild bewahrt ihr Vorhandensein die Menschheit vor dem Vergessen ihres Ursprungs, wohingegen ihre Verdrängung zur Entwurzelung des Menschen beiträgt, die allenthalben beobachtet werden kann.

Der Siegeszug, den die Gottesmutter im Christentum erlebte, muß religionsgeschichtlich wie auch psychologisch als »Wiederkehr des Verdrängten« gewertet werden. Mit einer gewissen Berechtigung wird daher der Marienkult vielfach auch als »Mutterkomplex des Mittelalters« bezeichnet. Über Maria verschafften sich verdrängte mütterliche Kräfte verstärkt Beachtung. Doch wissen wir aus der Tiefenpsychologie, daß Verdrängtes Umwege einschlagen und sich Zensuren, Rationalisierungen, also Umwandlungen gefallen lassen muß, um so »patriarchalisch geläutert« wieder bewußtseinsfähig zu werden. Von Anfang an waren es Kirchenmänner, die festlegten, was die Gottesmutter sein konnte, welche Attribute ihr zugeschrieben werden durften, wie sie sich den Gläubigen zu präsentieren hatte, in welcher Form sie sich dem Bewußtsein der Christenheit nähern sollte. Diese »Gefangensetzung« Marias kann bereits bei den Evangelisten und danach bei den Kirchenvätern und Theologen – weniger bei Künstlern – beobachtet werden. Bei letzteren kam es dann auch zu jener »Häresie« – einer Aussage also, die einen hohen Wahrheitsgehalt hat – der »Vierge Ouvrante«. Diese Skulptur, die nicht nur Jesus, sondern auch Gottvater in ihrem Leibe trägt, zeigt natürlich, wie stark die Tendenz des Verdrängten ist – hier die früher durch Jahrtausende erlebte Muttergottheit, aus der jeder männliche Gott geboren wurde –, ins Bewußtsein zurückzukehren, zumal bei Inhalten, die eine so starke Erinnerungsspur im Menschen hinterlassen haben, die zudem auch noch durch das Erleben der eigenen Mutter wiederbelebt wird. Daß diese »Vierge Ouvrante« im späten Mittelalter als Häresie empfunden und daher aus dem Verkehr gezogen wurde, ist nur einer der vielen Hinweise auf die durch Jahrtausende hindurch unverändert gebliebene Anstrengung, die das Patriarchat unternahm, um die »Peinlichkeit« des männlichen Ursprungs aus dem Weibe zu verdrängen. Schließlich steht und fällt es mit dem »Erfolg« solcher Verdrängungssysteme.

Was jene Skulptur der »Vierge Ouvrante« offenbarte, brach sich aber auch noch auf sprachlicher Ebene Bahn. In katholischen Schriften der sogenannten »Volksfrömmigkeit«, die in diesen Schriften weniger ihren Ausdruck findet als vielmehr manipuliert wird, wird die Gottesmutter auch als »Muttergottes« bezeichnet. Da dieser Terminus die gleiche »Häresie« enthält, muß er als Ausdruck echter Volksfrömmigkeit gewertet werden, ohne daß dies auf die ganze Schrift, in der er gebraucht wird, zutreffen müßte. Religionsgeschichtlich betrachtet, ist er ein durchaus präzises Abbild der Wirklichkeit, die verdrängt werden soll. Im großen Anfangsbuchstaben drückt sich die Große Mutter aus, die den göttlichen Sohn gebiert (Gott). Beide bilden eine Einheit, denn der Sohn ist ja ein Teil der Großen Mutter.

Daß es sich hierbei in der Tat um eine Wiederkehr des Verdrängten handelt – sozusagen um einen Freudschen Versprecher – und nicht etwa um eine bewußte Wortschöpfung, aber auch nicht um eine kleinliche Haarspalterei meinerseits, zeigt folgender Zusammenhang: Der Marienverehrer P. Dr. Otto Bohr berichtet in seinem Buch »Rom – Moskau – Fatima« (1977!), daß Alexander Solschenizyn für seinen Roman »August 1914« die Auflage erhielt, »gott« mit kleinem Anfangsbuchstaben zu schreiben, was dieser als eine Erniedrigung ansah, der er sich nicht beugen wollte. »Die Weisung, Gott klein zu schreiben, ist eine atheistische, kleinliche Kleinlichkeit. Gläubige und Ungläubige werden einer Meinung sein, daß, wenn das Wort ›Gebietsverwaltung‹ mit großen Anfangsbuchstaben und KGB (Komitee für Staatssicherheit) sogar mit lauter großen Buchstaben geschrieben werden, erst recht für den Begriff, der die höchste schöpferische Kraft im Weltall bezeichnet, doch ein großer Anfangsbuchstabe zugestanden werden könnte ...!«[79] Im Anschluß an dieses Solschenizyn-Zitat fährt der Autor selbst fort: »Wie muß erst Maria die hochmütige Kleinschreibung des Namens Gottes als Erniedrigung empfinden. ... Wenn nun Maria schon auf Erden in ihrem Magnifikat Gott so ganz groß geschaut und gepriesen hat, dann wäre es wahrhaftig zu verwundern, wenn sie ihre Macht nicht gebrauchte und nicht dagegen anginge, daß man auf Erden den Namen Gottes klein zu schreiben gebietet.« Hier wird Maria für die katholische Anti-Rußland-Politik und Kommunismus-Hetze zielstrebig eingesetzt.

Dem Verfasser selbst entgeht dabei allerdings, daß er, wenn er von der »Muttergottes« schreibt[80] und sich dabei der zuvor geschmähten »hochmütigen Kleinschreibung des Namens Gottes« bedient, damit selbst den Zorn Marias auf sich zieht. Ein solcher »Fehler« hätte gerade diesem Herrn nicht passieren dürfen, der aber psychologisch betrachtet recht aufschlußreich ist. Hier zieht das Bewußtsein des Autors, das patriarchalische Normensystem, gegen die Erinnerung an verdrängte religiöse Inhalte zu Felde und verdammt genau jene Inhalte, deren es sich selbst nicht erwehren kann – ein in der Psychologie durchaus bekannter Mechanismus der Projektion. Eigene Strebungen, Charakterschwächen oder Verhaltensweisen werden bei anderen verstärkt wahrgenommen und dort gemeinsam mit den eigenen auf das Gegenüber projizierten Strebungen aufs schärfste verurteilt.

Anhand solcher Beispiele wird deutlich, wie allgegenwärtig die Tendenz ist, in der christlichen Gottesmutter die alte Muttergottheit wiederzuerkennen, Maria aber andererseits einzusetzen, um diese zu verdrängen. Dadurch aber, daß die Muttergottes als integraler Bestandteil der Kirche archaische Erinnerungsbilder an sich bindet, neutralisiert sie diese auch und macht sie »unschädlich«. Als »nur«-christliche Gestalt erinnert sie lediglich an die Geburt des einen christlichen Gottessohnes, während sie psychologisch gesehen viel mehr bedeutet. Die auf diese Weise kanalisierten weiblichen Potenzen können dem patriarchalen Monotheismus keinen Schaden mehr zufügen; denn längst hat das Seziermesser des männlichen Intellekts eine saubere Grenze gezogen zwischen theologischen und psychologischen Inhalten, die jeglicher Berechtigung entbehrt, da auch in der Vergangenheit der Menschheitsgeschichte eine unaufhebbare Einheit zwischen beiden bestand, was die Tiefenpsychologie, und hier in besonderem Maße die Jung-Schule, aufgedeckt hat.

Das konstante Ignorieren tiefenpsychologischer Erkenntnisse, die geeignet wären, die Kirche zu einer menschenfreundlicheren Änderung ihres Glaubensgebäudes zu veranlassen, zeigt nur, wie unlauter die Motive sind, die dem Streben nach der Wahrung der »alleinigen Wahrheit« zugrunde liegen. Ihr geht es immer nur um jene Wahrheiten, die den Machtbereich der Kirche – sei es nun innerseelisch oder außenpolitisch – stabilisieren helfen. Sowie die Kirche sich die archaischen weiblichen Erinnerungsbilder zunutze macht, indem sie sich einerseits als Repräsentantin dieser Potenzen feiern läßt, andererseits aber auch in den Marienverehrer/innen ihre treuesten Anhänger/innen hat, ohne sich genötigt zu sehen, ihr göttlichen Status zuzubilligen, profitiert sie auch noch in anderer Weise von den weiblichen Potenzen ihrer Gläubigen.

Wie eine Studie, die »Das Mutterbild des Priesters« untersucht, gezeigt hat, rekrutiert sich der Priesternachwuchs letztendlich unmittelbar aus der weiblichen Religiosität. Der Tiefenpsychologe Karl Guido Rey stellt fest, daß das Mutterbild »in hochsignifikanter Weise gegenüber dem Vaterbild der Hauptantrieb zur Ergreifung des Priesterberufes« ist[81]. Die positive, negative oder indifferente Haltung des Vaters gegenüber religiösen Dingen hat kaum einen nennenswerten Einfluß auf diese Entscheidung, während eine religiös negative Einstellung der Mutter die Berufung zum Priestertum unwahrscheinlich macht. Psychologisch betrachtet, wäre demnach die Berufung zum Priesteramt primär der Ruf der Großen Mutter, nicht aber der Ruf Gottvaters. Wie Rey darlegt, entwickelt sich die Religiosität des Kindes über die Identifizierung mit der religiösen Mutter, so daß sie »von diesem tiefenseelischen Mechanismus her ihre priesterliche Berufsbedeutung erhält«[82]. Die Religiosität des Priesters ist also letztendlich die der Mutter – und das ist sie in Jahrhunderttausenden wohl immer gewesen.

Das Dilemma des Mannes – und insbesondere des Priesters – im Patriarchat besteht darin, daß er zum Vertreter einer Religion wird, die seinen höchsten Wert, die Mutter, der seine ganze Liebe gilt beziehungweise gegolten hat durch viele Jahre seines Lebens, zu etwas Minderwertigem degradiert.

Ginge es ausschließlich nach theologisch-dogmatischen Vorstellungen, so hätte der Priester wohl kaum eine Möglichkeit, die Liebe zur Mutter in die Gottheit hinein zu transzendieren und sie auf geistig-religiöser Ebene weiter zu entfalten. Zum Glück erweisen sich jedoch im Individuum seelische Bedürfnisse als weitaus stärker als theologische, und so übernimmt die Gottesmutter die wichtige Funktion, den Priester weiterhin offenzuhalten für die Dimension der Liebe und die weitere Entwicklung seiner eigenen Weiblichkeit. Bei einer Identifizierung mit dem Weiblichen auf der Seinsebene spielt es dann keine Rolle mehr, welcher Status der Gottesmutter von der Kirche zugesprochen oder vorenthalten wird; denn ihre psychische Funktion ist die einer Göttin. In der Beziehung zu ihr erfährt der Mann die Erweiterung seines Bewußtseins um die Dimension des Weiblichen.

Wie Rey hervorhebt, liegen »gerade in dieser Weiblichkeit viele Schätze für seine seelsorgerliche Wirksamkeit verborgen. Einfühlungsvermögen in die Seele des anderen, ein Reichtum an Bildern und schöpferischen Impulsen, das Gefühl- und Gemüthafte, das Vermittelnde, das Intuitive, die Bereitschaft und Empfänglichkeit gegenüber dem Anruf Gottes, der Drang, übernatürliches Leben zu verschenken, nahrungspendende Quelle zu sein.«[83] Die Hebung dieser »weiblichen Schätze« setzt allerdings die Identifizierung auf der Seinsebene voraus, die – wie bereits dargelegt – keinesfalls selbstverständlich ist.

Identifiziert sich der Priester hingegen auf der Habenebene mit der Mutter, so geht es ihm dabei primär um die Erlangung jener Macht, die sie auf seine kindliche Seele auszuüben in der Lage war. (Dieser Prozeß läuft zwischen jeder Mutter und ihrem Kind ab, ob sie sich nun dessen bewußt ist oder nicht.) Auf dieser Ebene kommt dann später wohl kaum die Gottesmutter als Identifikationsfigur in Frage. Statt dessen bietet sich ihm die »Mutter« Kirche an und gestattet ihm gern, jene Macht auszuüben, nach der er sich (unbewußt) bereits als Kind gesehnt hat. Daß solche Priester selbstverständlich große Chancen haben, im kirchlichen Bereich Karriere zu machen, liegt auf der Hand; denn die Gottesmutter will ja, daß die Herrschenden vom Thron gestürzt werden. Die patriarchalen Selektionsmechanismen aber fördern die Identifizierung im Haben-Modus und wirken den zuvor beschriebenen weiblichen Kräften entgegen.

Ob nun diese Kirche, die wohl die patriarchalischste aller Institutionen und hierarchischer Abklatsch des römischen Staatswesens ist, wirklich als »eine irdische Entsprechung« der Gottesmutter anzusehen ist, wie Hanna Wolff in ihrem Buch »Jesus der Mann«[84] meint, wage ich doch zu bezweifeln. Es erscheint mir nahezu fatal, wenn sie Inquisition und Scheiterhaufen sowie Enzykliken, die menschliche Schuldgefühle verewigen, als »Folgen oder Wirkungen des negativen Elementarcharakters des Großen Weiblichen oder der Großen Mutter, die in der Mutter Kirche konstelliert ist«[85], deutet. Oder aber wenn die unterdrückerischen Praktiken der Kirchenmänner als das »negative Machtwalten der Großen Mutter« beschrieben werden. Mit einer solchen Deutung wird die Tatsache verdeckt, daß die sogenannte Mütterlichkeit der Kirche nur Tarnung ist. Sie sollte daher auch nicht mit der archetypischen Mutter auf eine Stufe gestellt werden, der es letztlich immer um die Hervorbringung neuen Lebens geht, um Wachstum und Wandlung. Statt dessen repräsentiert die Patriarchatskirche die Vaterwelt, der es darum geht, »daß den Aufwachsenden die herrschenden Werte des Kollektivs eingeprägt werden und daß unter die Erwachsenen nur der gerechnet wird, der sich mit diesem Kollektiv-Wertkanon identifiziert«[86]. Es ist eine Welt, in der »Väter« (Padres) die Macht an ihre »Söhne« weitergeben und alles daransetzen, die Mütter und Töchter in diffamierender Weise von jeglicher Machtausübung fernzuhalten. Darin kann ich beim besten Willen nichts von einer archetypischen Mutterwelt entdecken. Vielmehr dient hier die Muttersymbolik einer raffinierten Täuschung, um die an Weiblichkeit gebundenen Seelenkräfte für eigene Ziele einsetzen zu können, was mit der Zeit immer schwieriger sein dürfte.

Mir erscheint es außerordentlich wichtig, diesen psychologischen Trick der Männerkirche, der in der Identifizierung mit der Gottesmutter besteht, bewußt zu machen.

Mit den Augen von Frauen betrachtet

Ablehnung der Gottesmutter

In dem bisher Gesagten dürfte bereits deutlich geworden sein, weshalb für einen Großteil von Frauen die Gottesmutter als Bild für die Kirche – ganz gleich welcher Konfession – heute nicht mehr in Frage kommt, zumal sie durch viele Jahrhunderte hindurch auch noch zur Mörderin der Frau geworden ist, und zwar sowohl körperlich als auch seelisch-geistig.

Viele Frauen tragen auch heute noch an den Verkrüppelungen, die sie durch eine von der Kirche initiierte und geförderte religiöse Erziehung erfahren haben. Diese Frauen wissen inzwischen, daß es der Kirche nie um die konkrete Mutter ging, wenn sie die Verehrung der Gottesmutter lehrte. Statt dessen meinte sie immer nur sich selbst und hat sich so an die Stelle der Frau gesetzt. Letztendlich ließ sie Maria zum »Ersatz für Konkretheit« werden[87].

Eine recht ähnliche Kritik hat auch Elisabeth Burmeister[88] in dem folgenden Gedicht mit leidenschaftlicher Vehemenz geübt.

MARIA / du bist meine Mutter nicht /
wird Zeit / daß die Leute es wissen

meiner Mutter Gestalt / meiner Mutter Gesicht
hat Gottes-Urteil und Gottes-Gericht
verwüstet / geschunden / zerrissen /
mit der glühenden Zange gebissen

meiner Mutter Gesicht / meiner Mutter Gestalt
ist geschändet / geblendet / entstellt von Gewalt /
wie die Erde geworden /
so elend / so alt /
so bitter / so böse /
so hart / so kalt /
– und IHR habt sie auf dem Gewissen!

Maria / behalte dein glattes Gesicht /
die falsche Demut / den falschen Verzicht /
den falschen Gehorsam / die falsche Pflicht /
die falsche Geduld bis zum Jüngsten Gericht /
ich WILL sie nicht / hörst du / ich WILL sie nicht!

behalt' sie /
laß sie dir lohnen
vom Gott /
der straft und belohnt:

ich will in der Finsternis wohnen /
wo meine Mutter wohnt

Es ist eine berechtigte Enttäuschung, die Frauen an der Gottesmutter erleben, da sie nur noch das Scheitern weiblicher Kräfte im Patriarchat symbolisieren kann, selbst dort, wo diese Kräfte noch positiv zum Tragen kommen.

»Das Herz der Mutter ist weit, ihr Mantel umhüllt alle

Elenden. Doch wirklichen Schutz kann sie nicht gewähren. Sie kann nur trösten«, stellt Hildegunde Wöller in ihrem Aufsatz »Maria: Wer bist du?« fest[89]. Als Mittlerin zwischen Mensch und Richtergott hat Maria lediglich kompensatorische Funktion. »Die Welt, das Gesetz, das Unrecht, die Armut, die Versklavung und Verurteilung bleiben. Maria aber gießt Öl auf die Wunden, weint mit den Armen, rettet womöglich wenigstens die Seele, wenn schon nicht das Leben. Indirekt muß sie aber rechtfertigen, daß sich an den Zuständen auf der Welt real nichts ändert. Sie kann mildern, aber nichts verändern.«[90] Diese stabilisierende Funktion, die die Gottesmutter in bezug auf den Status quo hat, wird von den Frauen ganz klar gesehen. Schließlich hat sich die Gottesmutter hinsichtlich einer Verbesserung der Lage der Frau als ebenso tot erwiesen wie der Gekreuzigte im Schoße der Pieta. Statt dessen hat ihr Bild geholfen, die Frau auf die Mutterrolle zu fixieren, sie auf ihre Eierstöcke zu reduzieren, die zudem auch noch zum Besitz des Volkes erklärt wurden, über den die Frau lediglich eine Art Treuhänderfunktion ausübt. Ohne diese aber wäre ihr Leben völlig nutzlos[91]. Jahrtausendelang zu nichts anderem nutze, als fruchtbar zu sein und dem Mann Kinder zu schenken, wird sie in unserer Zeit – genau wie im Mittelalter – bisweilen als furchtbar hingestellt und muß sich wie damals den Vorwurf des »Gebärmutter-Hungers« gefallen lassen, da sie »pathologisch fruchtbar« sei[92]. Und das alles, wo es sich doch bereits bei Maria und ihrem »Mir geschehe, wie du gesagt hast« um eine »Antwort zur ungewollten Schwangerschaft«[93] gehandelt hatte, die bis heute eine ununterbrochene Tradition hat.

So ist am Ende auch kaum verwunderlich, wenn Feministinnen wie Shulamith Firestone allen Ernstes glauben, »die Forderungen, eine künstliche Fortpflanzung voll zu entwickeln, würden eine Alternative zur Unterdrückung innerhalb der biologischen Familie darstellen«[94]. Mit anderen Worten: wenn sie das, was sie durch viele Jahrtausende »göttlich« erscheinen ließ, an den Mann und seine technischen Spielereien abtritt. An dieser Stelle gestatte ich mir nun doch, daran zu zweifeln, daß mit einem solchen Sieg der Technologie »zum ersten Mal in der Geschichte ein wahrhaft menschenwürdiges Leben möglich« sein wird, wie Firestone meint[95], weil damit endlich die

»Blutsbande zwischen Mutter und Kind zerrissen würden«[96].

Auf diesem Hintergrund patriarchalischer Utopien, die sich auch noch als feministisch ausgeben, erscheint es mir fast begrüßenswert, daß trotz aller Kritik dennoch viele Frauen einen neuen Zugang zur Gottesmutter gefunden haben.

Weiblicher Umgang mit der wiedergefundenen Mutter

Nach einer Phase des Widerstandes gegen Maria finden viele Frauen – besonders katholische –, die sie in der Kindheit bereits geliebt hatten, in späteren Jahren wieder zu ihr zurück; allerdings auf einer anderen Ebene. Das weist auf eine – typisch weibliche – spiralförmige Entwicklung, während das männliche Ideal der lineare Fortschritt ist, der hier möglicherweise Regression wittert. Wie solche Frauen übereinstimmend erklären, ist ihre neue Beziehung zur Mutter Maria ganz anders als jene aus der Kindheit.

Protestantische Frauen, die nur selten die Möglichkeit hatten, bereits in der Kindheit mit Maria in Verbindung zu treten, erinnern sich ihrer heimlichen Sehnsucht nach dieser mütterlichen Gestalt, um die sie ihre katholischen Schwestern insgeheim beneideten. Heute stehen sie zu dieser Sehnsucht und lassen sich auf eine Beziehung zur Gottesmutter ein und entdecken dabei Wahrheiten, geistige Kräfte, die sie kritischer machen gegenüber der protestantischen Männerreligion.

Anstatt viele Einzelzitate zu bringen, möchte ich an dieser Stelle Hildegard Lüning recht ausgiebig zu Wort kommen lassen. Ihre Beschreibung ist so umfassend, daß sie Aussagen vieler anderer Frauen mitbeinhaltet.

»Ich lernte zunächst, Maria zu lieben. Das war im Krieg, in den Vater abgezogen wurde, als ich drei Jahre alt war. Mit dem Schutz von Weihwasser und Kreuzeszeichen auf der Stirn fanden wir Halt an unseren Rosenkränzen, wann immer die Sirenen uns in den Bunker trieben, in den vielen, mörderischen Hamburger Bombennächten. Mutter vergaß ihre theologischen Bedenken und brachte uns angstfrei in den Keller: ›Unter Deinen Schutz und Schirm fliehen wir, o heilige Gottesgebärerin, verschmähe nicht unser Gebet in unseren Nöten ...‹ Die Vorstellung, daß Maria einen bombensicheren Mantel über unser Haus hält: ›Maria breit' den Mantel aus, mach

Schutz und Schild für uns daraus ...‹, war dem kleinen Mädchen Hildegard so selbstverständlich wie die Überzeugung, daß eine Mutter im Himmel das Gebet ihrer Kinder erhört und mächtig genug ist, für uns höchstpersönlich einzugreifen und die Bombenflugzeuge abzulenken. Der Glaube wurde Wirklichkeit. Unser Haus blieb heil, die Familie unversehrt, und der vermißte Vater kam überraschend heim, genau am Vorabend der Erstkommunion meiner Schwester Maria. Das war für mich ein Wunder, fest verbunden mit dem Namen der Maria in unserer Familie und der Maria im Himmel. Daß Gott oder Marias Sohn Jesus so unmittelbar rettend eingreifen könne, hatten wir nie gehört. Es wäre wohl auch keinem Familienmitglied in den Sinn gekommen, weder Vater an der Front, noch Mutter mit den Kindern im Luftschutzraum, getrennt-vereint zu beten: ›Jesus breit den Mantel aus‹ oder: ›Unter Deinen Schutz und Schirm fliehen wir, o Gottessohn.‹

Nachdenklich hat mich diese Tatsache erst später gemacht, als ich – drei Jahrzehnte alt geworden – wieder lernte, Maria zu lieben. Zwischendrin aber wandelte sich die kindliche Zuneigung über Abscheu zu Gleichgültigkeit. Die Ordensfrauen, die mich nach der Wiedereröffnung der Hamburger Konfessionsschulen in den ersten Nachkriegsjahren in die Finger bekamen, haben leider nichts unterlassen, um mein Gewissen nach dem Modell jenes Marienbildes zu kneten, gegen das schon meine Mutter rebelliert hatte. Ich ging in den Widerstand und streckte alle Stacheln, um den Marienmantel zu durchlöchern, der mich nun zu ersticken drohte. Maria wurde zum Symbol einer weiblichen Rolle, die mir verhaßt war. ... Ich lernte in Mexiko, daß die Prophetie der Maria von Nazareth das Herzstück im Beten der Armen ist, die untrügliche Hoffnung aller, die Ungerechtigkeit leiden, und eine Ermutigung, gegen Unrecht aufzustehen. Ich hörte, wie sich die ›Marias‹ unserer Tage wiederfinden im Lebensweg der Mutter Jesu.

... Als ich nach diesen Erfahrungen mir das Neue Testament wieder hervorholte und alles las, was dort über Maria erzählt wird, entdeckte ich eine ganz andere Frau als die, die mir familiengeschichtlich und religionsunterrichtlich vermittelt wurde. Es ist mir nicht schwer gefallen, diese Maria mit mir erwachsen werden zu lassen. Hier ist kein Platz, das alles zu beschreiben. Auch nicht, was ich dann in Polen gelernt habe, anhand der Geschichte und bis heute erfahrbaren Wirkung der Madonna von Tschenstochau; auch nicht, was ich an anderen Wallfahrtsorten an Einfühlung gewann in die aufrichtende Kraft der Gottesmutter, die sich immer den Armen, den Kleinen, den Schwachen, den Kranken, Verzweifelten und Geschundenen verbunden hat.«[97]

Wie die Aussagen Hildegard Lünings ganz deutlich zeigen, ist es eine Frage des Bewußtseins und nicht der Symbolik, ob Frauen in der Lage sind, in Maria Neues, für sie Positives zu entdecken. Es hängt mit dem Hinter-sich-Lassen der patriarchalen Bewußtseinsebene zusammen, das auch viele Feministinnen noch längst nicht vollzogen haben – auch nicht ansatzweise. Ich denke dabei insbesondere an die Verfasserin des Buches »Jenseits von Gottvater, Sohn & Co«, Mary Daly, wobei ich durchaus einräumen will, daß der darin zum Ausdruck kommende Bewußtseinszustand inzwischen längst abgelöst wurde. Wie Mary Daly meint, haben Frauen heute die Aufgabe, die christlichen Symbole zu zerstören, um sich auf die Suche nach neuen machen zu können. Ich hingegen glaube, daß es nur darum geht, die von Kirchenmännern vorgeschriebenen und damit auch festgelegten Interpretationen dieser Symbole zu erneuern; denn die Symbole selbst sind ja gar nicht ihr Werk. Wollten wir sie als deren Schöpfer ansehen, gäben wir ihnen nun wahrlich der Ehre zuviel!

Es ist die Vielfalt, die es neu zu entdecken gilt und die mit dem Verlassen des eindimensionalen Patriarchalismus zusammenhängt.

Für viele Frauen ereignet es sich wie eine Erleuchtung, wenn sie nach dem Durchleben einer Phase der Abwendung von Maria in ihr auf einmal die Mit-Frau, die Schwester, die Mutter, sich selbst entdecken. Zu ihnen gehört Renate Münzing, die folgendes Gedicht verfaßt hat:

Ich konnte es nicht wissen
– die Priester hatten es zu weit weggerückt –
nur meine Tiefe wußte noch davon:
»und sie empfing vom heiligen Geist«
– ein Abbild ist es,
was einer jeden Empfängnis Geheimnis ist.

Es ist die Rückverbindung mit der eigenen Tiefe, die solche Erkenntnis möglich macht. Die Distanz zu Maria ist vorbei, der patriarchale Mißbrauch überwunden. Maria wird zum Symbol weiblichen Erlebens.

Noch aber hält die Auseinandersetzung um die Gottesmutter an. Den einen erscheint sie abgehoben und unwirklich; andere sehen in ihr die Frau aus dem Volke, die ungewollt schwanger wird und erst allmählich lernt, ja zu sagen zu dieser Schwangerschaft. Für die einen ist sie ein Vergewaltigungsopfer; andere wiederum sehen in ihr die mutige Frau, die die Kraft aufbringt zu einem unehelichen Kind. Für die einen ist sie das Bild eines passiven, willenlosen Gefäßes, darauf wartend, daß der Mann seine Inhalte hineinlegt; für andere wurde sie zum »Bild einer Lebenshaltung, die des Schoßes, der umfaßt, behütet, wachsen läßt, nährt und gebiert und dadurch eigenständiges Leben hervorbringt«[98]. Für die einen bedeutet sie die Festlegung auf eine bestimmte Rolle; wieder andere sehen in ihr ein »Symbol der Schönheit und des Lebendigen«[99]. Solche Aussagen zeigen, daß es durchaus schon möglich ist, Maria aus ihrem patriarchalischen Interpretationsgefängnis zu befreien. Diesen Versuch möchte ich nun auch im Hinblick auf die neutestamentliche Weihnachtsbotschaft als der christlichen Grundlage dieser Symbolik wagen.

Bei Lukas stehen zwei Schwangerschaften am Beginn der anbrechenden Gottesherrschaft. Jene der Elisabeth ist voll und ganz im patriarchalen Äon verhaftet; mit der Schwangerschaft Marias soll etwas völlig Neues in diese Welt kommen. Diese Unterschiede zeigen sich bei einem Vergleich der Motivationen der beiden Frauen, die ihrem Schwangersein zugrunde liegen.

Die Schwangerschaft der Elisabeth möchte ich von ihrer Motivation her einmal sozial-biologisch nennen und die der Maria geistig (oder geistlich)-sozial. Sie transzendiert das Patriarchat; Elisabeth steht noch mitten drin. Sie hatte darunter gelitten, kinderlos zu sein, war nicht davon weggekommen, sich über ein Kind zu definieren, und mußte sich so ganz zwangsläufig minderwertig fühlen. Wie Lukas in der Begegnung der beiden Frauen erkennen läßt, schätzt Elisabeth die Schwangerschaft der Maria höher ein als die eigene.

Maria sollte den göttlichen – nicht den patriarchalischen –

Sohn gebären. Das konnte sie nur, weil sie es fertigbrachte, als Jungfrau schwanger zu werden, und folglich bis heute als Jungfrau *und* Mutter verehrt wird. Maria hat an die Möglichkeit des völlig Neuen geglaubt, selbst auf die Gefahr hin, daß es den Bruch mit ihrem Verlobten zur Folge haben könnte. Ihre Jungfräulichkeit besteht nicht darin, daß sie nicht schwanger wird, sondern darin, daß ihre Schwangerschaft eine ganz andere Dimension erkennen läßt. Sie wurde nicht Mutter um des Mutterseins, um der Mutterfreuden, um des Gehorsams gegenüber weiblichen Funktionen willen, sondern ausschließlich um des Göttlichen willen, der Veränderung willen, des Reiches Gottes willen, der Erneuerung willen, der Abschaffung des patriarchalischen Systems willen. Nicht um den Besitz eines Kindes willen, nicht zur Sicherung der Produktion und Altersversorgung, nicht zur Bestätigung männlicher Zeugungskraft, nicht zur Erhaltung des männlichen Namens, des Erben, des Gesellschaftssystems – nein, zur Erneuerung dessen, was göttlich genannt werden darf, das nicht mit der herrschenden Meinung übereinstimmt – denn die Herrschenden stößt er vom Thron ...

Hier soll eine Geburt stattfinden, nicht zur Erhaltung, sondern zur Abschaffung des gegenwärtigen Systems. Hier ereignet sich eine Schwangerschaft nicht als Beweis männlicher Potenz, sondern göttlichen Wirkens durch die Frau. Hier endet die männliche Verfügungsgewalt über den Schoß der Frau und das daraus entspringende Leben.

Hätte es im Laufe der Jahrhunderte mehr solche Marias gegeben mit der Kraft – auch außerhalb von Klostermauern –, der Stimme ihrer göttlichen Eingebung zu folgen und nicht der des Mannes, dann hätten sich die Absichten Jesu ganz sicher besser durchsetzen können, anstatt einem aufgeblasenen Pseudochristentum den Weg zu bereiten, das sich wohl in mörderischer Unterdrückung, nicht aber in befreiender Liebe übte. (Ein Franz von Assisi und eine Mutter Teresa sind hier selbstverständlich ausgenommen!)

Wie wir sehen, trägt Maria ihren Namen zu Recht. Er bedeutet soviel wie die »Widerspenstige«! Stellt sie sich nicht mit ihrer außerehelichen Schwangerschaft gegen das patriarchalische (Un-)Wertsystem? Wohl ist sie bereit, sich der Aufgabe als Mutter zu stellen, aber nicht ausschließlich auf der

Grundlage biologischer Gegebenheiten. Sie will ein heiliges Kind, weil sie selbst heil ist, unversehrt, eben Jungfrau mit eigenen Idealen und Vorstellungen von dem, was das Prädikat »göttlich« verdient, mit der Bereitschaft, auf das Göttliche in ihrem Inneren zu hören, sich von der Heiligen Ruach inspirieren, schwängern zu lassen, offen und rezeptiv zu sein für ihre Weisungen, ihre Weisheit.

Nur so kann sie auch den Mann aus seinem sozial-biologischen Zeugungswahn befreien, ihn hinführen zu einer geistig-sozialen Vaterschaft, in die volle Verantwortung für *das* Kind, auch wenn er es nicht als *sein* Kind ansieht. Das göttliche Kind darf nicht besessen werden von seinem Vater. Doch kann es den göttlichen Vater nur finden, wenn sich zuvor der irdische Vater zur Liebe für das Kind entschlossen hat. Von ihm wird ein Entscheidungsakt verlangt, mit dem er das nachvollzieht, was der Mutter ganz selbstverständlich ist und keiner Überlegung bedarf. Er kann nur Vater werden, wenn er der Mutter folgt. Ohne sie ist er undenkbar – wie auf Erden, so im Himmel!

Josef folgt der Traumbotschaft des Engels. Zwei Menschen schließen sich zusammen, nicht um eigene Bedürfnisse aneinander zu befriedigen, sondern um sich dem göttlichen Kind hinzugeben, das einmal die Welt verändern soll. Sie vermitteln ihm das Gefühl der Bedeutsamkeit, des unbedingten Gebrauchtwerdens, so daß es später in jedem kleinen Kind einen Repräsentanten des Reiches Gottes zu erkennen vermag.

Hier erweist sich die Widerspenstige in der Tat als die zweite Eva, indem sie ganz nebenher auch noch zur Gehilfin des Mannes wird, ihm als Mutter des neuen Lebens zu seiner geistig-sozialen Vaterschaft verhilft, die nie zu den Selbstverständlichkeiten der Vatergesellschaft gehörte. Durch die Frau kann er am Kinde lernen, was es heißt, Vater zu sein; denn nur, wenn er das gelernt hat, kann er überhaupt wissen, wer Gott der Vater ist, den Jesus später verkündet. Der Vatergott kann nur da wirklich erkannt werden, wo Väter ihn leben. Daß in einer vaterlosen Gesellschaft daher der Vatergott für tot erklärt werden muß, liegt wohl auf der Hand. Wenn Gott auch im christlichen Glauben Mensch wurde, zum Vater im Sinne Jesu hat er es nie recht gebracht, sonst gäbe es unter seinen

Nachfolgern mehr echte Väter. Letztendlich haben sich die Väter selbst zerstört, nachdem sie ihren Vatergott dadurch vernichtet hatten, daß sie aus ihm einen Tyrannen machten. Recht haben sie daran getan, ihn abzusetzen; denn ohne Mutter gibt es keinen Vater – und die hatten sie bereits lange vorher kaputtgemacht.

Heute steht fest, daß Jesus seine Nachfolger mit seinem Vaterbild überfordert hat. Die Väter erwiesen sich im großen und ganzen als nicht lernfähig. Sie waren nicht aufnahmebereit und lernten weder vom göttlichen Vater Jesu noch von der Mutter ihrer Kinder und haben damit eigentlich ihr Recht auf Repräsentanz im Bereich des Methaphysischen verwirkt. Überhaupt muß sich der Vatergott die Frage gefallen lassen, welchen Sinn es denn hat, von einem Vater zu reden, ohne die Mutter mit zu nennen, wo sie doch die Bedingung seines Vaterseins ist. Die Abwesenheit des Vaters ist eine zeitlose Wirklichkeit, die der Mutter ein absolutes Novum in der Endzeit des Patriarchats.

Das Nicht-Vorhandensein eines leiblichen Vaters in der christlichen Botschaft hat also durchaus einen gesellschaftskritischen Hintergrund. Das Kind Jesus verdankt sich seiner Mutter und ihrer persönlichen Beziehung zur Heiligen Geistin, die auch er später als seine Mutter bezeichnet. Nachzulesen im apokryphen Hebräerevangelium, das verständlicherweise die Zensur nicht passieren und keinen Eingang finden konnte in den neutestamentlichen Kanon. Wie jedes andere Kind wird auch Jesus durch das Blut seiner Mutter »erkauft«. Er verdankt sich ihrer Bereitschaft, ihr Blut für ihn hinzugeben. Und wenn er später bereit ist, sein Blut für die Menschen hinzugeben, so tut er dies in treuer Nachfolge seiner Mutter – nur daß ihre diesbezügliche Bereitschaft im Christentum nie gebührend gewürdigt wurde, während seine Hingabe im Protestantismus in der Karfreitagsfeier zum religiösen Höhepunkt erklärt wurde; denn nicht Ostern oder Weihnachten gelten bei Protestanten als die höchsten Feiertage, sondern Karfreitag.

Vielleicht aber verlöre das christliche Abendmahl seine offenkundige Wirkungslosigkeit, wenn in ihm nicht nur des Blutes des göttlichen Sohnes, sondern auch jenes der göttlichen Mutter gedacht würde. Für die Frau erwiese sich diese Kultfeier mit Sicherheit nicht als wirkungslos, würde ihr doch damit endlich bewußt, daß sie allein den Preis für das Fortbestehen der Menschheit zahlt. Die Frau trägt die Menschheit auf ihren Armen. Diese Botschaft ist in der Gottesmutter bis heute erhalten geblieben.

Vielleicht sollte auch die heutige Frau dieses Symbol zum Anlaß nehmen, sich nach der Sinnhaftigkeit ihrer weiblichen Funktionen zu fragen. Will sie mit den Kindern, die sie gebiert und aufzieht, die Erhaltung dieser Gesellschaft gewährleisten, oder soll es sich um göttliche Kinder handeln, die sich für die Abschaffung des Bestehenden einsetzen? Sie muß sich darüber im klaren sein, daß ihr Leib der Ort der Fleischwerdung des Göttlichen ist. Nur sie kann das Göttliche in diese Welt bringen. Diese Verantwortung wurde ihr von der Göttin Natur in den Schoß gelegt. Sie sollte sie sich von keinem Herrn der Welt nehmen lassen.

Erst wo die Frau für solche Erkenntnis reif geworden ist, kann sie Vorbild sein für ihre Tochter und ihr das Bewußtsein vermitteln, daß sie eine Gottesgebärerin ist, denn nur mit diesem Bewußtsein kann sie aus sich leiblich, seelisch und geistig/geistlich das *neue* Männliche entstehen lassen, durch das der Welt Heil und nicht Zerstörung widerfährt.

Bei einer solchen *bewußten* Auseinandersetzung mit der Mutterschaft kann die Frau die Erfahrung machen, daß es auch andere Antworten gibt als das »Mir geschehe . . .« der Gottesmutter. Sie sollte nämlich im Auge behalten, daß innerhalb der Patriarchatsgeschichte zur Geburt des göttlichen Kindes auch der bethlehemitische Kindermord gehört und schließlich die Kreuzigung des göttlichen Kindes. Wie die Bibel zeigt, sind Massenmorde an Kindern keine Seltenheit, stellen sozusagen als »Zorn Gottes« die Kehrseite des liebenden Vatergottes dar. Pharao, Jahwe und Herodes sind sich darin einig, daß Kindermord durch die eigenen politischen Absichten legitimiert ist. Er geschieht einmal im Namen der Freiheit, ein anderes Mal im Namen der Machterhaltung – bis heute. Selbst im nicht-biblischen jüdischen Mythos klingen solche Motive an. Dort heißt es, daß Gott Lilith, Adams erste Frau, strafte, indem er täglich hundert ihrer neugeborenen Kinder tötete. Grund: Adam hatte gewaltsam versucht, sie zum Gehorsam zu zwingen, und Lilith hatte ihn daraufhin verlassen.

Bis heute verlangen die männlichen Ideologien Kindes- und

Menschenopfer, und die Frau wird gezwungen, sie zu bringen. Ihre lebenschaffenden Kräfte werden aufs schamloseste ausgebeutet.

Als Jesus bei seinem Gang ans Kreuz die weinenden Frauen folgten, um ihn durch die schwersten Stunden seines Lebens zu begleiten, muß auch er diese Zusammenhänge durchschaut haben. Er beschwört die »Töchter Jerusalems« traurig: »Weinet nicht über mich; weinet vielmehr über euch und eure Kinder! Denn siehe, es kommen Tage, wo man sagen wird: Selig sind die Unfruchtbaren und die Leiber, die nicht geboren haben, und die Brüste, die nicht gestillt haben.«[100] Dies ist die Kehrseite der liebenden Gottesmutter, hinter der die Schmerzensmutter steht.

Nur ihr Status als *jungfräuliche* Mutter bewahrt sie davor, nicht an diesem Leidensweg zugrunde zu gehen; denn trotz aller Verluste, die ihr die Vatergesellschaft zumutet, bleibt sie sich ihrer Jungfräulichkeit, ihres weiblichen Selbst, jener unverfügbaren Mitte ihres Frauseins bewußt. Sie kann sie verschenken, sie kann sie wieder zurücknehmen. Niemand hat einen *Anspruch* auf sie – außer sie selbst.

Maria –
die reine Magd

Eva hat Adam in ein schmachvolles Gewand
von Häuten gekleidet,
doch Maria hat ein neues Gewand des Heils gewebt.
Der Wein, den Eva für die Menschen preßte, vergiftete sie;
der Wein, der in Maria wuchs, nährt die Welt und errettet sie.
Maria ist das strahlende Auge, das die Welt erleuchtet;
Eva dagegen das andere, blind und dunkel.

Ephraim von Syrien

Entwicklung eines umstrittenen Dogmas

Obwohl protestantische und katholische Christen gemeinsam »Maria, die reine Magd« besingen, ist ihr Verständnis von dieser Reinheit recht unterschiedlich – oder sollte es wenigstens sein.

Auf protestantischer Seite wird die Reinheit lediglich als sexuelle Unberührtheit verstanden. Sollten katholische Leserinnen und Leser dieser Auffassung zustimmen, so müssen sie sich eines Besseren belehren lassen, bekunden sie doch nur, daß sie das kirchliche Dogma von der Unbefleckten Empfängnis nicht richtig verstanden haben – und sich dabei in bester Gesellschaft befinden. Selbst Theologinnen und Theologen beider Konfessionen ist dieses Dogma ein Buch mit sieben Siegeln. Irrtümlicherweise wird es meistens auf Maria und ihre Empfängnis des Heilandes übertragen. Das Dogma hingegen besagt, daß Maria von ihrer Mutter Anna »unbefleckt«, das heißt sündlos, also frei von der Erbsünde, empfangen wurde.

Da dieses Dogma in keiner Weise biblisch verankert ist, widme ich mich in diesem Kapitel zuerst der Dogmengeschichte und gehe erst später auf die in ihr gelieferten biblischen Begründungen ein, die findige Kirchenmänner trotzdem aufgespürt haben.

Aus zwei unterschiedlichen theologischen Quellen wird die Lehre von der Sündlosigkeit Marias gespeist: Zum einen aus der Eva-Maria-Parallele, wie sie im obigen Zitat zum Ausdruck kommt, die letztlich aus der paulinischen Adam-Christus-Parallele in Römer 5 entstanden ist: Sind wir durch Adam alle Sünder, so werden wir durch Christus von der Sünde befreit; wurde durch Eva die Sünde erst möglich, so ermöglichte Maria das Heil.

Zum anderen muß diese Lehre als »Weiterentwicklung« der Lehre von der Jungfräulichkeit Marias verstanden werden. Das zeigen bereits frühe Texte.

In der zuvor geschilderten Legende[1] des 2. Jahrhunderts heißt es bereits, Maria solle nach dem ersten Gehversuch nicht mehr auf diesem Erdboden Schritte machen und nicht Profanes oder Unreines zu sich nehmen. Die sexuelle »Reinheit« erfährt hier eine beträchtliche Erweiterung.

In einem anderen Text aus dem 2. oder 3. Jahrhundert ist

bereits von der makellosen Jungfrau die Rede. Gleichzeitig wird hier an die Adam-Christus-Parallele angeknüpft. In den Akten über die »Passio des Apostels Andreas« können wir lesen: »Der erste Mensch gebildet aus *unberührter* Erde, hat mit seiner Sünde durch das Holz (= Baum der Erkenntnis) den Tod in die Welt eingeführt. Daher war es notwendig, daß der Sohn Gottes, vollkommener Mensch und Mittler, der den ersten Menschen geschaffen hatte, aus einer *makellosen* Jungfrau geboren wurde. Er gab den Menschen das ewige Leben zurück, das Adam für sie hatte verlorengehen lassen, und vernichtete durch das Holz des Kreuzes das Holz der Begierlichkeit.«[2]

Die Eva-Maria-Parallele findet sich zuerst bei Justin dem Märtyrer um 165, der schreibt: »Wir wissen, daß er durch die Jungfrau Mensch geworden ist, damit auf dem gleichen Wege, auf welchem die von der Schlange verursachte Sünde ihren Anfang nahm, die Sünde auch aufgehoben werde. Denn Eva, welche eine unverdorbene Jungfrau war, gebar, nachdem sie das Wort der Schlange empfangen hatte, Sünde und Tod. Die Jungfrau Maria dagegen war voll Glaube und Freude, als der Engel Gabriel ihr die frohe Botschaft brachte, der Geist des Herrn werde über sie kommen und die Kraft des Höchsten werde sie überschatten, weshalb auch das Heilige, das aus ihr geboren werde, Sohn Gottes sei.«[3]

Nun sind sich aber die Kirchenväter keinesfalls einig über die Sündlosigkeit Marias. Der große Frauenhasser Tertullian warf Maria – ganz im Sinne der Evangelien – vor, nicht an Christus geglaubt zu haben, und auch andere Kirchenväter des 3. Jahrhunderts sagen ihr unter anderem Eitelkeit und Stolz nach[4].

Obwohl sich mit zunehmender Ausgestaltung der Lehre von der Unbefleckten Empfängnis auch die Gegenstimmen lautstark zu Wort melden, wird im 8. Jahrhundert das Fest der Unbefleckten Empfängnis eingeführt. Dagegen läuft im 12. Jahrhundert in Südfrankreich Bernhard von Clairvaux Sturm, obwohl er sonst als glühender Marienverehrer bekannt ist. Hatte sich der größte der Kirchenväter, der heilige Augustin, noch sehr zurückhaltend zu diesem Thema geäußert – »denn wer mag sagen, welche Form der Gnade ihr zuteil wurde, die Sünde gänzlich zu besiegen« –, protestierte Bernhard »in einem leidenschaftlichen Ausbruch gegen die Kanoniker von Lyon, als sie ihre Absicht kundtaten, das Fest der Unbefleckten Empfängnis am 8. Dezember in ihrer Diözese als Feiertag zu begehen. ›Wollt ihr damit verkünden, daß der Heilige Geist an der Sünde der Fleischeslust beteiligt war?‹ donnerte er. ›Oder sollen wir glauben, daß keine Sünde darin war, wo doch die Begierde zugegen war?‹ Marias Empfängnis durch die heilige Anna zum Gegenstand der Anbetung zu machen, das schien für Bernhard das gleiche zu sein, als verehre man den Koitus ihrer Eltern.«[5]

Bedenken ganz anderer Art äußerte Bernhards Zeitgenosse, der bedeutendste Theologe des Mittelalters, Thomas von Aquin, der jenem »listigen Kompromiß«[6] zustimmte, den sich Petrus Lombardus ausgedacht hatte und mit dem der wachsende Kult gut zu rechtfertigen war. Er besagte, »daß Maria als menschliches Wesen zwar mit der Erbsünde empfangen, als Mutter Gottes aber schon vor ihrer Geburt von allen Sünden befreit worden wäre«[7]. Mit dieser Auffassung war das Hauptproblem gelöst, das für Thomas darin bestand, daß das Kreuzopfer Jesu im Falle Marias überflüssig gewesen wäre. Das konnte man aber auch anders sehen! So beispielsweise Duns Scotus, der gar nicht der Meinung war, das Opfer Christi verlöre durch die Sündenfreiheit Marias an Bedeutung; nein, es »gewänne vielmehr daran, da Vorbeugen immer besser sei als Heilen. Die Jungfrau war von dem Augenblick ihrer Empfängnis bis zu der Erlösung am Kreuze von der Sünde *bewahrt* worden, wo sie schließlich zusammen mit der ganzen Menschheit gerettet worden sei.«[8]

Pro oder contra Unbefleckte Empfängnis – die männliche Ratio produzierte jegliche Art von Argument. Nicht immer aber ist die argumentative Ebene ausreichend, um das Wirken des Geistes in einem Glaubenssatz einzufangen. Man bediente sich daher auch anderer Methoden.

»Das Predigtenbuch des Franziskaners Johannes von Verden, das nach seinem gedruckten Erscheinen im Jahre 1517 noch mindestens dreißigmal aufgelegt wurde, beschrieb das Schicksal derer, die die Jungfrau Maria verleumdeten. Bernhard von Clairvaux wird, weil er sich gegen das Fest der Empfängnis stellt, als ein unruhiger Geist ›mit einem Fleck‹ auf seiner sonst makellosen Seele dargestellt. Der heilige

Bonaventura, einer der ersten Äbte des Ordens, klagt in einer Erscheinung einem anderen Franziskaner, daß er nun wegen seines Unglaubens im Fegefeuer schmore; Alexander Neckham (gestorben 1227), ein englischer Kirchengelehrter, wird krank, doch schon erscheint die heilige Jungfrau, entfernt die Geschwüre, näht seine Wunden mit einem Seidenfaden und ermahnt ihn, daß sein Leiden von seinem mangelnden Glauben herrühre. Alexander wird zu ihrer Unbefleckten Empfängnis bekehrt.«[9]

Selbst die Päpste waren sich nicht einig, ob es sinnvoll sei, diesen Glauben zu unterdrücken oder aber zu fördern. »Papst Sixtus IV., ein ehemaliger Franziskaner, untersagte dann 1482 die Verdammung des Glaubens an die Unbefleckte Empfängnis. Aber 1568 verbot Pius V. ihre Feier aufs neue. Doch das Volk, das Maria vergötterte, wollte sie völlig rein; und da andere Orden sich ebenfalls heftig für die neue Lehre verwandten, vor allem die Zisterzienser, deren erster Abt Robert von Molesme (gestorben 1108) sogar ›ein heimliches Verhältnis‹ mit Maria hatte, und schließlich auch die Jesuiten, unterlagen die Dominikaner.«[10]

Ob es wirklich nur das Volk war, das Maria »völlig rein« wollte, sei dahingestellt. Fest steht jedenfalls, daß auch der Papst gemeinsam mit den konservativen Kräften in der Kirche ein immer stärkeres Interesse an dieser Lehre gewann.

Durch ihre anhaltende Wissenschaftsfeindlichkeit verscherzte es sich die Kirche immer mehr mit den intellektuellen Eliten Europas, die ihr den Rücken zu kehren begannen. Die Antwort der Kirche auf diese Tendenzen war ein noch stärkeres Festhalten an der Lehre von der Unbefleckten Empfängnis. Der Glaube daran wurde »ein Akt des Widerstandes« gegen die neuen Methoden des Denkens, und »die Gläubigen stritten erbittert für ihren Glauben und gegen Vernunft und empirisches Denken«[11].

Durch die Verkündigung des Dogmas nahm der Papst die Gelegenheit wahr, der Welt zu zeigen, »daß die Autorität des Papstes, die Glaubenssätze des Christentums zu bestimmen, nicht durch die philosophischen und politischen Wirren, die das Zeitalter des Skeptizismus mit sich brachte, zerstört worden war. Indem er einen Glaubenssatz dogmatisierte, der schon seit dem zwölften Jahrhundert stürmische Diskussionen hervorgerufen hatte, verteidigte er auch die Position des Papstes als das einzige von Gottes Geist erfüllte Oberhaupt der Kirche und implizierte damit, daß die Kirche in Glaubensfragen einzig ausschlaggebend sei und nicht etwa das Gewissen des einzelnen, wie das die Männer der Reformation und ihre Erben behauptet hatten. Die Bulle stellte deshalb einen wichtigen strategischen Schachzug dar in dem langdauernden Kampf, den Rom gegen seine Verleumder anstrengte. Erneut waren die Interessen des Papsttums ... eng mit dem Marienkult verknüpft. So war es nur logisch, daß Pius IX. der Bulle von 1854 im Jahre 1870 eine weitere folgen ließ, die die Unfehlbarkeit des Papstes zum kirchlichen Dogma erhob.«[12]

Das Spiel auf dem Schachbrett des Volksglaubens wurde strategisch gekonnt ausgeführt und zeichnete sich – ganz im Gegensatz zur Jungfrau Maria – wohl eher durch Klugheit als durch Reinheit aus. Klugheit allerdings nicht so sehr in der Sache selbst als vielmehr in der Festigung der eigenen Machtposition, die dazu verwendet wird, die Seelen der Gläubigen zu durchdringen, so daß diese nun glauben *müssen*, was sie bereits lange vorher glauben *wollten*.

Sechs Jahre vor der Verkündigung des Dogmas war es dem Jesuiten Peronne sogar gelungen, die Unbefleckte Empfängnis aus der Bibel zu »beweisen«. Dabei stützte er sich auf die Sätze des Hohenliedes: »Wie eine Lilie unter den Dornen, so ist meine Freundin unter den Mädchen.« »Ja, du bist schön, meine Freundin, du bist schön; alles ist schön an dir, meine Freundin, und kein Fehl ist an dir.«[13] Damit war die Sache endgültig klar! Und so verkündete am 8. Dezember 1854 Papst »Pius IX. durch die Bulle ›Ineffabilis Deus‹, daß die Lehre von der immaculata conceptio, der unbefleckten Empfängnis der seligen Jungfrau Maria, ›von Gott geoffenbart(!) und deshalb von allen Gläubigen fest und standhaft zu glauben sei‹. Vor der Verkündigung des Dogmas hatte der Papst allerdings die Bischöfe befragt, von denen 536 für, 4 gegen die neue Lehre stimmten, während 36 die Opportunität der Dogmatisierung bezweifelten.

Es war ein langer Kampf, den der Heilige Geist mit sich gekämpft hatte. Aber das letzte Mariendogma war es noch nicht.«[14]

Im Zusammenspiel von Volksglauben und zielgerichteter

Kirchenlehre wurde so die Vorstellung besiegelt von Maria als dem ersten Menschen überhaupt – und neben Jesus dem einzigen –, der von der Erbsünde von Anfang an frei war, und zwar von Geburt an, als es Jesus noch gar nicht gab. Dennoch betont die katholische Theologie, daß sie das vollkommenste erschaffene Wesen *nach* Jesus Christus darstellt. Der bereits aus dem zweiten Schöpfungsbericht bekannte Trick scheint hier wiederholt zu werden: Die Frau, die den Mann gebiert, wird ihm dort nachgereicht, nachdem er mit sich alleine nichts anzufangen weiß.

Überhaupt wird die Beziehung zwischen Eva, der Frau, die die Erbsünde in diese Welt brachte, und Maria, der Frau, die Gott als erste von der Erbsünde befreite, von der Kirche in immer neuen Bildern ausgebreitet. Wenn Evas Unglaube und Ungehorsam das Unheil in die Welt brachten, so Marias Glaube und Gehorsam das Heil. Hatte nämlich Eva seinerzeit im Paradies auf die Schlange gehört und ihren Erkenntnisdurst gegen den Willen Jahwes gestillt, so wird Maria, die gar nicht erst nach Erkenntnis strebte, sondern nur danach, dem Herrn gehorsam zu sein, auch als Schlangenzertreterin gefeiert. Vielfältig sind die Darstellungen, die sie auf der Mondsichel stehend mit der Schlange unter ihren Füßen zeigen. Das Erbsündendrama, das Eva begonnen, hat Maria beendet. Als diese Rückgängigmachung des Werkes Evas wird auch der Mariengruß »Ave Maria« angesehen – die Umkehrung des Namens Eva. Gilt diese als Gegenspielerin Jahwes, so ist Maria für die Kirche die Gegenspielerin Satans. In seinem erst 1972 erschienenen Buch gleichen Titels schreibt P. Bonifatius Günther, OCD: »Die Schlangenzertreterin ist stärker als Satan und die ganze Hölle. Satan fürchtet sie, Satan bebt und zittert vor ihr. Wo sie auftritt, muß er weichen. Satan haßt sie, aber er ist in seinem Haß gegen sie ganz ohnmächtig und ohne jede Kraft.«[15] Diese Stärke, die sie gegen die Versuchungen Satans so ganz immun macht, kommt allerdings nicht aus eigener Kraft. Sie ist göttliche Gnade. Desgleichen ihre Sündlosigkeit. Sie entspringt nicht eigener Willensstärke, sondern begnadeter Unfähigkeit. In diesem Zustand der Unbeflecktheit konnte sie sogar die Seligkeit Adams und Evas übertreffen. »Sie waren zur Sünde fähig – was sich ja später zeigte – Maria jedoch nicht. Diese einzigartige Auszeichnung behinderte jedoch ihren freien Willen nicht im mindesten; ihre Unfähigkeit zur Sünde gründete sich vielmehr auf ihre unvergleichliche Beständigkeit. Sie war vollkommen frei von Begierde, dem ›Anreiz zur Sünde‹, und deshalb unbelastet von jeglichem sündigen Verlangen. Ihre Reinheit übertraf selbst die der Engel, wenn auch nicht ihre Klugheit.«[16] Diesem Vorbild nachzustreben wird kirchlicherseits wärmstens empfohlen. Bei Pater Günther lesen wir: »Gott und die himmlische Mutter haben es gern, wenn man mehr an das eine Notwendige denkt. Darum: Beherrsche dich selbst, beherrsche deine Augen, deine Ohren, deine Neugierde, ebenso aber auch allen ungeordneten *Wissensdrang*. Manche haben durch ihn schon ihre Gesundheit zugrunde gerichtet. Sie haben auch durch das *Streben nach Wissen* die Seele vernachlässigt, sind wohl Riesen an Wissen geworden, aber Zwerge in der Tugend geblieben.«[17] (Hervorhebungen von mir.) Die Warnung vor der Erkenntnissucherin Eva ist unüberhörbar! Ich beherrsche mich daher und will die Frage, ob das Wissen um das, was Satan fürchtet und haßt und was Gott und die himmlische Mutter gern haben, nicht vielleicht auch einem »ungeordneten Wissensdrang« entspringt, gar nicht erst stellen.

Statt dessen will ich auf dem Hintergrund der dargelegten Motivationen, die hinter der lehramtlichen Aufnahme der unbefleckten Empfängnis in den Schoß der Mutter Kirche stecken, einen katholischen Dogmatiker zu Wort kommen lassen, der die Auswirkungen dieses umstrittenen Lehrsatzes wie folgt beschreibt: »Kirchenpolitisch führte die Definition zu einer Stärkung des katholischen Selbstbewußtseins und zu einer Solidarisierung mit dem Papsttum, theologisch zu einer Besinnung auf den Zusammenhang zwischen Maria und der Kirche und zu einer Synopse (= Zusammenschau, CM) der mariologischen Wahrheiten.«[18] Im Klartext heißt das: Die Kirche, die sich ja (unberechtigterweise) mit Maria identifiziert und sich auch als »Mutter Kirche« feiern läßt, obgleich sie fest in männlicher Hand ist, verschafft sich hier eine Basis, um

Die Strahlenkranz-Madonna aus dem Chor des Aachener Münsters (16. Jahrhundert) zieren auch Motive der Unbefleckten Empfängnis: Himmelsgestirne und die Schlange zu ihren Füßen.

Tafel III
Strahlenkranz-Madonna

sich selbst am Ende als Unschuldslamm, rein und unbefleckt, feiern lassen zu können. Außerdem weiß das Papsttum, daß, wer Maria ehrt, breite Teile des Volkes auf seiner Seite hat, es erfährt also einen Machtzuwachs durch ein weiteres Mariendogma. Genau das ist die patriarchalische Perversion der uralten matriarchalen Tatsache, daß der Mann die Macht aus der Hand der Mutter oder Geliebten empfängt. Die Männerkirche versteht es, ihre Macht über Maria zu stärken.

Abschließend möchte ich – sozusagen als Höhepunkt – einen Teil jenes Textes wiedergeben, den Papst Pius IX. am 8. Dezember 1854 nach feierlichem Einzug in den Petersdom verlas, gibt er doch Einblick in die fromme und demütige Arbeitsweise der kirchlichen Oberhirten:

»Nach reiflicher Überlegung all der Dinge und nach langen, heißen Gebeten zu Gott glauben Wir auf keinen Fall länger zögern zu dürfen, kraft Unserer höchsten Lehrvollmacht die Unbefleckte Empfängnis der Jungfrau als Glaubenssatz zu erklären und so den frommen Wünschen der katholischen Welt und Unserer eigenen Zuneigung zur allerseligsten Jungfrau entgegenzukommen und zugleich mit ihr ihren eingeborenen Sohn, unseren Herrn Jesus Christus, mehr und mehr zu ehren; denn auf den Sohn geht über, was der Mutter an Ehre und Lob erwiesen wird. Nachdem Wir also ohne Unterlaß in Demut und mit Fasten Unsere persönlichen und auch die gemeinsamen Gebete der Kirche Gott dem Vater durch seinen Sohn dargebracht haben, auf daß er durch den Heiligen Geist Unseren Sinn leite und stärke, nachdem Wir auch den ganzen himmlischen Hof um seine Hilfe angefleht und inständigst den Heiligen Geist angerufen haben, erklären, verkünden und entscheiden Wir nun unter dem Beistand des Heiligen Geistes zur Ehre der heiligen und ungeteilten Dreifaltigkeit, zum Ruhme und zur Verheißung der jungfräulichen Gottesmutter, zur Erhöhung des katholischen Glaubens und zur Förderung der christlichen Religion, kraft der Autorität unseres Herrn Jesus Christus, der heiligen Apostel Petrus und Paulus und Unserer eigenen: Die Lehre, daß die allerseligste Jungfrau Maria im ersten Augenblick ihrer Empfängnis aufgrund einer besonderen Gnade und Auszeichnung von seiten des allmächtigen Gottes im Hinblick auf die Verdienste Jesu Christi, des Erlösers des menschlichen Geschlechtes, von jeder (sic) Makel der Erbsünde bewahrt blieb, ist von Gott geoffenbart und muß deshalb von allen Gläubigen fest und unabänderlich geglaubt werden. Wenn also jemand, was Gott verhüten wolle, anders, als von Uns entschieden ist, im Herzen zu denken wagt, der soll wissen und wohl bedenken, daß er sich selbst das Urteil gesprochen hat, daß er im Glauben Schiffbruch erlitten hat und von der Heimat der Kirche abgefallen ist.«[19]

Religionsgeschichtliche Hintergründe

Als Unbefleckte und Makellose ist Maria die Repräsentantin des Weiblichen ohne Fehl und Tadel und hat als solche auch ihre zahlreichen Vorläuferinnen. Sie ist frei von der Erbsünde – jener Erfindung des Patriarchats, die von Anfang an zum Anlaß genommen wurde, Weiblichkeit zu unterdrükken, und die so der Legitimierung männlicher Machtentfaltung diente. Maria allein blieb verschont von den negativen Auswirkungen christlicher Theologie, die viel Energie darauf verwendete, die Nachkommen Evas als das sündige Geschlecht hinzustellen.

Wenn nun Maria keinerlei Anteil an der Erbsünde hat, so verweist sie uns in eine Vergangenheit über das Patriarchat hinaus, das ja bekanntlich mit der Sünde seinen Anfang nahm; denn selbst im 1. Buch Mose steht männliche Herrschaft über die Frau in engstem Zusammenhang mit Sünde.

Wir müssen also wiederum die patriarchale Religion verlassen, um der »Unbefleckten« religionsgeschichtlich auf die Spur zu kommen. Dabei hilft einerseits ihr Name, der uns zur persischen Göttin Anahita führt. Sie ist die Verkörperung der physikalischen und metaphorischen Qualitäten des Wassers. Dies nun weist sie als Göttin des Anfangs, der Urschöpfung aus, der daher ein Abschnitt gewidmet werden soll.

Nicht nur der Name, auch die Symbole, die die Unbefleckte kennzeichnen, sind religionsgeschichtlich aufschlußreich: Mond und Schlange. Maria steht auf der Mondsichel, um die sich die Schlange windet. Beide Symbole zählen zu den ältesten matriarchalen Sinnbildern, die die Religionen aller Kulturen durchziehen. Mit ihnen werde ich beginnen.

Die Unbefleckte auf der Schlange

Auf vielen Abbildungen der Unbefleckten bilden Schlange und Mond sozusagen die Basis zu ihren Füßen. Kirchlicherseits wird hierin Maria als Schlangenzertreterin gesehen, die jene weibliche Urkraft, in der das Patriarchat den Ursprung von Sünde und Tod zu erkennen glaubt, nunmehr endgültig zerstört. Ich habe mir solche Abbildungen lange angesehen, hatte allerdings nie den Eindruck, daß es sich hier wirklich um die Darstellung eines Zerstörungswerkes handelt. Die Schlange zu Marias Füßen ist höchst lebendig. Auch deutet nichts in der Haltung oder im Gesichtsausdruck Marias darauf hin, daß sie etwa mit der Schlange kämpft. Ganz im Gegenteil scheint sie ruhig auf ihr wie auch auf dem Mond zu stehen, die sozusagen ihre Basis bilden. Es scheint mir daher durchaus legitim, das Stehen Marias auf Schlange und Mond als eine Erinnerung an ihr Ent-Stehen aus diesen matriarchalen Kräften zu deuten. Schauen wir uns genauer an, wofür diese beiden Symbole ursprünglich standen, so wird ganz deutlich, daß Maria deren Reinkarnation ist. Genau wie die Schlange ist nämlich auch Maria nach der Lehre der Kirchenväter das Symbol ewigen Lebens. Von ihr sagt die katholische Lehre, daß ihr Körper nicht der Verwesung anheimgefallen sei. Sie verkörpert sozusagen das Ewig-Weibliche, das in seinen Wandlungen doch unwandelbar ist, jenen Urgrund des Kosmos, jene jungfräuliche Schöpfung, die noch nicht dem Mißbrauch anheimgefallen ist und die in jedem Frühling neu sich zu manifestieren sucht. Maria als der ungetrübte Spiegel göttlichen Wirkens[20]. Es ist nicht schwer, in diesen Bildern die Ur-Göttin als Repräsentantin des unvergänglichen Naturgesetzes wiederzuerkennen, das im Mutterrecht seinen Niederschlag fand und auf das sich noch Antigone berief als auf ein ewig gültiges Gesetz, das nicht ohne schädigende Folgen für Mensch und Natur außer Kraft gesetzt werden kann.

Nun ist die Schlange das beständigste und durchgängigste Symbol für ewiges Leben als Zyklus von Erneuerung, Tod und Wiedergeburt, eine Aufeinanderfolge, die sie durch ihre Gewohnheit des Sich-Häutens darstellt. Als die Schlange, die sich in den Schwanz beißt, symbolisiert sie das große Runde, in dem alle Gegensätze aufgehoben sind: Weibliches und

Männliches, Gut und Böse, Licht und Finsternis, Feuer und Wasser. Ist sie einerseits ein Sinnbild für das uranfängliche Chaos der Urflut, so stellt sie andererseits auch das unbegrenzte göttliche Selbst des Menschen dar, das ihn zu immer höherer Selbsterkenntnis auffordert. *Dieser* Stimme nicht zu folgen, wird innerhalb eines solchen Symbolgefüges als die eigentliche Sünde angesehen.

Lebensbaum, Erkenntnisbaum und Schlange bilden also eine Einheit. Doch wird der Erkenntnisbaum im Patriarchat zum Todesbaum, denn wer erkennt, ist des Todes. Auch das Kreuz ist eine Variante des Todesbaums. An ihm muß jener Erlöser sterben, der die Welt von ihrer männischen Ordnung befreien wollte, um ihr das Leben und die Liebe zu bringen. Die Erkenntnis der Wahrheit erwies sich für ihn als tödlich. Das Patriarchat will keine Veränderung zum Leben. Damit aber ist auch das Symbol der Wandlung angesprochen, das die Schlange verkörpert. Die Natur bringt dieses Prinzip durch die unterschiedlichen Jahreszeiten mit ihrem Werden und Vergehen zum Ausdruck. Sterben ist innerhalb dieses Gefüges nichts Negatives oder gar »der Sünde Sold«. Es ist auch nicht Vernichtung, sondern Durchgangsstadium in ein anderes Leben. Die Schlange kennt sich in beiden Bereichen aus. Entsprechend bitten auch gläubige Katholiken Maria um Beistand im Sterben, um die Erleichterung jenes Übergangs in die neue Welt sowie um Hilfe im Jenseits.

Als Symbol der Heilung scheint die Schlange allen Völkern bekannt gewesen zu sein. Bis auf den heutigen Tag ist es uns im Äskulapstab, dem Zeichen der Ärzte, erhalten geblieben. Sinnvollerweise wird an fast allen Wallfahrtsorten der heilenden Kräfte Marias gedacht, wie dies in Lourdes und Fatima am offenkundigsten geschieht. Viele Dankestafeln dort bezeugen das Bekenntnis der hilfesuchenden Kranken: Maria hat geholfen!

Als letztes soll noch auf das Symbol der Weisheit hingewiesen werden, für die die Schlange in allen Kulturen stand und die alle anderen Symbole mit umfaßt. Die sich um den Stab oder Baum windende Schlange symbolisiert als Spirale jene aufsteigende Energie, die alle Kräfte, alle Wahrheit in sich aufnimmt und sie weiterentwickelt zu immer höherer Bewußtheit. In dieser Deutung war die Schlange auch den Gnostikern und Mystikern aller Zeiten bekannt. Sie waren den orthodoxen Machthabern suspekt und wurden verketzert, wußten sie doch um eine tiefere Weisheit, die den orthodoxen Gehorsam weit hinter sich ließ. So finden wir beispielsweise in Phrygien die jüdische Sekte der Ophiten, was so viel wie Schlangenbrüder bedeutet. Bei ihnen handelt es sich möglicherweise um einen matriarchalen Männerorden, dessen Anhänger sich im Tempel der Großen Göttin in die Schlangenweisheit hatten einweihen lassen.

Von ihnen schreibt Robert von Ranke-Graves: »Sie verehrten die Schlange in früh-christlicher Zeit und glaubten, daß der nach-exilische Jehova lediglich ein Dämon sei, der das Königreich der weisen Schlange, der Gesalbten, an sich gerissen hätte.«[21]

Auf unzähligen Abbildungen finden wir die Schlangengöttin kretischen, syrischen oder auch ägyptischen Ursprungs. Als Symbol weiblicher Weisheit und Macht ziert sie die Stirn der Pharaoninnen und Pharaonen und verleiht ihnen die Würde als Vermittler zwischen Himmel und Erde; denn ihre Weisheit ist naturhaft intuitiv. Sie kommt aus dem innersten Wesen des Menschen als Heiligtum der Gottheit oder christlich ausgedrückt als Tempel des Heiligen Geistes. Diese Anerkennung weiblicher Intuition als Ausdruck eines höheren göttlichen Willens bleibt bis weit in die patriarchale Zeit erhalten, in der noch Priesterinnen am Schlangenheiligtum in Delphi das Orakel verkünden.

Den Sturz der Schlange in den Erdenstaub, mit dem sie ihres Symbolgehalts beraubt wurde, hat nach alttestamentlicher Darstellung Jahwe zu verantworten. Er macht sie zu einem rein zoologischen Wesen und deklariert sie als eines seiner Geschöpfe, obwohl sie ihm doch um so viele Jahrtausende vorausgeht. Die Weisheit der Schlange galt dem Leben in all seinen Wandlungsformen – einschließlich geistiger Höherentwicklung des Menschen. An ihre Stelle trat die Wissenschaft, die sich im Laufe der Zeit immer mehr in den Dienst der Zerstörung stellte, denn heute steht mehr als die Hälfte aller Forschung im Dienst der Rüstung. Bei ihr wäre es in der Tat angebracht, von einem »ungeordneten Wissensdrang« zu sprechen, da er jeglicher natürlichen Ordnung entgegensteht und sie schließlich zu vernichten droht.

Wie bereits dargelegt, besteht nach katholischer Auffassung die Reinheit Marias darin, daß sie frei ist von solch einem ungeordneten Erkenntnistrieb, wie sie ja überhaupt frei ist von Triebhaftigkeit. Statt dessen symbolisiert sie jene Weisheit der inneren Rezeptivität, die das göttliche Wort bei sich empfängt, den Geist der Wahrheit, die sie zuläßt und in ihrem Herzen bewegt, wie Lukas schreibt, die sie also meditiert. Diese Art der Meditation ist, wie bereits der lateinische Ursprung des Wortes andeutet, ein Passivum, nämlich »meditari«, das daran erinnert, daß hier der Mensch nichts selber tut – eigene Gedanken sind eher hinderlich–, sondern daß er etwas an sich geschehen läßt.

Hier trifft sich die Schlangen- mit der Mondsymbolik, die in allen alten Kulturen eng zusammengehören. Ihr widme ich mich im nächsten Abschnitt.

Die Unbefleckte auf dem Mond

Sehr ausführlich hat Erich Neumann auf die weibliche Seite der Mondsymbolik hingewiesen. In ihrer höchsten Form ist sie Ausdruck »des weiblichen Geist-Selbst, als Sophia, als Weisheit. Diese Weisheit aber ist auf das Lebendige bezogen in seiner unauflöslichen und paradoxen Einheit von Leben und Tod, von Natur und Geist, von Zeit- und Schicksalsordnung, von Wachstum, Sterben und Todesüberwindung. Dieser weiblichen Gestalt der Weisheit des Lebendigen entspricht keine unbezogene abstrakte Gesetzesordnung, in der tote Weltkörper oder Atome im leeren Raum kreisen, sondern sie ist eine Weisheit, die mit der Erde, dem Wachstum des Organischen auf ihr und der Erfahrung der Ahnen in uns verbunden ist und verbunden bleibt. Es ist Weisheit des Unbewußten und der Instinkte, des Lebens und der Bezogenheit.«[22]

In ihrer Hingabe an diese *ihre* Werte galt die Priesterin durch viele Jahrtausende hindurch als »die Unbefleckte«, »die Reine«, »die Heilige«, die den Prinzipien ihrer Liebes-, Lebens- und Todesgöttin, der alles in sich vereinigenden Allgottheit, die Treue hielt. Solange sie das tat, war sie in der Tat sündlos; denn auch heute noch wird Sünde in der Theologie als ein Sich-Trennen oder Lossagen von Gott angesehen.

Als »Reine« und »Silberglänzende« steht Maria unter dem

Zeichen des Mondes, der als offenkundigstes Abbild des Werdens, Sterbens und der Neugeburt gesehen wurde und daher zur Symbolik der meisten frühen Göttinnen gehörte. So konnte er für sie selbst, aber durchaus auch für ihren Sohngeliebten stehen, der ja ein Teil ihrer selbst war.

In den drei Mondphasen erkannte man die dreifaltige Göttin als Repräsentantin des dreigliedrigen Kosmos. Sie wird von Heide Göttner-Abendroth beschrieben[23].

Als weißer Sichelmond ist sie die jugendliche amazonische Göttin der Jagd. Der Mond ist ihr kultischer Jagdbogen, mit dem sie den Himmel durchstreift. Sie repräsentiert den zunehmenden Aspekt weiblichen Lebens, ganz auf sich selbst bezogen.

Als Vollmond ist sie die Land und Meer durchwaltende Fruchtbarkeits- und Liebesgöttin, die für die Erhaltung und Erneuerung des Lebens sorgt.

Schließlich stellt sie als unsichtbarer schwarzer Neumond das Dunkle und Paradoxe dar und sorgt als Todes- und Unterweltsgöttin dafür, daß alles Leben, das in ihrem Erdenschoß endet, aus der Tiefe wieder auferstehen kann zu neuem Leben.

Es würde mich nicht wundern, wenn es ganz früher noch einen vierten Aspekt des abnehmenden Mondes gegeben hätte als Symbol für weibliches Leben jenseits der Jahre ihrer Fruchtbarkeit, doch kann dieser Gedanke hier nicht weiter verfolgt werden.

Wichtig ist in unserem Zusammenhang, daß die dargestellten drei Phasen weiblichen Lebens in Maria ihren Widerklang finden. Sie ist die Jungfrau mit dem Rosenkranz (als Ersatz für den Jagdbogen), die Mutter mit dem Kind auf dem Arm und die Jenseitige, die den Sterbenden im Tode führt und ihm in der Unterwelt beisteht. Als Repräsentantin des von Neumann beschriebenen Mond-Bewußtseins, das nicht die scharfen Gegensätze des Entweder-Oder kennt, ist sie beispielhaft für die Haltung der Weisheit des Sowohl-Als-auch.

Anders als das männliche Sonnenbewußtsein, das Licht und Finsternis nur als einander bekämpfende Feinde kennt, wo immer eins dem anderen weichen muß, vermag das Mondbewußtsein die Dunkelheit des Unbewußten zu erleuchten, so wie der Mond das Dunkel der Nacht nicht vertreibt, aber doch erleuchtet. Nachthimmel und leuchtender Mond schließen einander nicht aus. Auch Maria, die im Westen mit der Sophia, der Weisheit, verschmolz, hat es fertiggebracht, das Sowohl-Als-auch von hell und dunkel auf sich zu vereinigen.

Neben der hellen Maria kennen wir auch die Schwarze Madonna, die sehr intensiv verehrt wird und deren Heilkräfte ganz besonders gesucht werden. Desgleichen sollen diese Madonnen »über magische Erkenntnis und Macht verfügen«[24]. »Es gibt noch heute in Europa gewisse Wallfahrtsorte, die der Gottesmutter, ›Mond der Kirche‹ geweiht sind, in denen sie als die ›Schwarze Jungfrau‹ verehrt wird. Diese Bilder sind wundertätig und werden hoch verehrt, die Pilger strömen von nah und fern herzu.«[25] Ein Phänomen, das wir noch heute insbesondere in Polen, das dieser Schwarzen Madonna geweiht ist, beobachten können. »In der Kirche Nôtre-Dame-de-la-Recourance in Orleans befindet sich auch eine Statue der Schwarzen Jungfrau; auch diese ist wundertätig und wird für ganz besonders heilig gehalten. In Zeiten großer Gefahr oder drohenden Unheils wird sie in einer Prozession durch die Straßen getragen.«[26]

Was die Christusgestalt nicht fertigbrachte, gelang der Madonna: die Vereinigung des hellen mit dem dunklen Aspekt und die Verehrung beider. Damit aber beweist sie in der Tat ihre Göttlichkeit, wenn sie ihr von der Kirche auch vorenthalten wird; denn ist das Göttliche nicht das All-Umfassende und damit das Vereinigende aller Polaritäten?

Selbstverständlich handelt es sich auch hier um die Fortsetzung »heidnischer« Vorstellungen, denn auch von Isis und Artemis wurden dunkle Statuen angefertigt als Symbol für den Todesaspekt des Mondes und des Lebens gleichermaßen. Das kann die Kirche selbstverständlich nicht zugeben und erfindet daher die banalsten Erklärungen für die Schwarze Madonna. Von jener in Einsiedeln, die wohl mit zu den berühmtesten gehört, heißt es, die Statue sei einst durch einen Brand in der Kirche geschwärzt worden; manchmal ist es aber auch der Rauch der Kerzenopfer, der dieses Werk vollbringt. Recht einfallsreich ist dagegen die Erklärung, die schwarze Farbe sei eine allegorische Ableitung aus dem Hohenlied 1,5, in dem es heißt: »Gebräunt bin ich zwar, aber doch schön, ihr Töchter Jerusalems.«[27]

Es ist relativ unwichtig, wie die Kirche das Phänomen der Schwarzen Madonna erklärt. Doch ist es, als ahne das Volk mit sicherem religiösem Instinkt die Notwendigkeit auch der Verehrung des dunklen Aspekts des Weiblichen, der nur dort seine gefährlichen Auswirkungen zeigt, wo er aus dem Leben verdrängt oder ihm à priori seine Minderwertigkeit bescheinigt wird.

Mit dieser Symbolik des Allumfassenden kommen wir zu dem letzten Aspekt der Unbefleckten.

Die Unbefleckte als Göttin des Anfangs

Wie bereits deutlich geworden ist, kommen Bezeichnungen wie »rein«, »heilig« und »unbefleckt« relativ häufig vor bei den matriarchalen Göttinnen und dementsprechend auch bei ihren Priesterinnen. Als Titel oder gar Name finden wir die Unbefleckte in der persischen Göttin Anahita wieder. Auch sie verkörpert das Moment des Lebens und des Todes wie alle echten Matriarchatsgöttinnen. Verehrt wurde sie als liebende, schützende Mutter, aber auch als heftig kämpfende Kriegerin, die ihre Kinder gegenüber den Feinden verteidigt. Sie durchzog die Welt in einem Wagen, der von vier weißen Pferden gezogen wurde, die wiederum Wind, Regen, Wolken und Hagel symbolisieren. »Große Dame Anahita, Ruhm- und Lebensspenderin unseres Volkes, Mutter der Besonnenheit und Wohltäterin der Menschheit« wurde sie von den Armeniern angerufen. Geehrt wurde sie mit grünen Zweigen und weißen jungen Kühen, die in ihr Heiligtum gebracht wurden, das wohl auch Ort der Heiligen Hochzeit war, wie Strabo berichtet. Als Herrin der Fruchtbarkeit reinigt sie den Samen des Mannes sowie die Milch und den Schoß der Frau.

Als Herrin der Feuchte und Stärke ist sie zugleich deren Urheberin. Sie läßt den fruchtbringenden und reinigenden Regen aus ihren kosmischen Quellen auf den Sternen herabströmen. Alle Elemente der Fruchtbarkeit sind Teile dieser Großen Mutter, wie sich überhaupt die mythische Urmutter durch ihre absolute Autarkie auszeichnet, mit der sie das Leben hervorzubringen vermag; denn auch das sie befruchtende männliche Glied gilt ja als ein Teil ihrer selbst.

Wie Ewald Roellenbleck feststellt, ist »solche Urmutter ...

souveräner, als je ein männlicher Gott es wurde«[28]. Aber diesen Umstand gilt es innerhalb der Patriarchatsreligion zu vertuschen. Als die Göttin Anath wurde Anahita in Syrien und Kanaan verehrt. Doch im Alten Testament wird es vermieden, ihren Namen zu nennen. Nur alte Ortsnamen, Anatot und Beth Anath, lassen noch darauf schließen, daß der Kult dieser Göttin in sehr alte Zeit zurückführt. Namen sind eben nicht nur Schall und Rauch. Sie sind geistige Kräfte. Und auch diese beiden Ortsnamen sind mehr als geographische Bezeichnungen. Sie sind das Vermächtnis und Bekenntnis eines ganz bestimmten geistigen Bereiches, der der Verehrung des Weiblichen Raum gibt, die die Jahwe-Priester nie völlig auszurotten vermochten. Das gelingt ihnen nur innerhalb ihres Schrifttums. Und wo ihr Kult verboten wird, da bleibt die Erinnerung an sie, die jederzeit wieder in einen neuen Kult umschlagen kann.

So geht es auf jeden Fall jenen Israeliten, die ihr Land im 6. vorchristlichen Jahrhundert verlassen müssen, wenn sie sich vor der babylonischen Gefangenschaft retten wollen, was der Prophet Jahwes, Jeremia, zu verhindern sucht. Für ihn ist die bevorstehende Gefangennahme der gerechte Ausdruck des göttlichen Zorns. Mit dieser Flucht vor dem Zorn Jahwes fliehen die Menschen genau in die Arme der Göttin, deren Kult sie in Ägypten begeistert feiern. Hier brauchen sie sich der Befriedigung ihrer religiösen Urbedürfnisse nicht zu schämen. Sie kümmern sich nicht um die Beschimpfungen des Propheten, denen ich mich im nächsten Kapitel widmen werde.

Es muß den Flüchtlingen leichtgefallen sein, der Göttin treu zu bleiben. Zweihundert Jahre nach ihrer Flucht aus Jerusalem verehren sie die Anath in dem ägyptischen Ort Elephantine, wo sie der Pharao in einer Militärkolonie angesiedelt hat als Bollwerk gegen Feinde aus dem Osten. Aus dem sonst als Baal bekannten Geliebten der Anath ist in Elephantine Jahwe geworden, der dort allerdings Jahu heißt.

Ein Blick auf den Anath-Mythos der Texte von Ras Schamra zeigt, wie sehr sich doch Mythos und Historie ähneln: Aus den Elephantine-Urkunden geht hervor, daß die dort ansässigen Juden bei dem Statthalter von Jerusalem 408 v. Chr. um Fürsprache ersuchten wegen des Wiederaufbaus ihres

Tempels. Genau dasselbe aber tut Anath, die überall als die »eifrigste Sachwalterin Baals erscheint«[29]. Sie führt Klage darüber, daß ihr Begleiter Baal keinen eigenen Palast hat, und wird mehrmals bei dem Gott El vorstellig, um bei ihm die Erlaubnis zum Bau eines Baal-Tempels zu erwirken. Jahwe-Baal hingegen fordert dazu auf, ihre Heiligtümer zu zerstören. Sie, die Göttin des Anfangs, scheint allerdings unausrottbar, wenn nicht in eigenen Tempeln, so doch in den Seelen der Menschen weiterzuleben. Außerhalb des orthodoxen Judentums tritt sie als göttliche Weisheit, als Chochma-Sophia auf; zuerst als Gespielin und Tochter Jahwes (Sprüche 8), aber dann immer bestimmter und Jahwe entlarvend mit seinem Versuch, sich als alleinigen Gott seit Anbeginn der Zeit ausrufen zu lassen. Sehr drastisch formulieren das die Gnostiker, die den alttestamentlichen Weltenschöpfer »für die Frucht eines Fehltritts« hielten, da er »die über ihm befindliche Kraft nicht anerkennt«[30]. Der Irrtum dieses Gottes besteht nach Meinung der Gnostiker darin, daß er gar nicht weiß, was er schafft oder bewirkt. »Durch ihn, der nicht weiß, was er denn tut, bewirkte die Sophia alles und war sie stark; und während jene am Werke war, meinte er, von sich selbst aus die Schöpfung der Welt zu vollbringen.«[31]

In diesen Worten erkennen wir die menschheitsgeschichtliche Entwicklung des Mannes wieder, der durch Jahrhunderttausende nicht wußte, daß er an der Erzeugung des Menschengeschlechts beteiligt war; als er davon erfuhr, glaubte er allerdings, er allein sei der Erzeuger des Kindes. Nach seiner bis weit in die Neuzeit gültigen Theorie war angeblich im Sperma der vollständige Mensch enthalten, der in der Mutter nur noch etwas zu wachsen brauchte.

Und weiter heißt es bei den Gnostikern: »Als er aber die Schöpfung sah, die ihn umgab, und die Vielzahl der Engel, die ihn umgaben, diejenigen, die aus ihm entstanden waren, sagte er zu ihnen: Ich bin ein eifersüchtiger Gott (2. Mose 20,5), außer mir gibt es keinen (Jesaja 45,6). Dadurch, daß er dies aber ausspricht, deutet er den Engeln, die sich bei ihm befinden, an, daß noch ein anderer Gott existiert. Denn wenn es keinen anderen gäbe, – auf wen könnte er eifersüchtig sein?«[32] Nun, auf die Pistis Sophia, die Weisheit des Anfangs, wie ein anderer Text zeigt:

»Als aber die Himmel sich gefestigt hatten mit ihren Kräften und ihrer ganzen Einrichtung, da überhob sich der Archigenetor. Und er empfing Lobpreis von dem ganzen Heere der Engel. Und alle Wurzeln und ihre Engel gaben ihm Segen und Lobpreis. Er aber freute sich in seinem Herzen und rühmte sich immerfort, indem er zu ihnen sagte: ›Ich bedarf niemandes.‹ Er sagte: ›Ich bin Gott, und kein anderer existiert außer mir‹ (Jes. 46,9). Als er dies aber sagte, sündigte er gegen alle Unsterblichen, die (es) meldeten und achthatten auf ihn. Als die Pistis nun die Gottlosigkeit des großen Archonten sah, wurde sie zornig. Ohne daß man sie sehen konnte, sagte sie: ›Du irrst dich, Samael‹, d. h. der blinde Gott. ›Ein unsterblicher, lichter Mensch existiert vor dir, der sich offenbaren wird in euren Gebilden. Er wird dich zu Boden treten, wie man den Töpferton stampft. Und du wirst mit den Deinigen heruntergehen zu deiner Mutter, der Tiefe. Denn am Ende eurer Werke wird man den ganzen Mangel auflösen, der aus der Wahrheit in Erscheinung getreten ist. Er wird vergehen, und es wird sein, als ob er niemals entstanden wäre.‹ Als die Pistis dies gesagt hatte, zeigte sie in dem Wasser die Gestalt ihrer Größe. Und dann kehrte sie wieder zurück hinauf zu ihrem Lichte. Und als er (der Demiurg) in Wahrheit erkannte, daß ein unsterblicher, lichter Mensch vor ihm existiert, geriet er in große Aufregung, darüber daß er vorher zu allen Göttern und ihren Engeln gesagt hatte: ›Ich bin Gott, und es gibt keinen anderen außer mir‹ (Jes. 46,9). Denn er hatte gefürchtet, daß sie erkennen könnten, daß es einen anderen vor ihm gibt und daß sie ihn verachten könnten.«[33]

Hier wird also der Prozeß der religiösen Patriarchalisierung der Welt durch die Absolutsetzung eines relativ spät in die Menschheitsgeschichte eintretenden männlichen Gottes rückgängig gemacht, indem auf das weibliche Göttliche verwiesen wird, das auch nach dieser Auffassung den maßgeblichen Anteil an der Erschaffung der Welt hat. Es ist daher auch gar kein Wunder, daß die Gnostiker aus dem Christentum hinausgedrängt wurden. Statt dessen setzte sich im Laufe der Jahrhunderte jener Flügel immer stärker durch, der den liebenden, alles Verlorene suchenden Vatergott Jesu wiederum auf den Gott Israels reduzieren wollte. Dabei mußte dann ganz zwangsläufig übersehen werden, daß der Gott Jesu alle Züge der vorchristlichen Weisheit angenommen hatte, die ebenfalls suchend durch die Welt irrt und ihre verlorenen Kinder sucht. Mit ihr hatte sich Jesus selbst identifiziert, wie eine Reihe seiner Aussprüche zeigen[34].

Viel einfacher war es für die bereits mit der Macht buhlenden Christen, zuzusehen, wie der aus dem Alten Testament bekannte Kriegsgott Jahwe den Vatergott Jesu überschattete, bis dieser fast ganz verschwand. Wen wundert es, daß Konstantin dann folgerichtig in dem christlichen Gott einen Kriegsgott sah, den er für seine Eroberungszwecke recht gut gebrauchen konnte?

Welcher Schaden mit dieser Identifizierung angerichtet wurde, hat in neuerer Zeit Hanna Wolff in ihrem Buch »Neuer Wein – Alte Schläuche« aufgedeckt. Mit dem Auftreten des machthungrigen Christengottes, dem wieder einmal der Krieg heiliger war als die Menschen, ging auch die das Verlorene suchende Sophia verloren, ebenso wie vor ihr die Anath der Israeliten und Kanaanäer und vor dieser die Ur-Göttin des Anfangs. Sophia verschwand, und es kam Maria – als einfache Frau. Vielleicht ist es sogar gut, daß ihr Theologen von Anfang an den Status einer Nicht-Göttin zugesprochen haben, bewahrte dieser sie doch davor, dem Bilderverbot Jahwes zum Opfer zu fallen, das wohl ursprünglich gegen die kanaanäischen Liebes- und Muttergöttinnen gerichtet war, an die sich das Volk nicht mehr erinnern sollte. Die Erinnerungen des Volkes waren dem Patriarchat schon immer unbequem, und so tat man alles, um ihm das Vergessen zu erleichtern. Unbehelligt von Erbsünde und Bilderverbot konnte Maria überleben. Zu Recht stellt daher Erich Neumann bei seiner Beschreibung eines Gemäldes aus dem 16. Jahrhundert von Bartel Bruyin mit dem Titel »Verkündigung« fest: »... und die Maria wird – ohne daß der Maler das bewußt intendiert hätte – wieder zur Göttin des Anfangs.«[35]

Zur Frömmigkeitsgeschichte der Unbefleckten Empfängnis

Aufgrund der recht späten Verkündigung des Dogmas dekken sich Dogmen- und Frömmigkeitsgeschichte weitgehend. Es kann sich in diesem Abschnitt also nur noch um Ergänzungen zum dogmengeschichtlichen Teil handeln.

In der Geschichte der Marienverehrung ist der Kult der Unbefleckten Empfängnis aufs engste mit dem der Jungfrau verbunden. Innerhalb der Volksfrömmigkeit gibt es hier kaum einen Unterschied. Für die Gläubigen ist die Jungfrau seit jeher das Bild für Vollkommenheit und Reinheit; über Erbsündetheorien zerbrachen sie sich nie den Kopf. Das war das Geschäft der Theologen, die für die Volksfrömmigkeit sowieso überflüssig waren, da sie immer erst viel später das in Worte kleideten, was das Volk bereits seit langem geglaubt hatte – nur daß es von seinem Glauben manchmal ganz andere Vorstellungen hat als die Theologen.

Wichtiger als alle Erbsündenspekulationen scheint für den Volksglauben das Bedürfnis zu sein, Maria dem Sohn in nichts nachstehen zu lassen. Er stellt sie als das vollkommenste erschaffene Wesen neben Jesus – manchmal auch darüber.

Schuldlos Geborene, einzig Erkorene,
du Gottes Tochter und Mutter und Braut,
die aus der Reinen Schar Reinste wie keine war,
die selbst der Herr sich zum Tempel gebaut!
Du Makellose, himmlische Rose, Krone der Erde,
der Himmlischen Zier,
Himmel und Erde, sie huldigen dir!

In der theologischen Diskussion geht es aber vielmehr darum, der Makellosigkeit Jesu keinen Abbruch zu tun, ihn nicht etwa in einem »unreinen Gefäß« heranwachsen zu lassen.

Anders als in der Theologie hat in der Volksfrömmigkeit die Parallelisierung Eva – Maria kaum eine Bedeutung. Statt dessen nimmt sie die Lehre von der Unbefleckten Empfängnis zum Anlaß, auch die Mutter Marias, der solches widerfuhr, als Heilige Anna zu verehren. Sie hat auch im Leben Luthers einmal eine wichtige Rolle gespielt. Anläßlich eines schweren Gewitters soll er ihr für den Fall seiner Rettung versprochen haben, Mönch zu werden. Unter Bergleuten gewann der Kult der Heiligen Anna teilweise größere Bedeutung als jener der Jungfrau. Für das Volk war anscheinend der zusätzliche Kult einer Muttergestalt weitaus wichtiger als der Reinheitsgrad Marias.

So mußte der Gedanke von der Sündlosigkeit Marias von

Zeit zu Zeit neue Impulse durch das Papsttum erhalten, damit er überhaupt aufrechterhalten blieb. Immer wieder nahmen sich Päpste dieses Glaubens an. Sixtus IV. (1471–1484) weihte beispielsweise die Sixtinische Kapelle der unbefleckt empfangenen Maria. Den Franziskanern empfahl er im Jahre 1476 für das Fest der Unbefleckten Empfängnis ein Officium, das diese Lehre zum Inhalt hat. Doch waren sich letztendlich weder Päpste noch Priester einig, und das schlug auch in den Predigten durch. Einer predigte für diese Lehre, ein anderer dagegen, je nachdem, wie er selbst sich entschieden hatte. Sogar ewige Verdammnis wurde jenen angedroht, die ihre Makellosigkeit leugneten, was ganz offensichtlich geschah. Dieser Konflikt spitzte sich so zu, daß es immerhin zu blutigen Zusammenstößen gekommen sein soll, so daß Papst Paul V. den Priestern die Diskussion des Themas von der Kanzel herab im Jahre 1616 untersagte. Und so wird auch die Verkündigung des Dogmas 1854 allgemein als eine relativ einsame Entscheidung des Papstes angesehen, die längst nicht von allen Bischöfen und Theologen, aber auch nicht von allen Gläubigen mitgetragen wurde.

Dennoch bestätigte sich die Richtigkeit dieser Entscheidung vier Jahre nach der Verkündigung des Dogmas auf recht übernatürliche Weise, und zwar durch Maria selbst! Einem vierzehnjährigen Mädchen – Analphabetin, schwer asthmatisch und drei Jahre zuvor erst von der Cholera genesen – begegnete insgesamt achtzehnmal in einer Grotte am Fluß Aquerò in der Pyrenäenstadt Lourdes eine ganz junge Frau von zarter Gestalt. Sie trug einen Schleier und eine himmelblaue Schärpe. An ihren Füßen glänzten zwei Rosen heller als Gold. Blau wie Vergißmeinnicht waren ihre Augen. Wie Sonnenlicht erstrahlte vor ihr ein weißes Licht auf der Erde. Gemeinsam mit dem Kind betete die junge Frau den Rosenkranz und sprach mit ihm. Bei vielen Begegnungen fiel das Mädchen – ihr Name ist Bernadette von Soubirous – vor der Grotte in Trance, während sie betete. Das bestätigten Tausende von Menschen, die in zunehmendem Maße herbeiströmten und das Mädchen mit ihren Blicken verfolgten, die Erscheinung selbst aber nicht sahen. Einmal geschah es, daß Bernadette den Erdboden aufkratzte und dabei eine Quelle freilegte, von deren schlammigem Wasser sie trank. Ein anderes Mal aß sie Gras. Wie sie später erzählte, war ihr dies von Aquerò, so nannte Bernadette ihre Erscheinung, als Buße auferlegt worden. Von den Kirchenobersten ihres Heimatortes bedrängt, fragte sie Aquerò nach ihrem Namen. Erst nach ihrer sechzehnten Vision, nachdem Bernadette ihre Frage zum vierten Mal wiederholt hatte, erhielt sie eine Antwort, von der sie folgendermaßen berichtet: »Ich bin dann zu M.le Curé gegangen, um ihm zu berichten, daß sie mir gesagt habe, sie sei die Unbefleckte Empfängnis. Und er wollte wissen, ob ich mir da auch sicher sei. Ich sagte ja und erzählte ihm, daß ich mir den Satz, um ihn nicht zu vergessen, den ganzen Weg bis zu ihm dauernd wiederholt hätte.«[36] Acht Jahre später erklärte sie dem Papst: »Damals wußte ich nicht, was das bedeutete, noch nie hatte ich diese Worte gehört. Oft habe ich zu mir selbst gesagt: Wie gut die selige Jungfrau doch ist. Man möchte glauben, daß sie zur Erde kam, um die Worte unseres Heiligen Vaters zu bestätigen.«[37]

Ähnlich wundersam ist auch die Beschreibung, die Bernadette auf Drängen der Kirchenobersten gibt. In den diversen Botticellis und Raffaels, die man ihr vorführte, konnte sie ihre Erscheinung nicht wiedererkennen. Doch die Marienstatue, die in der Nachbarkirche in Nevers stand, war ihr nach Bernadettes felsenfester Überzeugung vollkommen gleich »in Gesicht und Kleidung«[38]. Es handelte sich um eine Marienstatue mit ausgestreckten Armen und auf einer Schlange stehend, umkränzt von Palmen.

Lourdes entwickelte sich zu dem wohl bedeutendsten Wallfahrtsort der Welt. Es wird von vielen Krankenheilungen berichtet. Das erste Heilungswunder geschah an einem sterbenden Kind. Es wurde längere Zeit in das Wasser aus der Grotte getaucht und wurde dabei gesund.

Religionsgeschichtlich ist es kaum verwunderlich, daß an einem Heilungsort mit einer wundersamen Quelle die Jungfrau auf der Schlange auftaucht, jenem uralten Symbol für Erfahrungen der Heilung und des Heils. Der Umgang der Kirchenmänner und der Kirche mit dieser Symbolik und ihrer Deutung der Reinen Jungfrau als Schlangenzertreterin zeigt bis heute nur deren Inkompetenz und Borniertheit. Statt dessen wird in der Lourdes-Erscheinung ein jahrtausendealter Traditionsfluß erkennbar, der nichts mit der Kirche zu tun hat

– möglicherweise aber mit der Ortschaft. Doch war es schon immer Aufgabe der Religionen, mit solchen Heilkräften umzugehen und sie Hilfesuchenden zu vermitteln.

An dieser Stelle muß daran erinnert werden, daß jene Frauen, die im Mittelalter die heilenden Kräfte der Erde weitergaben, von der Kirche zu ihren Feindinnen erklärt und verfolgt, gefoltert und ermordet wurden. Die Hexenverbrennungen müssen wohl als Kehrseite der Lehre von der Unbefleckten Empfängnis gesehen werden.

Die Aufgabe des Heilens hätte die Frau eigentlich mit Maria auf eine Ebene stellen müssen. Auch sie wird um Heilung angefleht, und seit dem Beginn ihrer Verehrung werden ihr Heilungswunder zugeschrieben. Doch hat die Kirche alles darangesetzt, solchen möglichen Gleichstellungen der Frau mit Maria entgegenzuwirken. Dies geschah nicht nur durch die Aufspaltung auf dem Gebiet der Sexualität – hier die keusche Jungfrau, dort die lüsterne Hexe und die begehrliche Eva –, auch das Wissen der Frau um heilende oder schädigende Naturkräfte, nicht zuletzt auch das Wissen um die Funktionsweise des eigenen Körpers (hier insbesondere Möglichkeiten natürlicher Abtreibung und Empfängnisverhütung) war der Kirche ein Dorn im Auge. Die weisen Frauen des Mittelalters verfügten über zu viele eigene Erkenntnisse, um auf jene der Kirchenmänner angewiesen zu sein oder sich gar von den kirchlichen weiblichen Erziehungsidealen einfangen zu lassen. Wie ich bereits erwähnt habe, liebte die Kirche es, sich selbst mit Maria zu identifizieren. So wurde die reine, sündlose Maria zunehmend zu einem Symbol für die von der Kirche verkündete reine christliche Lehre, für die sie glaubenden Gehorsam verlangte, den wohl insbesondere die weisen Frauen und Hebammen verweigerten und so ihre Existenzberechtigung verloren.

Bei ihrer Identifizierung mit der unbefleckt Empfangenen, der Jungfrau ohne Fehl und Tadel, muß der Kirche ein hohes Maß an Logik zugesprochen werden, wenn sie nur sechzehn Jahre nach diesem Dogma die Unfehlbarkeit ihres Oberhauptes verkündet. Alle Gnadenerweise Gottes gegenüber Maria, die zu rühmen die Kirche nicht müde wird, münden letztlich in die Selbstverherrlichung der Kirche.

Hier könnte auch ein Grund liegen für die Abneigung der

Reformatoren gegen ein Zuviel an Marienverehrung, die Luther so formuliert: »Ich wollte, daß der Mariendienst gar ausgerottet werde, allein wegen des Mißbrauchs!«[39] Der Verdacht liegt nahe, daß der geistige Bildersturm weniger gegen Maria selbst als vielmehr gegen das Papsttum gerichtet war.

Wenn auch die Jungfrau und Mutter Maria von den Reformatoren wie auch später von den Protestanten weiterhin in bescheidenem Maße verehrt wurde, so stand man ihrer Sündlosigkeit ziemlich skeptisch gegenüber. Hat Luther sie noch in seiner frühen Zeit verteidigt, so steht er ihr zunehmend gleichgültig gegenüber. Schließlich empfiehlt er: »Lernen wir, unsere Sünde zu erkennen, was zu erforschen heilsamer ist als solche unnützen und törichten Fragen!«[40] Zwei Jahre nach diesem Ausspruch im Jahre 1522 steht es für ihn dann fest: Nur Christus ist rein![41] Rund 150 Jahre später erklärt der protestantische Theologe Philipp Jakob Spener diese Lehre zu den »Irrtümern der Papisten«[42].

Die Sündlosigkeit Marias als Ausdruck einer Kompensation

Es ist psychologisch recht aufschlußreich, daß Protestanten, die an den beiden marianischen Lehrsätzen der Jungfräulichkeit und Gottesmutterschaft durchaus festzuhalten gewillt waren, die Makellosigkeit Marias nicht mittragen wollten. Wie läßt sich diese Eigentümlichkeit erklären?

Lag es vielleicht daran, daß das Schuldproblem im protestantischen Raum eine so überdimensionale Rolle spielte, daß auch Maria davon nicht ausgenommen werden konnte? Das mag sicher ein Grund gewesen sein, doch reicht er mir als Erklärung nicht aus.

Es gibt noch eine andere Möglichkeit, diesen Sachverhalt verständlich zu machen. Könnte es nicht sein, daß mit den Neuerungen der Reformation die Bedingungen für diese Lehre wegfielen? Um diese Frage beantworten zu können, müssen wir einen Blick auf jene Neuerungen werfen, die hierfür in Frage kämen.

Zum einen bietet sich da die – wenn auch nur bedingte – Aufwertung an, die die Sexualität dadurch erfuhr, daß die Reformatoren den Zölibat auflösten und mithin der Ehefrau eine wichtige Funktion im protestantischen Pfarrhaus zuwiesen, wie sie bis dato unbekannt war. (Ob sich diese Veränderung für die Frau selbst positiv auswirkte, soll hier nicht diskutiert werden. Mir geht es nur um das Aufspüren des psychologischen Erklärungszusammenhangs.)

Die zweite Neuerung liegt in dem Zuwachs an Bedeutung, den die persönliche Erkenntnis des Menschen und seine Eigenverantwortlichkeit vor Gott erhielt. Der einzelne war nicht mehr in erster Linie der Kirche, sondern unmittelbar Gott selbst unterstellt. Die Sündenerkenntnis oblag ihm allein. Kein Beichtvater nahm ihm dieses Geschäft ab.

Diesen reformatorischen Innovationen – Förderung der Erkenntnisfähigkeit und Legitimierung der Sexualität auch im kirchlichen Bereich – stand auf katholischer Seite die massive Behinderung gerade dieser beiden Gebiete gegenüber. Sexualität und das Streben nach Erkenntnis sind *die* Sünden schlechthin.

Von beiden »Sünden« war Maria durch die kirchliche Lehre immer wieder befreit worden. Es fällt daher nicht schwer, im Dogma ihrer Sündlosigkeit das Ergebnis einer Verdrängung zu sehen oder, anders ausgedrückt, die Folge einer Kompensation.

Wie die Kirche lehrt, sind ihre Dogmen als göttliche Offenbarungen anzusehen. Wie die Psychologie lehrt, sind Offenbarungen und Visionen – wie sie ja auch von jenen in Fatima, mit denen die Makellosigkeit Marias bestätigt wurde, bekannt sind – in vielen Fällen als Kompensierung einer einseitigen Bewußtseinseinstellung anzusehen.

Solche Kompensationsprozesse sind, wie Jung schreibt, fast immer sehr individueller Natur. Dementsprechend ist auch der Lehrsatz von der Unbefleckten Empfängnis nicht aus dem Glauben einer breiten Volksfrömmigkeit erwachsen, sondern immer wieder von Einzelpersönlichkeiten gefördert worden, damit er lebendig bleibt. Hinter diesen Kompensationsprozessen steht die psychische Notwendigkeit des Ausgleichs, der Annäherung zwischen dem Bewußten und dem Unbewußten, wenn es durch Einseitigkeiten im Bewußtsein zu einem Mangel an Harmonie zwischen beiden gekommen ist.

Worin besteht nun aber diese Einseitigkeit in der Bewußtseinshaltung? Sie ist ganz eindeutig in der Jahrtausende währenden männlichen Verdammung weiblicher Sexualität und

Erkenntnisfähigkeit zu finden, die in den Symbolen Eva und Hexe ihren vehementen Ausdruck fand. Beiden wird in stereotyper Gleichförmigkeit der Vorwurf der sexuellen Verführung des Mannes gemacht sowie der Verführung zu anderen Erkenntnissen als jenen von der Kirche vorgeschriebenen – zum Unglauben also. Je dunkler und schuldbefleckter der Mann das Bild der Frau malte, desto reiner und unbefleckter mußte Maria gestaltet werden. Je stärker das Bedürfnis war, der Frau Schuld zuzuweisen – und dieses Bedürfnis ist beim Mann seit Adam sogar biblisch belegt! –, desto mehr wuchs auch aus dem Unbewußten das Bedürfnis, die Frau zu entschulden.

Für diesen Zusammenhang spricht auch die Tatsache, daß die Aufrechterhaltung und schließlich Dogmatisierung der Unbefleckten Empfängnis von den konservativsten Kräften innerhalb der Kirche vorangetrieben wurde, die auch die Diffamierung und Unterdrückung der Frau zu verantworten haben. Verständlicherweise ist bei ihnen, da sie von der Sündhaftigkeit des weiblichen Geschlechts so felsenfest überzeugt sind, das Kompensationsbedürfnis am stärksten. Sie geben ihm Raum, indem sie Maria von aller Schuldhaftigkeit ausnehmen. Solange sie jedoch an diesem gespaltenen Frauenbild festhalten, bemüht sich ihr Unbewußtes vergebens um eine Korrektur ihrer einseitig negativen Bewußtseinseinstellung gegenüber der Frau. Zu ihr kann es nur dann kommen, wenn Maria und Eva wieder zu einer Einheit verschmelzen, wenn Sexualität und Erkenntnisfähigkeit vom Makel des Sündhaften befreit werden.

Solange das aber nicht geschieht, zwingt das Unbewußte, in dem sich ja letztendlich immer wieder die »Stimme Gottes« ereignet, sie dazu, gerade das zu bezeugen, wogegen sie sich am meisten sträuben: die Nicht-Beteiligung einer Frau am Erbsündendrama, auf dessen trickreiche Inszenierung das männliche Patriarchatsbewußtsein soviel Energie ver(sch)wendet hat.

Mit den Augen von Frauen betrachtet

Ablehnung der Immaculata

Verständlicherweise wird unter Frauen die Diskussion um die Sündlosigkeit Marias nicht so eingehend geführt wie um die Jungfräulichkeit und die Mutterschaft, was ja der allgemeinen Schwerpunktsetzung in der Marienverehrung durchaus entspricht. Wie dort wird auch in der Diskussion der Frauen die Unbefleckte gleichzeitig als Jungfrau gesehen, was natürlich ganz richtig ist. Dennoch gibt es einige Aussagen zu diesem Thema, die ich durch eigene ergänzen möchte.

Der hauptsächliche Protest der Frauen gegen dieses Bild der Sündlos-Reinen richtet sich gegen die damit verbundene Ausgrenzung der konkreten Frau, die im Laufe der Jahrhunderte um so sündiger erschien, je reiner Maria wurde. Diese Tatsache greift Mary Daly auf, der ich nur zustimmen kann, wenn sie feststellt: Das Dogma der Unbefleckten Empfängnis »trennt sie ›offiziell‹ von allen anderen Frauen und macht sie einzigartig, ein unerreichbares ›Vorbild‹«[43]. Weiter führt Mary Daly aus, daß der göttliche Sohn die eigentliche Ursache der »Erkenntnis« von der Sündlosigkeit Marias war: »Man sagt, Maria sei ›unbefleckt empfangen‹ worden, damit sie es wert sei, die Mutter des göttlichen Jesus zu werden. Wieder verstärkt das Mariendogma das geschlechtsspezifische Kastensystem. Die Unnachahmbarkeit Marias, ›die ohne Sünden empfangen wurde‹, gewährleistet, daß alle Frauen als Frauen in die Kaste der Eva gehören.«[44]

Das war kirchlicherseits auch durchaus beabsichtigt und hatte seine historischen Folgen, die für Frauen verheerend waren. Der Trick der sogenannten »Kirchenväter«, aus Maria und Eva totale Gegensätze zu machen, wird heute von den meisten Frauen wohl durchschaut und die Immaculata als Produkt dieses Spaltungsprozesses abgelehnt. Selbst Catharina Halkes stellt dazu fest: »Maria wird auf einen so hohen Sockel gesetzt, daß sie, als ethisches Vorbild unerreichbar, zu einem unmöglichen Modell wird.«[45]

Frauen spüren diese künstlich geschaffene Distanz, die auf diese Weise zwischen ihnen und Maria hergestellt wurde; aber nicht nur, sondern durch »die Gegenüberstellung Eva – Maria werden Frauen (auch) gegeneinander ausgespielt und polarisiert«[46]. Frauen wurden gezwungen zu lernen, sich untereinander als »Evas«, als sündige, minderwertige, gottferne Geschöpfe zu sehen, denen nichts anderes übrigblieb, als sich um den so haushoch überlegenen, gottnahen Mann die Hakken abzurennen und sich auch gegenseitig fast ausschließlich unter dem Aspekt der Konkurrentinnen zu sehen.

Wenn aber das Sündlos-Weibliche solche Folgen hat, dann ist es »zum Symbol der Sterilität anstelle der Kreativität geworden, zum Symbol, an dem sich das schlechte Gewissen entzündet, weil niemand so rein sein kann wie sie«[47]. Und so ist die Immaculata schließlich »zur weißen Wachsfigur ohne Leben (geworden), an der sich ein Mensch aus Fleisch und Blut erkältet«[48].

Nein, religiöse Impulse gehen von diesem Symbol in seiner herkömmlichen Interpretation für die Frauen auf keinen Fall aus. Die Unbefleckte ist für sie gestorben. Schlimm ist jedoch, daß sie inzwischen ihre Auferstehung im säkularen Bereich feiert und dort weiterhin ihr Unwesen treibt; denn: »Wo früher die unbefleckte Madonna in der Nische stand, macht sich jetzt Frau Saubermann breit – beide Ideologien zwingen Frauen eine Rolle auf, die sie schwächt und verkrüppelt.«[49] Mit einiger Verspätung haben auch die wirtschaftlichen Machthaber – wie seinerzeit die kirchlichen – die Wirksamkeit dieses Symbols entdeckt, um nun ihrerseits in den Genuß der Vorteile des weiblichen schlechten Gewissens zu kommen. Diesmal wurde die Reinheit durch Reinlichkeit ersetzt.

Da sich dieses Symbol folglich nicht abschaffen läßt – und seine Machthaber auch nicht –, wird die Notwendigkeit eines Umgangs aus erster (weiblicher) Hand um so akuter.

Weiblicher Umgang mit der Immaculata

Die Frage nach dem positiven Umgang mit dem Bild weiblicher Sündlosigkeit ist unter Frauen eigentlich nie richtig diskutiert worden. Die meisten kommen über eine Ablehnung dieses Bildes nicht hinaus.

Um so erfreulicher erscheint es mir daher, daß Mary Daly sich etwas intensiver mit dieser Symbolik auseinandersetzt und dabei zu folgenden Überlegungen kommt: »Wenn der Gedanke aber, daß Maria frei von der ›Erbsünde‹ sei, gesondert betrachtet wird, kann er eine völlig andere Bedeutung haben. Er kann als eine Negation des Mythos vom weiblichen Bösen verstanden werden, als eine Ablehnung des Sündenfalls der Religion in die Sklaverei des Patriarchats.«[50] Dieser Schlußfolgerung Mary Dalys kann ich nur aus vollem Herzen zustimmen. Auch ich bin der Meinung, daß es sich bei diesem Dogma um ein durchaus »notwendiges« Gegenbild zu den Behauptungen des patriarchalen Mythos, daß die Frau die Sünde in die Welt gebracht hat, handelt.

Heißt das nun etwa, daß wir auf Eva verzichten müssen? Sie, die uns inzwischen längst so sympathisch geworden ist? Ich möchte von keiner der beiden Abschied nehmen und daher einmal die Stichhaltigkeit einer solchen Polarisierung anhand der biblischen Inhalte überprüfen. Die religionsgeschichtliche Erforschung der Symbole der Unbefleckten hat ja bereits einige Anhaltspunkte dafür gebracht, daß beide Gestalten sich sehr nahestehen. Lassen sich noch weitere Belege für diese Nähe finden?

Das schärfste Gegensatzpaar, das zur Kennzeichnung der Unterschiede zwischen Eva und Maria gebraucht wird, lautet: Ungehorsam – Gehorsam und wird von vielen Kirchenmännern wortreich mit Inhalt gefüllt. Sie wurden nicht müde, immer wieder den Ungehorsam Evas gegen Gott als *die* Sünde hinzustellen, während Marias Gehorsam gegen Gott sie zur sündlosen Trägerin des Heils werden ließ. Geflissentlich übersehen wird dabei allerdings, daß gerade das Dogma von der Unbefleckten Empfängnis die Sündlosigkeit Marias zu einem Zeitpunkt lehrt, als diese noch gar nicht gehorchen konnte, nämlich bei ihrer Entstehung im Mutterleib. Solche Inkonsequenz ist ganz typisch für ein Denken, das sich wohl vorhandener Symbole und Vorstellungen für seine Zwecke bedient und diese seinen Bedürfnissen nutzbar macht, deren eigentlichen Hintergrund jedoch nicht wahrhaben will und sie statt dessen in ein Gebäude von Rationalisierungen und künstlichen Erklärungen einmauert.

Wenn also Marias Sündlosigkeit mit ihrem Gehorsam Gott gegenüber gar nichts zu tun haben kann, wie steht es dann mit dem Ungehorsam Evas? Inwiefern war sie Gott ungehorsam?

Um diese Frage beantworten zu können, muß erst einmal geklärt werden, was wir denn hier eigentlich unter »Gott« zu verstehen haben. Wie äußert sich dieser göttliche Wille, gegen den sich Eva stellte, im biblischen Mythos?

In bezug auf Eva handelt es sich dabei um ein Verbot, die Erkenntnis von gut und böse zu erlangen; ein Verbot, das jeder christlichen Erziehung ins Gesicht schlägt, in der es doch im wesentlichen darum geht, eine solche Erkenntnis als Voraussetzung für Sündenerkenntnis und -vergebung zu vermitteln. Auch muß die Göttlichkeit eines solchen Verbots stark angezweifelt werden, wenn wir berücksichtigen, daß dem Menschen an anderer Stelle – im 3. Buch Mose 19,2 und in Matthäus 5,48 – der Auftrag erteilt wird, vollkommen zu sein. Daß zu solcher Vollkommenheit eine umfassende Erkenntnis gehört, bringt im Paradiesmythos zwar die Schlange zum Ausdruck, dennoch muß diese Wahrheit angesichts des Auftrags an den Menschen, zu sein wie Gott, eher als göttlich bezeichnet werden als ein Erkenntnisverbot.

Schauen wir uns demgegenüber den Gehorsam Marias näher an, so gab es in ihrem Fall gar kein Verbot, dem sie hätte ungehorsam werden können, es sei denn das patriarchale Verbot einer außerehelichen Schwangerschaft, dem sie sich ja ausdrücklich widersetzte.

Statt dessen zeichnen sich beide Gestalten durch ihren Gehorsam aus. Maria gehorcht dem göttlichen Geist, der Heiligen Ruach, jenem weiblichen Prinzip, das sie tief innen, in ihrem innersten Sein, vernimmt und sie zu der Geburt, zum Hervorbringen des neuen Männlichen veranlaßt, auch unter der Gefahr, daß sie damit gleichzeitig gegen die »gottgegebenen« Normen, die eine außereheliche Schwangerschaft verbietet, verstößt.

Nichts anderes aber tut Eva! Auch sie gehorcht ihrem eigenen weiblichen Prinzip, symbolisiert durch die Schlange, jener Verkörperung weiblicher Weisheit und göttlicher Macht, das sie auffordert, dem göttlichen Auftrag zur Seins- und Selbsterkenntnis nachzukommen; denn nur durch eine solche umfassende Erkenntnis kann sich der Mensch geistig erneuern. Diese geistige Erneuerung will Eva auch für ihr männliches Gegenüber, mit dem sie daher ihre Erkenntnis teilt. Neben ihrem Gehorsam stimmen Eva und Maria demnach auch noch in ihrem Wunsch nach Erneuerung des Männlichen überein.

Unter diesem Blickwinkel erscheint weibliche Selbstbehauptung nicht etwa als Sünde, wie die kirchliche Lehre meint, sondern vielmehr als eine göttliche Forderung, der die Frau dann begegnet, wenn sie nach innen lauscht und nicht nach außen in die Welt patriarchaler Verbote und Normen.

Berücksichtigen wir nun, daß ein die Erkenntnis für sich behalten wollender und sie daher verbietender Gott, der stark an den männlichen Umgang mit Macht erinnert, eher einem männlichen Egobewußtsein als einer göttlichen Offenbarung entspringt, so zeigt sich, daß in den beiden Gestalten Eva und Maria weibliche Seinserkenntnis und Verantwortungsbewußtsein für die geistige Erneuerung des Menschen zum Ausdruck kommen, denen ein patriarchales Normensystem auf der Grundlage männlichen Egobewußtseins gegenübersteht. Letzteres wird im Neuen Testament zum Teil auch durch Josef symbolisiert, der Maria, die unehelich Schwangere, aufgrund dieser »Schande« heimlich verlassen will, obwohl er sie doch zuvor möglicherweise geliebt hat. Einen ähnlichen Verrat an der Liebe begeht Adam, der Eva vor Gott alle Schuld zuschiebt. Diese Haltungen Adams und Josefs können in den nachfolgenden Jahrtausenden als typisch männliche Verhaltensweisen nachgewiesen werden, die zudem auch noch in voller Übereinstimmung mit patriarchalen Normen geschehen, also gerechtfertigt sind.

Solchen Fehlorientierungen widersetzen sich Eva und Maria und entscheiden sich statt dessen für das von ihnen als göttlicher Wille Erkannte: die Befreiung des Menschen. Eva symbolisiert jenes Weibliche, das Jahrtausende hindurch die Töchter und Söhne eingeweiht hat in ihre tiefsten Erkenntnisse und sie so dem Bereich des Tierhaft-Unwissenden enthoben hat. Mit der Darreichung der Erkenntnisfrucht signalisiert sie dem Mann, daß seine im Tierreich vorgenommenen Benennungen (Jagdkenntnisse) nicht ausreichen für eine menschliche Existenz in geistiger Freiheit. Befreiung von Unwissenheit ist das Ziel ihres Handelns, das mit dem der Maria übereinstimmt.

Auch diese will der Welt die Befreiung schenken durch ihren göttlichen Sohn. Wie sehr sie um die Notwendigkeit menschlicher Befreiung weiß, zeigt das Magnificat, das bis heute die südamerikanischen Befreiungsbewegungen dazu veranlaßt, Maria auf ihre Fahnen zu setzen und sie als christliche Legitimation und Helferin in diesem gerechten Kampf der Unterdrückten anzusehen. Zu Recht spüren sie, daß sich der göttliche Sohn selbst, obgleich er als Befreier der Welt angetreten ist, zu einem solchen gerechten Kampf nicht mehr eignet, nachdem er als Repräsentant eines patriarchalen Männergottes mißverstanden wurde. Hier geht es schließlich nicht mehr um Eroberung wie in den Beutezügen des christlichen Abendlandes, die mit Hilfe dieses Gottes vollzogen wurden, sondern um Befreiung der Unterdrückten, zu denen in erster Linie das weibliche Geschlecht gehört.

Das Magnificat der Maria zeigt, wie klar sie erkannt hat, was in dieser Welt als gut und was als böse zu beurteilen ist und was daher als Wille Gottes zu gelten hat. Nicht das Ausweichen vor dieser Erkenntnis, sondern das Sich-ihr-Stellen kann allein als Gehorsam gegenüber göttlichem Gebot angesehen werden. Hier erweist sich Maria tatsächlich als »unbefleckt« von patriarchalischer Korrumpiertheit im Umgang mit dem Willen Gottes. Sie hat nicht teil an der Legitimierung von Machtausübung und dem Anheimstellen von Obrigkeitsgehorsam, wie dies zwei Generationen später die Nachfolger ihres Sohnes tun[51]. Maria, die von der Erbsünde Unbefleckte und daher im paradiesischen Jenseits patriarchalen Denkens Beheimatete, ist Repräsentantin jenes weiblichen Seelenanteils, der nicht mitgefallen ist ins Patriarchatsbewußtsein mit seiner unterdrückerischen Vorstellungswelt und von dieser auch nicht infiziert werden konnte. Sie repräsentiert jenes Wissen um die Mitverantwortlichkeit des weiblichen Geschlechts für die den Menschen zu vermittelnde Vorstellung vom Göttlichen und hat keine Scheu, diese zu artikulieren und später auch an ihren Sohn weiterzugeben, so wie einst Eva dem Adam die Frucht ihrer Erkenntnis weiterreichte. Nicht das Essen der Frucht dieser Erkenntnis ist daher die Sünde der Frau, nicht ihre »Begehrlichkeit«, sondern ihr Verg-essen ihrer Erkenntnisse, ihrer Weisheit, ihr Nicht-Begehren nach Höherem, als der Mann ihr zu bieten hat, der für sie zum Ersatz für höhere Erkenntnis geworden ist.

Das Begehren Evas und Marias ist nicht auf den Mann gerichtet, wie die biblischen Texte ganz klar erkennen lassen.

Der Schreiber des alttestamentlichen Mythos sieht ein solches Verlangen noch als Strafgericht Jahwes an, genau wie die Geburtsschmerzen und die Herrschaft des Mannes über die Frau[52], und es gehört demnach wohl nicht zur ursprünglichen (vorpatriarchalischen) Schöpfungs- und Gesellschaftsordnung.

In diese vorpatriarchale Tradition wird Maria gestellt, wenn sie sagt: »Ich weiß von keinem Manne.«[53] Sie ist die erste Frau, die sich nicht durch einen Mann definiert und auf eine Beziehung mit ihm beruft, sondern auf ihre Beziehung zur Heiligen Geistin und damit die alten matriarchalen Werte weiblicher Selbstverwirklichung wieder in die Realität umsetzt.

Ich muß daher noch einmal Mary Daly zustimmen, wenn auch sie in dem Symbol weiblicher Sündlosigkeit »die Auswirkung der Macht und des Einflusses des Muttergöttinnensymbols erkennt, welches das Christentum nie ganz auslöschen konnte«[54]. Aus dem Zusammenhang patriarchaler Interpretationen herausgelöst, »sagt es aus, daß die Frau, wenn sie als frei von der ›Erbsünde‹ betrachtet wird, nicht durch den Mann ›erlöst‹ zu werden braucht. Das Symbol kann dann als Eindringling in das sexistische Territorium aufgefaßt werden, als unerkannter Vorbote des Neuen Seins«[55].

Diese Hoffnung kann ich nur teilen!

Maria – die Himmelskönigin

Du bist eine unsichtbare Kraft,
die alles verbindet,
in dir sind vermischt und versöhnt
mütterliche Liebe und mädchenhafte Klarheit,
Höhen und Tiefen, Himmlisches und Irdisches.

William Wordsworth, 1770–1850

Die christliche Überlieferung

Während die bisherigen drei Aspekte Marias als Jungfrau, Gottesmutter und reine Magd des Herrn dem Wortschatz (wenn auch manchmal nur noch dem Liedschatz) beider Konfessionen angehören – zugegeben: in ihrer Gewichtung und ihrem Verständnis recht unterschiedlich –, so verschlägt es den Protestanten bei Maria der Königin des Himmels völlig die Sprache. Aus protestantischer Sicht wird sie geradezu als eine Zumutung für den christlichen Glauben empfunden. Sie entzieht sich denn auch jeglicher theologischen Diskussion.

Genau wie die Unbefleckte ist die Himmelskönigin biblisch nicht legitimierbar. Diesem protestantischen Vorwurf stimmen sogar die meisten katholischen Theologen zu. Auch sie sind sich überwiegend darin einig, daß ihre biblische Grundlage gleich Null ist.

In der Liturgie scheint es demnach biblischer zuzugehen als in der Dogmatik, denn in der Messe für die Himmelfahrt ist der wichtigste mariologische Text jene Vision in der Apokalypse des Johannes von der Frau mit der Sonne bekleidet, in der bereits im 5. Jahrhundert die Heilige Jungfrau Maria wiedererkannt wurde. Es ist daher naheliegend, daß das letzte Dogma in engstem Zusammenhang steht mit jener Vision im letzten Buch des Neuen Testaments, der ich mich als erstes zuwende.

So befremdlich wie die Dogmatisierung der Aufnahme Marias in den Himmel Christen beider Konfessionen anmutet, so fremd wirkt das Erscheinen der göttlichen Frau am christlichen Abendhimmel. Entsprechend wenig kann auch die christliche Theologie mit ihr anfangen.

Aber selbst in den Gesamtablauf der apokalyptischen Bilder der Offenbarung des Johannes scheint sie einfach nicht hineinzugehören und wirkt eher störend. Nach Meinung C. G. Jungs »bildet die Sonnenweibepisode einen Fremdkörper im Flusse der Visionen«[1]. Dieses Gefühl von Fremdheit, das mit dem Auftreten der Himmelskönigin einhergeht, erscheint mir auf dem Boden des patriarchalen Bewußtseins nur allzu verständlich.

Protestantische Theologen haben sie in ihren Glaubensentwürfen nirgends verarbeitet und modifizieren damit ihr »sola scriptura«; denn in der Schrift ist sie schließlich enthalten. Solche Zurückhaltung ist kaum zu rechtfertigen, zumal die Vision des Auferstandenen, die dem Paulus widerfährt, sehr reale Konsequenzen hat und in ihrem Gefolge noch heute die Theologen beschäftigt. Warum aber soll die Vision eines Paulus derart bedeutungsschwer sein, die eines Johannes (ganz egal, wer sich hinter dem Namen verbirgt) hingegen in der Bedeutungslosigkeit versinken?

Ganz eindeutig befinden sich Theologen mit dieser Haltung im Gefolge des jüdischen Propheten Jeremia, der bereits zu seiner Zeit wußte, daß die Himmelskönigin, die von seinem Volk in Ägypten verehrt wurde, dem Herrn ein Greuel ist (Jeremia 7, 16–20). Ihre Erscheinung kann also mit diesem Herrn kaum etwas zu tun haben, wo er doch so schwer gegen sie zu kämpfen hat. Wie sollte sie dann aber für jene Theologen von Interesse sein, die sich gerade diesem Herrn verpflichtet wissen?

Was männlich-theologisches Denken und Wünschen in jahrhundertewährender unermüdlicher Vernichtungsarbeit aus dem Wege geräumt hatte, bricht sich nun doch wieder Bahn und dringt in die Heilige Schrift ein – und weiß sich selbst in der katholischen Dogmatik einen Platz zu verschaffen. Grund genug, um uns auch an dieser Stelle mit ihr auseinanderzusetzen, auch wenn sie nicht zur offiziellen Begründung des Dogmas herangezogen wird.

Im letzten Buch der Bibel spricht der Seher von einem »großen Zeichen«, dem schwangeren Weib, bekleidet mit der Sonne und dem Mond unter ihren Füßen sowie einer Sternenkrone auf dem Haupt, deren Kind vom Drachen verschlungen werden soll[2]. Von dem Sohn, den die Frau gebiert, heißt es, er sei einer, »der die Heiden mit eisernem Stabe regieren soll«[3]. Das Kind wird zu Gott und seinem Thron entrückt, und die himmlische Frau muß in die Wüste fliehen, wo sie einen Ort von Gott zugewiesen bekommt, an dem sie ernährt wird für die Dauer von dreieinhalb Jahren. Es folgt die Beschreibung eines Streits zwischen dem roten Drachen und Michael, an dessen Ende der Drache des Himmels verwiesen wird. Damit entfällt »die alte Schlange, der Teufel« als Ankläger der Menschen vor dem Thron Gottes.

Um so zorniger wendet sich der Drache nun allerdings der

Erde zu in dem Wissen, nur noch wenig Zeit für sein Unwesen zu haben. Dafür will er sich an der Frau rächen, die jedoch Adlersflügel erhält und vor ihm fliehen kann. Der Drache versucht, einen Wasserstrom hinter ihr her zu schießen, um sie zu ersäufen. »Aber die Erde half dem Weibe und tat ihren Mund auf und verschlang den Strom.«[4] Schließlich wendet sich der Drache in seinem unbändigen Zorn gegen »den übrigen von ihrem Samen, die da Gottes Gebote halten und haben das Zeugnis Jesu Christi«[5]. Damit bricht die Vision ab.

Wie gehen nun Theologen mit dieser ausdrucksstarken Symbolik um? Ulrich Wilckens ist in seinen Erklärungen zu der von ihm übersetzten Ausgabe des Neuen Testaments wenigstens bereit zuzugeben, daß es sich bei der kosmischen Erscheinung um Symbole handelt, »mit denen seit uralten Zeiten in den Religionen der Alten Welt weithin die Erscheinung einer Göttin, der Himmelskönigin, beschrieben wird«[6]. Eine befriedigende Erklärung für deren plötzlichen Auftritt am Himmel und in der Heiligen Schrift gibt er allerdings nicht. Bereits Luther zweifelte, ob es sich bei diesem Visionsstück wirklich um christliche Überlieferung handelt, da auch ihm die »heidnischen« Einflüsse aufgefallen waren.

In der katholischen Theologie wird das apokalyptische Sonnenweib mit Maria gleichgestellt und so aus dem Bereich des Göttlichen ausgeklammert; denn hier steht fest: Maria war und ist *nur* Mensch, wenn sie auch jedem anderen Menschen die Vervollkommnung voraushat, da Gott mit ihr bereits an sein Ziel gelangt ist. Sie hat erreicht, was uns Sterblichen noch bevorsteht. Da nun Maria auch als Urbild der christlichen Kirche gilt, besteht letztlich kein Unterschied zwischen der Deutung des Sonnenweibes seitens katholischer und protestantischer Theologen; denn für beide ist die Himmelskönigin »die Gemeinde Jesu. Ihr gehört der Sieg (darum die Krone), auch wenn sie noch durch viel Leid hindurch muß, vor allem, weil ein geheimnisvoller Zusammenhang zwischen ihrer leidvollen Geschichte und der Wiederkunft ihres Herrn besteht«, schreibt der evangelische Theologe Bruns in seiner Übersetzung des Neuen Testaments und vertritt damit eine Auffassung, der von keiner Seite widersprochen wird.

Es erscheint mir geradezu absurd, wenn die Theologie dieses geheimnisvolle Aufleuchten des Weiblichen in der

Apokalypse in ein Bild jener Institution Kirche umdeutet, die fast zweitausend Jahre lang mit zerstörerischem Patriarchalismus im christlichen Abendland gewütet hat und deren Männlichkeitswahn Millionen von Frauen durch mehrere Jahrhunderte hindurch mit dem Leben bezahlen mußten; und die bis heute nicht aufgehört hat, Weiblichkeit zu verketzern; die auch nicht im entferntesten daran denkt – trotz anderslautender verbaler Beteuerungen –, ihren Herrschaftsanspruch in angemessener Weise mit der Frau zu teilen oder gar das göttliche Weibliche anzuerkennen und in gebührender Form zu berücksichtigen.

Auf diesem Hintergrund erscheint es müßig, von der Theologie eine Antwort auf die Frage nach der Bedeutung dieses kosmischen Phänomens zu erwarten, mit dem meines Erachtens das Gottesbild der männlichen Dreieinigkeit bereits vor zweitausend Jahren in Frage gestellt wurde. Ich möchte daher den Versuch einer eigenen Interpretation unternehmen.

Die Beschreibung des Großen Weiblichen als mit der Sonne bekleidet, auf dem Mond stehend und mit Sternen gekrönt, ist ein ungemein starkes Symbol für jene weibliche Ganzheit, die das Männliche immer auch mit einschließt und wie sie uns inzwischen aus vorpatriarchalen Jahrtausenden bekannt ist. Mond und Sterne, jene nächtlichen Himmelskörper, sind uralte Ausdrucksformen der geistigen Seite des Großen Weiblichen. Sie bilden hier die Basis und den krönenden Abschluß und sind somit Ausdruck der alten Matriarchatsweisheit, daß Oben und Unten letztlich eine Einheit bilden genau wie Licht und Dunkelheit. Der Beweis dieser unverbrüchlichen Zusammengehörigkeit wird in jeder Nacht neu erbracht.

In den patriarchalen Religionen wird diese Wahrheit dennoch verdrängt, weil ihnen andere Vorstellungsmuster zugrunde liegen. Wo immer das Patriarchat siegt, wird der Sonnenkult institutionalisiert und der Mondkult verdrängt, verketzert und unterdrückt. Die Nacht mit ihren vielfältigen Offenbarungsmöglichkeiten fällt in den Bereich des Bösen. Nicht umsonst wird den Hexen mit konstanter Regelmäßigkeit das nächtliche Aufsuchen geheimer Orte vorgeworfen. Die Nacht soll nur noch dem Schlaf und dem Tod gehören. Wie kann die Abwesenheit der Sonne einer sie allein verehrenden Religion auch etwas zu sagen haben?

Ein solches Entweder-Oder kennt die kosmische Frau nicht. Sie weiß sich als die Verkörperung der Erleuchtungssymbole der Nacht und des Tages. In dieser abgerundeten Ganzheit kündigt sich die Geburt des Neuen an. Die Frau schreit in Geburtswehen und erinnert daran, daß ihre Vollkommenheit auf der Erde noch nicht beheimatet ist, noch in den Bereich des Himmlischen gehört. Als eine, die auf der Erde gebären will und nicht im Himmel, ist ihr keine schmerzlose Geburt beschieden, wie dies Kirchenmänner von Maria behaupten. Das vom Visionär beschriebene Bild des Großen Weiblichen kann also auf keinen Fall identisch sein mit der von Theologen verstümmelten Mariengestalt.

Der Schmerz der kosmischen Frau gilt der Geburt eines Knaben – des neuen Männlichen also, dessen einmalige Geburt im Stall von Bethlehem nicht auszureichen scheint. Es muß aus der weiblichen Ganzheit immer wieder neu hervorgebracht werden. Diese Wahrheit konnte allerdings im christlichen Glauben nicht Fuß fassen, denn die Männer des Patriarchats weigerten sich beharrlich, sich von dieser erneuern und eigene Werte in Frage stellen zu lassen. Für sie hatte der eine Jesus Christus eben schon alles vollbracht, so daß sie bleiben konnten, was sie immer schon gewesen waren: Herren der Welt.

Noch einmal, am Anfang des 2. Jahrhunderts ergeht hier an die sich in das Herrschaftsdenken ihrer Zeit auflösende Christenheit die Botschaft von dem neu zu gebärenden Männlichen, die in säkularisierter Form bis in unsere Tage dringt in dem Refrain eines Schlagers: »Ich sprüh's an jede Wand – neue Männer braucht das Land!«

Die Vision wird in eine Zeit hinein verkündet, in der die Machtkämpfe innerhalb der »Gemeinde Jesu« überall in vollem Gange sind. Wer die Macht hat, bestimmt schließlich, wie die »wahre« christliche Lehre auszusehen hat. Zuerst gilt es daher, sich aller »Einmischung« seitens der Frauen zu entledigen, wie es der Verfasser des 1. Timotheusbriefes, der ungefähr zur selben Zeit schreibt, vorexerziert. Nach seiner Auffassung hat die Frau vom Mann zu lernen und im übrigen den Mund zu halten. Lehren darf sie auf keinen Fall[7]. Die leidige Eva-Geschichte wird wieder aufgewärmt, mit einer Lüge garniert (mit der Behauptung, Adam sei nicht verführt worden) und schließlich als »Beweis« für die generelle Minderwertigkeit der Frau aufgetischt.

Das alles geschieht nur wenige Jahrzehnte, nachdem sich die Frau als tragender Pfeiler der christlichen Botschaft erwiesen und dieser mit ihrem ganzen Leben inklusive materieller Mittel gedient hatte. Sie hatte maßgeblich an der Ausbreitung der christlichen Botschaft mitgewirkt. Ihre »Brüder in Christo« aber versuchen nicht einmal ansatzweise, das Frauen befreiende Vorbild Jesu nachzuahmen. Sie haben schon bald vergessen, daß ihnen Jesus das Recht auf Machtbestrebungen sowie das Verteilen von Macht zu seinen Lebzeiten abgesprochen hatte. Vergessen sind auch all jene Worte, mit denen er sich mit der Weisheit identifiziert und die Heilige Geistin seine Mutter genannt hat. Vergessen wird auch, daß ihr »Herr« die Frauen immer wieder in Schutz genommen hatte vor den Jüngern und Männern seiner Zeit und sie schließlich zur Verkündigung an seine Brüder beauftragt hatte.

Mitten in diese Zeit sich erneut ausbreitender frauenfeindlicher Tendenzen innerhalb des Christentums tritt das Bild von der schwangeren Frau am Himmel. Hier wird der Mutterschoß zum Nabel des Weltgeschehens, obwohl die ersten Kirchenmänner sich bereits anschicken, ihn für »unrein« zu erklären, wie es vor ihnen andere bereits getan hatten. Die Heiligkeit des mütterlichen Schoßes war längst ausgelöscht worden. Nun bricht sie doch wieder aus den himmlischen Gefilden hervor, leuchtet noch einmal am Himmel der christlichen Religion.

Mit der bevorstehenden Neugeburt des Männlichen treten auch dessen Gegenkräfte – wie immer in vernichtender Absicht – auf den Plan. Bei der Geburt Jesu übernimmt der Kindesmörder Herodes diesen Part im Drama des Patriarchats – hier ist es der Drache. »Und der Drache trat vor das Weib, die gebären sollte, auf daß, wenn sie geboren hätte, er ihr Kind fräße.«[8] Dieses feindliche Wesen wird in Vers 3 als ein großer roter Drache mit sieben Häuptern, sieben Kronen und zehn Hörnern beschrieben.

Daß es sich bei diesem Ungeheuer keinesfalls um ein »Symbol matriarchaler Weisheit« handeln kann, wie Erika Wisselinck vermutet[9], liegt auf der Hand, wenn wir uns die Handlungen und Symbole des Drachen näher anschauen.

Seine Absicht ist nicht nur die Vernichtung des neugeborenen Männlichen, sondern ebenfalls jener bereits existierenden Abkömmlinge dieses ganzheitlichen Weiblichen, das sich den von Jesus gelebten Werten verpflichtet weiß und nicht dem Ausleben von Macht auf Kosten anderer.

Die rote Farbe des Drachen weist bereits auf dessen Willen zur Vernichtung. Neben der lebensbejahenden und -erhaltenden Symbolik dieser Farbe kommt ihr noch eine weitere Bedeutung zu. »Im Erlebnis des vergossenen Blutes, beginnend schon mit der Beschneidung des Knaben, bei den Pubertätsriten, in der Erfahrung von Verletzung und Kampf, bei der Jagd, beim Schlachten und beim Opfern sieht Chevalier die männliche Rot-Symbolik begründet«, schreibt Ingrid Riedel in ihrem Buch »Farben«[10] und weist darauf hin, daß Generäle und Kaiser des kriegerischen Rom ebenfalls Rot trugen als Symbol ihrer aggressiven Absichten. Auch »verblendete Leidenschaft und Gier« werden durch diese Farbe symbolisiert[11]. Der rote Drache will das neugeborene Kind nach seiner Geburt sofort auffressen, seine aggressive Gier an ihm befriedigen – das ist die Schattenseite des zeitlosen Festes der Geburt des göttlichen Kindes.

Heute stellt sich die Kehrseite dieses Festes ungefähr so dar: Die Freude über die Geburt des Kindes, das aus dem Heiligen Geist gezeugt wurde, wird begleitet von einem geistlosen Fernsehprogramm, wie es anspruchsloser kaum vorstellbar ist. Die Ärmlichkeit der Geburt im Stall wird kontrastiert durch überfüllte Warenhäuser, so daß die Anbetung an der Krippe zum Tanz ums Goldene Kalb ausartet. Der neben dem neugeborenen Sohn verehrten Mutter Maria mit dem sie schützenden Josef an ihrer Seite stehen überfüllte Frauenhäuser gegenüber, in die Frauen und Kinder vor der brutalen Gewalt ihrer Ehemänner, Partner und Väter flüchten müssen. Krassere Gegensätze sind wohl kaum möglich.

Verblendete Leidenschaft und Gier zeigen sich aber auch in den symbolischen Merkmalen des Drachen: den sieben Häuptern und Kronen sowie den zehn Hörnern, die ein Ausdruck der ungezügelten Machtgier sowie der umfassenden Machtausübung sind – eine Symbolik, für die nicht nur das damalige Römische Reich Pate gestanden hat, der vielmehr in jedem Jahrhundert des Patriarchats in ähnlichen, aber auch neuen

Varianten Ausdruck verliehen wurde. Dem lebenschenkenden Weiblichen steht hier das lebenvernichtende Männliche gegenüber – ein Gegensatzpaar, wie es krasser nicht geht und für das es nur das Entweder-Oder zu geben scheint.

Dem Vernichtungswillen des Drachen scheinen aber doch Grenzen gesetzt zu sein. Wohl kann er verhindern, daß das neue Männliche auf dieser Erde wächst und sich ausbreitet, zerstören jedoch kann er es nicht; »denn es ward entrückt zu Gott und seinem Thron«[12]. Die Erwähnung des göttlichen Thrones an dieser Stelle gewinnt eine tiefere Bedeutung auf dem Hintergrund dessen, was ich über diese Symbolik sagte. Sie verweist auf den weiblichen Urgrund des Göttlichen.

Ob sich der Visionär selbst allerdings der Androgynität der Gottheit bewußt war, erscheint mir recht fragwürdig, ist aber auch nicht von allzu großer Bedeutung, da die von ihm gebrauchten Symbole überwiegend archetypischer Natur sind und aus den tiefsten Schichten des Unbewußten, dem matriarchalen Urgrund der Seele, in ihm aufsteigen.

Weder das Weibliche noch das keimhaft neue Männliche ist dem Vernichtungswillen des Drachen ausgeliefert. Beide stehen unter dem Schutz der androgynen Gottheit. Der Schonraum des Weiblichen ist die Wüste, in die es fliehen muß, »wo sie einen Ort hat, bereitet von Gott, daß sie daselbst ernährt würde«[13]. Die Wüste ist der Ort der Unfruchtbarkeit, der eine neue Phase anzeigt, in die das Weibliche nach seiner fruchtbaren Phase der Schwangerschaft nunmehr eintritt. Die Welt der Fruchtbarkeit liegt jetzt im Herrschaftsbereich des Drachen; denn nur dort findet er genug zu »fressen«. Die Wüste hingegen wird zum Ort der Bewahrung, der Abgeschiedenheit und inneren Sammlung, der Rückbesinnung auf sich selbst. Auch sie ist ein Bereich der Mutter Erde, die auch hier noch bewahrt und ernährt.

Zur Flucht in die Wüste, bei der das Weib von dem Drachen verfolgt wird, erwachsen ihr Adlersflügel[14], »Zeichen für neue Kraft«, wie Uta Knolle[15] schreibt. Nicht zum Kampf gegen den Drachen empfängt das Weibliche diese Kraft, sondern zur Flucht vor ihm, zur Rettung der eigenen Haut – ein Bild, das mir weitaus realistischer erscheint als die kämpferische Faust in manchen Frauenzeichen feministischer Gruppierungen. Im offenen Kampf ist dieses vernichtungswillige Drachensystem nicht zu überwinden. Darin ist es seit Jahrtausenden geübt. Lassen wir ihm daher den Ruhm, daß sein Zerstörungswille unüberbietbar ist!

Die Adlersflügel dienen dem Weiblichen wohl zur Flucht, jedoch nicht zum Abheben aus dem irdischen Raum. Wenn es auch seinen Ursprung im Göttlichen (Himmlischen) hat, so bleibt es doch mit der Erde verhaftet. Anders als sein männliches Kind kann es sich nicht einfach aus dem irdischen Bereich loslösen, wie es die Entrückung des Sohnes anzeigt. »Aber die Erde half dem Weibe und tat ihren Mund auf und verschlang den (Wasser-)Strom, den der Drache aus seinem Munde schoß.«[16] Bis zum Schluß zeigt sich in diesem Bild die innere Verbundenheit und Zusammengehörigkeit der himmlischen Mutter mit der Mutter Erde. Geist und Natur bilden eine Einheit und arbeiten daher Hand in Hand, sind letztlich durch keinen Vernichtungsversuch auseinanderzubringen. Das Verschlingen der Mutter Erde dient der Bewahrung, das Verschlingen des Drachen dient der Vernichtung.

In einem letzten Versuch der Zerstörung des Weiblichen bedient sich der Drache eines Wasserstromes, den er hinter der fliehenden Frau herschießt. Wasser – ansonsten Symbol lebenspendender und -erhaltender Kraft, physischer und geistiger Erneuerung – wird im Maul des Drachen zum Mittel der Vernichtung. Wo er die Macht hat, gibt es keinen Schutz vor Mißbrauch. Kann er die Frau schon nicht verschlingen, so will er sie wenigstens hinwegschwemmen. Sie soll untergehen, von der Bildfläche verschwinden – eine Forderung, wie sie, wie überall im Patriarchat, auch im Christentum laut wird und sich zur Zeit der Vision durchzusetzen beginnt.

Weil das Hinwegspülen des Weiblichen mißlingt, geht der Drache aus Zorn über das Weib hin, »zu streiten mit den übrigen von ihrem Samen, die da Gottes Gebote halten und haben das Zeugnis Jesu Christi.«[17] Das Weibliche ist nicht nur Mutter eines Sohnes. Es gibt viele Ableger ihrer ganzheitlichen Bewußtseinshaltung, die sich aber in der Konfrontation mit dem Drachen als überaus gefährlich erweist. Ihm gilt es, gerade diese auszumerzen. Wo ein solcher Vernichtungswille herrscht, werden göttliche Gebote nicht eingehalten, er kann sich aber auch nicht auf göttlichen Willen berufen, wie dies gerade die zerstörerischsten Kräfte in der Welt immer wieder lautstark tun. Ganz deutlich sagt es der letzte Satz dieser Vision: *Ihre* Nachkommen sind die eigentlichen Feinde der zerstörerischen Macht. Das bedeutet aber gleichzeitig, daß nur, wer von *ihr* abstammt, ein Zeugnis Jesu Christi – ihres Sohnes – sein kann.

Recht auffallend erscheint mir die Ähnlichkeit zwischen dieser apokalyptischen Vision vom Sonnenweib, deren Erfüllung für die Endzeit angesagt wird, und den Selbstaussagen der dreigestaltigen Protennoia. Die nachfolgenden Sätze spricht diese Allgöttin zu den Gnostikern:

So hört denn auf mich, ihr Kinder der Einsicht,
hört auf die Stimme der Mutter eures Erbarmens,
denn ihr seid gewürdigt worden, das von Ewigkeit her
verborgene Mysterium zu empfangen.

Ja, das Ende dieses Äons und des ungerechten Lebens
ist nahe herbeigekommen;
und es ist erschienen der Anfang des Äons des Lichtes,
in dem es kein Wanken und keine Erschütterung mehr gibt.

Ich bin mannweiblich,
ich bin Mutter und Vater,
bei mir selbst wohnend,
mich mit mir selbst vereinigend
und mich selbst liebend.
Weil das All durch mich allein Bestand hat,
bin ich der Mutterschoß der Erkenntnis des Alls,
die ich gebäre das Licht,
das der Nacht und das des Tages.
Ich bin der zukünftige Äon.

Ich bin die Erfüllung des Alls,
– nämlich Meirothea, die Herrlichkeit der Mutter –
die ich erschallen lasse eine rufende Stimme
in den Ohren derer, die mich erkennen.
Und ich lade euch ein in das Licht,
das erhaben und vollkommen ist[18].

Diese Übereinstimmung von Bildern und Worten des kosmischen Weiblichen, das den Menschen »das von Ewigkeit her verborgene Mysterium« offenbart, erscheint um so problematischer, wenn wir uns die anti-gnostische und damit verbunden die androzentrisch anti-weibliche Einstellung des apokalyptischen Visionärs vor Augen führen, wie sie im 2. Kapitel der Offenbarung durchschlägt. Dort beschreibt er in seinem Sendschreiben an die Gemeinde von Thyatira die Auseinandersetzung mit einer gnostisch-christlichen Prophetin namens Isebel, die er der Hurerei, der Verführung der Knechte Christi und des Essens von Götzenopfern anklagt[19]. Der Gemeinde selbst wirft er vor, daß sie dieser Prophetin überhaupt das Lehren gestattet. Alle diese Vorwürfe – bis auf das Essen von Götzenopfern – weisen in ein und dieselbe Richtung: auf den Machtkampf, der in den ersten drei Jahrhunderten in den christlichen Gemeinden stattfand und der schließlich mit der Verketzerung gnostischen Gedankengutes und der Frau gleichermaßen endete.

Endlos sind die Vorwürfe gegen gnostische Gruppierungen, weil diese die matriarchale Auffassung vom Geschlechtsakt als hieros gamos, als eine mystische Vereinigung und damit auch Sinnbild für die Vereinigung mit der Gottheit übernehmen. Damit wird aber gleichzeitig die Sexualität von der Ehe abgekoppelt, die nicht mehr Bedingung für den Geschlechtsakt ist. Eine solche Vergeistigung der Geschlechtsgemeinschaft ist dem orthodoxen Christentum nie gelungen. Von Anfang an hatte es ein gespanntes Verhältnis zur Sexualität, die innerhalb der Ehe als animalisches Brunstverhalten[20] oder als leidige Notwendigkeit zur Erzeugung von Nachkommen, außerhalb der Ehe jedoch als Hurerei angesehen wurde.

Nun wird diese antisexuelle Haltung, die eng verwoben ist mit der antignostischen und antiweiblichen Haltung, von zeitgenössischen Theologen gern damit entschuldigt, daß die Kirchenmänner der ersten Jahrzehnte des Christentums durch ihre Erwartung des unmittelbar bevorstehenden Endes geprägt gewesen seien. Daß aber auch ohne eine solche Erwartung diese Haltung das Judentum und Christentum weitgehend geprägt hat, wird dabei übersehen.

Diese frauenfeindliche Haltung der die Patriarchatsgesellschaft prägenden Männer ließe sich durch endlose Zitate aus jedem Jahrhundert des uns bekannten Juden- und Christentums nachweisen, wofür hier allerdings der Raum zu schade wäre. Von ihr ist auch der Apokalyptiker geprägt. Sehen wir uns seine Vorhaltungen, die er der Prophetin und der Gemeinde von Thyatira macht, etwas genauer an, so erkennen wir darin die typisch männlichen Ängste, Projektionen und Abwehrreaktion durch Verketzerung.

Den Vorwurf des Essens von Götzenopfern hatte ich zuvor ausgeklammert. Er zeigt aber ganz deutlich, daß es hier nur um die Diffamierung der Frau geht, denn bereits Paulus war zu dem Schluß gekommen, daß solche Handlung keinerlei moralische Bedeutung hat. Er schreibt dazu in 1. Korinther 8,8: »... essen wir, so werden wir darum nicht besser sein; essen wir nicht, so werden wir darum nichts weniger sein.« Diese »liberalere« Haltung war also auch damals bereits männlicherseits denkmöglich. Für den Apokalyptiker kommt sie aber nicht in Frage. Statt dessen verwendet er eine aus ethischer Sicht unbedeutende Handlung, um sie als Anklage gegen eine Prophetin anführen zu können. Die übrigen Vorwürfe der Hurerei, der Verführung der Männer zum Abfall vom wahren Glauben und der weiblichen Lehre treten in konstanter Regelmäßigkeit auch in jüdisch-christlichen Lehrmeinungen auf[21] und eskalieren dann zu Beginn der Neuzeit im »Hexenhammer« und in der systematischen Frauenvernichtung. Diesen Teil der johanneischen Apokalypse als »göttliche Offenbarung« zu bezeichnen, das erscheint mir bei solchen historischen Gegebenheiten eher blasphemisch.

Es ist meines Erachtens sehr wichtig, diesen patriarchalischen Hintergrund mit zu berücksichtigen, um die Bedeutung, die der Vision des himmlischen Weibes in diesem Werk zukommt, recht würdigen zu können. Da taucht aus der finstersten Frauenfeindlichkeit urplötzlich diese weibliche Lichtgestalt auf, mit jenem Symbol der Sonne bekleidet, das längst von männlichen Gottheiten okkupiert war, und führt der Welt ihre Schwangerschaftswehen vor Augen, einer Welt, die gerade diesen Bereich des Weiblichen tabuisiert und für unrein erklärt hatte – um dessentwillen sie kultunfähig war. Ein Bereich, den dann katholische Kirchenlehrer »gereinigt« haben durch ihre Lehre von der schmerzlosen Geburt bei geschlossenem Leibe. Ihnen scheint jenes Sonnenweib ihre Geburtsklagen ins Gesicht zu schreien – ein Bild der Auferstehung der gesammelten weiblichen Kräfte (leiblich, seelisch und geistig), des weiblichen Aufstandes gegen alle menschenverachtende Frauenfeindlichkeit. Ein starkes Bild, das im katholischen Dogma von der Aufnahme Mariens in die himmlische Herrlichkeit nicht nur abgeschwächt, sondern sogar in sein Gegenteil verkehrt wurde. Das Sonnenweib erscheint am Himmel und kommt auf die Erde, schreit und gebiert – alles aktive Handlungen –, während die katholische Maria betontermaßen passiv in den Himmel aufgenommen wird und dennoch keinen Anteil an der männlichen Dreieinigkeit erhält. Hier wird das Symbol göttlicher Offenbarung – die Anwesenheit des Weiblichen im Himmel (und auf Erden) – mit Hilfe eines dogmatischen Lehrsatzes korrigierend zurechtgestutzt, so daß es dem Lehrgebäude der Kirche eingepaßt werden kann und dieses nicht mehr zu sprengen droht.

Entwicklung eines noch umstritteneren Dogmas

Das – vorläufig – letzte Dogma von der leiblichen Aufnahme Marias in den Himmel hat vor gut drei Jahrzehnten der protestantischen Welt einen Schock versetzt; aber nicht nur ihr. Auch gläubige Katholikinnen hat es »zutiefst unglücklich« gemacht. Zwei von ihnen, die ihrem Unmut über diesen »von Gott geoffenbarten« kirchlichen Lehrsatz in einem Schreiben an den Religionswissenschaftler Friedrich Heiler Ausdruck geben, will ich hier zitieren: Eine alte Dame aus Süddeutschland schreibt: »Viele Wochen habe ich schwer darunter gelitten, persönlich und für die ganze Christenheit, der auch noch diese Last zu den vielen anderen auferlegt wurde.«

Und eine bedeutende katholische Frau schreibt: »Es bleibt uns nichts anderes übrig, als dieses Dogma wie ein verschnürtes Paket in die Ecke zu stellen.«[22]

Daß es selbstverständlich auch zu positiven Reaktionen gekommen ist, braucht hier wohl kaum erwähnt zu werden; daß aber der protestantische Psychologe C. G. Jung dem Papst applaudiert für diese weise Entscheidung, erweckt allseits Befremden.

Mit diesen so unterschiedlichen Reaktionen wird bereits deutlich, *wie* umstritten das jüngste Dogma ist. Genau wie dem dritten Dogma fehlt auch diesem nach Meinung katholischer und protestantischer Theologen jegliche biblische

Grundlage, wenn die wenigen »an den Haaren herbeigezogenen« Bibelzitate, die in der offiziellen Begründung angeführt werden, nicht als solche angesehen werden sollen. Aus katholischer Sicht kommt noch erschwerend hinzu, daß die Befürworter dieses Dogmas sich noch nicht einmal auf die Lehre der Kirchenväter stützen können, ja es selbst von Päpsten abgelehnt wurde. Schauen wir uns also die ungewöhnlich lange Entwicklung eines kühnen Lehrsatzes bis zu seiner offiziellen Verkündigung etwas genauer an.

Es war ein abenteuerlicher Weg, den die Magd des Herrn, die in einem Stall ein Kind zweifelhafter Herkunft zur Welt brachte, zurückzulegen hatte, bis sie endlich, im Jahr des Herrn 1950, zur Königin des Himmels avancierte. Diesen Weg – wenn er auch Thema des ganzen Buches ist – möchte ich durch Skylla und Charybdis dogmengeschichtlicher Zusammenhänge in geraffter Form nachzeichnen. So dunkel wie das Ende Marias ist auch der Anfang der Überlieferung von ihrer leiblichen Aufnahme (Assumptio) in den Himmel. Aus den ersten christlichen Jahrhunderten gibt es keine Aufzeichnungen darüber, und auch die Kirchenväter scheinen nichts von ihr zu wissen. So führt das Schweigen der Geschichte zum Erzählen von Geschichten.

Es beginnt mit einer geheimnisvollen Legende vom Verschwinden des Leichnams der Maria, der Überlieferungen vom leeren Grab folgen. Im 5. Jahrhundert tauchen eine Fülle von Fragmenten auf, die unter dem Titel »Transituslegenden« zusammengefaßt werden. In vielfältiger Weise wird dort über das Ende Marias und ihren Transitus, ihren Übergang in die himmlische Herrlichkeit oder auch ins Paradies, berichtet[23].

Marina Warner gibt eine Übersicht über die Inhalte einer fragmentarischen Vision des jenseitigen Lebens wieder, die in syrischer Sprache verfaßt ist und den Titel trägt »Exequien der heiligen Jungfrau«[24]. Aus den aufgeführten Inhalten möchte ich hier nur jenen Teil wiedergeben, der den Transitus Marias, ihr Hinübergehen, beschreibt: Nachdem die Apostel beim Tode Marias aus allen Teilen der Welt zusammengerufen wurden, sagt ihnen der Heilige Geist, daß sie den Leichnam Marias in einer Höhle am Ölberg bestatten sollen, und zwar in der innersten von drei ineinander befindlichen Höhlen. »Als Maria in der innersten Höhle niedergelegt worden ist, erscheinen Engel, und Wägen mit Moses, Enoch und Christus kommen herab. ›Und sie trugen die Gebenedeite in dieser Herrlichkeit zum Paradies, und ihr heiliger Leichnam wurde dort niedergelegt. Und dann wurde sie nach oben getragen und erreichte die Pforte zum Paradies; das Schwert, das es umgibt, wurde weggenommen, und die Geheiligte ging mit unaussprechlicher Herrlichkeit ins Paradies ein ... Und sie legten sie in grenzenloses Licht zwischen die köstlichen Bäume des Gartens Eden; und sie priesen sie mit einer Herrlichkeit, die das menschliche Auge nicht zu schauen vermag ...‹ Die Apostel erbitten dann von Jesus, daß alle, die das Gedächtnis an die jungfräuliche Mutter bewahren, eine Antwort auf ihre Gebete erhalten sollen ... sie entrückt in den Himmel, und im Moment ihres Transitus ... sind die vier Männer der Bibel anwesend, die auch das Schicksal des sterblichen Menschen besiegt hatten. Enoch soll direkt in den Himmel eingegangen sein (vgl. Genesis 5,24; Hebräer 11,5); Moses' Tod war in Geheimnis gehüllt, denn am Ende des Deuteronomiums steht: ›Und niemand kennt sein Grab bis auf den heutigen Tag.‹ Elias wurde auf einem Feuerwagen in einem Wirbelsturm in den Himmel getragen. Als Christus auf dem Berg verklärt wird, erscheinen neben ihm zwei Gestalten in blendender Herrlichkeit – Moses und Elias, die Vorboten seiner Auferstehung. Wie sie und ihr Sohn wird Maria in den Himmel aufgenommen, um dort in ihrem glorifizierten Körper zu leben, als Versprechen der Wiederauferstehung des Fleisches, die jeder Kreatur zuteil wird.«

Hier wird noch einmal der Auferstehungsglaube besiegelt, für den die männlichen Garanten nicht ausreichend zu sein schienen. Nach einer griechischen Legende bittet sie unmittelbar vor ihrem Tode Jesus »um Gnade für alle Sünder, die sie anrufen«[25]. Dort wird ebenfalls berichtet, daß man das Grab der Jungfrau drei Tage nach ihrem Tode leer fand.

Dies ist nur ein sehr kleiner Teil der reichhaltigen Legendenbildungen um Marias Tod und Auferstehung. Schon ein kurzer Blick auf dieses Material zeigt eine große Ähnlichkeit mit jenen Legenden, die sich um Tod und Auferstehung Jesu bildeten. Den frühchristlichen »Ketzern« scheint es darum gegangen zu sein, Maria möglichst »gleichberechtigt« neben ihrem Sohn erscheinen zu lassen durch Betonen weitgehender

Ähnlichkeiten. In diese Richtung müssen auch Dantes Empfindungen gegangen sei, als er einige Jahrhunderte später schrieb, »daß die Jungfrau die war, ›die Christus am ähnlichsten war‹«[26].

Zu dieser Ähnlichkeit zwischen Christus und Maria gesellt sich auch noch der traditionelle »Lieblingsjünger« Johannes, von dem die Legende ebenfalls zu berichten weiß, daß sein Grab leer war. Statt seines Leichnams fand man nur noch seine Sandalen.

Überhaupt nimmt sich die Legende der Beziehung zwischen Maria und Johannes an, indem sie zu berichten weiß, daß dieser die ihm von seinem Meister anvertraute Mutter mit nach Ephesus genommen habe, wo sie schließlich gestorben sei. Daneben wird auch die Tradition ihres Ablebens in Jerusalem gepflegt, wo man seit dem 7. Jahrhundert das leere Grab zeigt. Es ist ein Felsengrab und soll wohl an das Grab Jesu erinnern.

In einer dritten Variante heißt es, daß Maria mit Joseph von Arimathia nach Glastonbury in England gekommen und dort gestorben sei.

Wenn auch diese Legenden keinen Aufschluß über das wirkliche Ende Marias geben können, so belegen sie doch zumindest dessen Ungewißheit, die viele mittelalterliche Theologen auch zuzugeben bereit sind. Einer von ihnen ist wahrscheinlich Paschasius Radbertus, dem ein umfassender mariologischer Text zugeschrieben wird, aus dem insgesamt eine enthusiastische Marienverehrung herausklingt. Dennoch warnt er vor zu großer Leichtgläubigkeit:

»Ich habe euch geschrieben, damit, wenn etwa jene apokryphe Schrift über den *Transitus* jener Jungfrau in eure Hände käme, ihr nicht zweifelhafte Dinge für gewiß anseht . . . Denn von jener Schrift kann nichts als sicher angesehen werden als dies, daß Maria am heutigen Tage herrlich aus dem Leibe abgeschieden ist. Man zeigt uns ihr Grab, das wir bis zum heutigen Tage inmitten des Tales Josaphat sehen . . ., wo zu ihrer Ehre eine Kirche erbaut ist, . . . in welcher sie, wie dort alle sagen, bestattet worden ist. . . . Aber jetzt wird denen, die sie betrachten, ein leeres Grab gezeigt. Dies möchte ich sagen, weil viele von den Unseren im Zweifel sind, ob sie mit dem Leibe oder ohne Leib abgeschieden ist. Wie aber und zu welcher Zeit und von wem ihr heiligster Leib weggenommen und wohin er gebracht worden ist, oder ob sie auferstanden ist, weiß man nicht, obgleich einige glauben möchten, daß sie auferstanden und mit Christus im Himmel in seliger Unsterblichkeit bekleidet sei. Das glauben viele auch von dem heiligen Johannes, dem Evangelisten, ihrem Diener, welchem als einem Jungfräulichen die Jungfrau von Christus anvertraut wurde; denn in seinem Grab fand man, wie überliefert wird, nichts als Manna, das man auch sprudeln sieht. Was freilich davon für wahr zu halten ist, darüber sind wir im Zweifel. Besser überlassen wir das Ganze Gott, dem nichts unmöglich ist, als daß wir mit unserer Autorität etwas in verwegener Weise zu entscheiden suchen, was wir nicht beweisen können, was wir auch im Hinblick auf jene glauben, die nach dem Evangelium im Herrn auferstanden sind. Aber ob sie zum Staub der Erde wieder zurückgekehrt sind, ist für uns nicht sicher, weil wir nur lesen: *Quia multa corpora eorum qui dormierant resurrexerunt etc.* (Matth. 27, 52 f.). Daß dies auch bei der heiligen Jungfrau zutraf, bestreiten wir nicht, weil bei Gott kein Ding unmöglich ist; aber wegen der notwendigen Vorsicht ist es erforderlich, daß wir eher etwas in frommer Sehnsucht vermuten, als daß wir unbesonnen entscheiden, was wir ohne Gefahr nicht wissen können.«[27]

Es ist anzunehmen, daß sich dieser Text gegen gewisse Marienpredigten aus derselben Zeit richtet, die ganz ungeniert von der Assumptio Marias sprechen. Hier zwei Beispiele[28]:

»Der Mönch Theognost (Ende 9. Jahrhundert) bezeichnet in einer kurzen Assumptio-Predigt es als geziemend, daß die ›von Anfang an durch heiliges Gebet im Schoß ihrer heiligen Mutter durch ein heiliges Eingreifen empfangen worden war und die, heilig wie sie war, im Tempel (von Engeln) ernährt wurde und die durch die Botschaft eines Engels den Vollzug ihrer heiligen Empfängnis erfuhr und gleicherweise eine heilige Geburt erlebte; für sie, sage ich, ziemte es sich, daß sie eines heiligen Heimgangs teilhaftig wurde. Denn für die, deren Lebensanfang heilig war und heilig auch das dazwischenliegende Leben, war auch das Ende und die ganze Existenz heilig.‹ Der Prediger stützte sich ausgiebig auf den apokryphen Bericht des Johannes von Thessalonich, ließ aber über die

Auferstehung und die endgültige Wiedervereinigung von Leib und Seele der heiligen Jungfrau keinen Zweifel. Georg von Nikomedien (nach 880) begründete die volle Aufnahme Mariens so: ›Weil sie völlig unberührt war von jeder Sünde und jeglichem Schmutz, ließ er (Gott) sie aus dem Tod mit Leib und Seele ins Leben hinüberschreiten und nahm sie auf zum geistigen und himmlischen Opferaltar.‹«

Sosehr hier Maria in »gefährliche« Nähe zu Christus gerückt wird, so fehlt es andererseits nicht an Mahnern, die die Gefährlichkeit solchen Vorgehens erkannten. Einer von ihnen ist Johannes von Damaskus, der im 8. Jahrhundert seiner Gemeinde vorhält: »Wir aber feiern nicht eine Göttin wie in den phantastischen Geschichten der Griechen(!), denn wir verkünden ihren Tod.«[29] Bei solchen Anliegen paßt die Krönung einer Himmelskönigin selbstverständlich nicht ins Konzept der Kirche, die sich offiziell noch von solchen Vorstellungen distanziert.

»Ja, das Brevier der katholischen Kirche enthielt jahrhundertelang Abschnitte, die energisch vor der Annahme einer leiblichen Himmelfahrt Marias warnten. Diese alljährlich am Fest Mariae Himmelfahrt verkündeten Warnungen wurden aus der römischen Liturgie erst im 16. Jahrhundert durch Papst Pius V., in Frankreich sogar erst Ende des 17. Jahrhunderts beseitigt.«[30]

Hatte im 12. Jahrhundert eine mystische Nonne namens Elisabeth von Schönau aufgrund einer besonderen göttlichen Offenbarung verkündet, daß der Leib Marias auferstanden und in den Himmel aufgenommen sei, so war es rund 700 Jahre später wiederum eine Frau, die spanische Königin Isabella, die den Papst 1863 um eine Definition des Assumptio-Dogmas bat, nachdem seit dem Ende des Mittelalters der Glaube an die leibliche Aufnahme Marias in den Himmel Gemeingut der Theologie wie der Volksfrömmigkeit geworden war.

Die Bitte der spanischen Königin war nicht die erste dieser Art. Dennoch kann sie als Auftakt zur eigentlichen assumptionistischen Bewegung gewertet werden. Ihr schlossen sich Millionen Gläubige an, so daß auf dem Konzil von 1870 bereits 204 Bischöfe mehrere Forderungen nach der Definition des Dogmas unterschrieben. Natürlich war diese Petitionsbewegung im Schoße des Vatikanischen Konzils von einzelnen Eiferern organisiert worden, die von der Definierbarkeit eines solchen Dogmas fest überzeugt waren. Die aber erwies sich als äußerst schwierig und blieb bis zur tatsächlichen Verkündigung ein echter Schwachpunkt.

Indessen hatte es den Anschein, als spräche die Gottesmutter ihre eigene Sprache. Sie zeigte sich in La Salette 1846, in Lourdes 1858 und in Fatima 1917. Neben diesen offiziell anerkannten Marienerscheinungen werden noch viele andere berichtet, von denen wohl die des Papstes am prominentesten erscheinen mag. Am 30. Oktober 1950 sah Pius XII. bei einem Spaziergang in den vatikanischen Gärten am Himmel »das Wunder des Tales von Fatima«, eine Erscheinung, die sich noch an den beiden folgenden Tagen wiederholte[31]. Sicher mag dieses Papst-Erlebnis mit dazu beigetragen haben, daß die Dringlichkeit eines solchen Dogmas veranschaulicht werden konnte, das zwei Tage später unter dem tosenden Beifallssturm von mindestens 600000 Menschen aus aller Herren Länder verkündigt wurde.

Fast hat es den Anschein, als sollte das Fehlen stichhaltiger Begründungen, wie es von vielen katholischen Theologen recht schmerzlich empfunden wird, durch einen »gewaltigen Pomp« kompensiert werden, den ich Friedrich Heiler näher beschreiben lasse[32].

»Die Verkündigung des Dogmas geschah mit einem gewaltigen Pomp. Vor dem Eingang zur Peterskirche war unter einem schmucken Baldachin der Thronsessel des Papstes aufgerichtet. Der Dekan des Kardinalkollegiums trat vor die Stufen des Thrones und richtete an den Papst im Namen der katholischen Christenheit die Bitte, die Lehre von der leiblichen Aufnahme Marias in den Himmel als Glaubensdogma zu verkündigen. Der Papst gebot, den heiligen Geist anzurufen und stimmte kniend das *Veni creator spiritus* an. Dann verlas er aus der kunstvoll bemalten und geschriebenen Bulle den Text der Definition vor zwei goldenen Mikrophonen, die ihm für diesen Zweck zum Geschenk gemacht worden waren. Nach einer Ansprache verlas er kniend ein von ihm selbst verfaßtes Gebet an die *Assunta*. Schließlich stimmte er das *Tedeum* an. Die Glocken der Peterskirche begannen zu läuten; ihnen folgten die Glocken der zahllosen Kirchen der heiligen Stadt; 26

Kanonenschüsse ertönten vom Janiculus her, und 2000 Brieftauben stiegen vom Vatikan in die Lüfte, um Botschaften in die ganze Welt zu bringen. Die riesige Menge gab ihrem Jubel in Händeklatschen und in brausenden Zurufen Ausdruck: *Evviva la Madonna, evviva il Papa!*«

Das als »göttlich geoffenbarte Dogma« besagt, daß die »unbefleckte Gottesgebärerin und immerwährende Jungfrau Maria nach Vollendung ihres irdischen Laufes mit Leib und Seele in die himmlische Glorie (Herr-lichkeit!) aufgenommen worden ist«[33]. Das Ende des päpstlichen Schreibens erweckt wiederum den Eindruck, daß fehlende biblische und kirchenväterliche Autorität durch päpstliche Drohung ersetzt werden solle, denn es heißt:

»Wenn daher, was Gott verhüten möge, jemand das, was von Uns definiert worden ist, willentlich zu leugnen oder in Zweifel zu ziehen wagen sollte, so wisse er, daß er völlig vom göttlichen und katholischen Glauben abgefallen ist ... Niemand sei es also erlaubt, diese Unsere Erklärung, Verkündigung und Definition zu entkräften oder ihr in verwegenem Unterfangen entgegenzutreten oder sie zu bekämpfen. Sollte sich aber jemand unterfangen, es dennoch zu tun, so möge er wissen, daß er dem Zorn des allmächtigen Gottes und der seligen Apostel Petrus und Paulus verfallen wird.«[34]

Um wenigstens den Anschein der Möglichkeit einer biblischen Grundlage des Dogmas zu erwecken, wurden mit einer ungeheuren Akribie folgende Bibelzitate herangezogen: »Erhebe dich, Herr, in deine Ruhe, du und die Lade deiner Heiligkeit.«[35] Der Lade als Symbol für Maria waren wir ja bereits begegnet. Ob dieses Gebet allerdings zur Begründung der Himmelfahrt Marias geeignet ist, wagen nur die wenigsten Theologen zu bejahen. Die nächsten beiden Texte stammen aus dem Hohenlied 3,6 und 8,5: »Wer ist, die da von der Wüste heraufzieht, Rauchsäulen gleich umwölkt von Myrrhe und Weihrauch, von allen Würzen des Händlers?« Die Antwort des Folgeverses lautet: Salomos Sänfte. Die Beziehung, die sich hier zwischen der Lade und Salomos Sänfte ergibt, ist zwar religionsgeschichtlich hochinteressant, kann aber hier nicht weiter untersucht werden. Und noch einmal wird die Frage gestellt: »Wer ist, die da von der Wüste heraufzieht, geschmiegt an ihren Geliebten?« Diesmal läßt der Text die Frage offen. Daß es sich beim Hohenlied um alte matriarchale Liebeslieder handelt, sei hier nur am Rande vermerkt.

Der letzte »Beleg« für die leibliche Aufnahme Marias in den Himmel wird Jesaja 60,13 und hier auch nur dem letzten Satzstück entnommen: »... denn ich will die Stätte meiner Füße herrlich machen.«

Auf starken Füßen steht das Dogma bei solchen »Beweisen« natürlich nicht; denn der stärkste Beleg, der dafür angeführt werden könnte, wird offiziell nicht erwähnt. Es ist die Himmelskönigin, die in der Johannes-Apokalypse auftaucht. Ihr hatte ich mich bereits im letzten Abschnitt gewidmet. Wohl bedienen sich katholische Theologen ihrer zur Rechtfertigung des Dogmas; sie wird aber nicht in der Begründung des Vatikans herangezogen.

Schließlich ist es auch noch möglich, durch »logische« Schlußfolgerungen die Wahrheit des Dogmas zu untermauern. Schauen wir uns daher drei Denkmodelle an, die M. Jugie in seinen Ausführungen über die Definierbarkeit der Himmelsaufnahme anbietet[36]:

»a) Christus bewies durch sein ganzes Verhalten seine Hochschätzung gegenüber dem vierten Gebot und damit gegenüber seiner leiblichen Mutter; b) er war geneigt und imstande, ihr auch die höchste Ehre zu erweisen als Ausdruck seiner Sohnesliebe; c) also ließ er ihr das Privileg der Himmelaufnahme zuteil werden. Oder: a) Sündenlose waren dem von Gott verhängten Fluch der Verwesung des Leibes nicht unterworfen; b) Maria ist die einzige völlig Sündenlose; c) also wurde sie von diesem Fluch bewahrt und so der Vollerlösung teilhaftig. Schließlich mit Bezug auf die Eva-Maria-Parallele: a) Maria hat moralisch am Erlösungswerk teilgenommen als die neue Eva; b) Christi Erlösungstat wurde durch seine Himmelfahrt gekrönt und belohnt; c) also durfte auch seiner Mutter diese Auszeichnung widerfahren.«

Wenn auch nicht jede Schlußfolgerung für sich als zwingender Beweis gewertet wird, so liegt doch »der sicherste Weg zur Begründung des Dogmas« in der »Zusammenschau der mariologischen Wahrheiten«[37]. Schlecht dran ist ohnehin, wer sich allein auf Beweise und logische Schlußfolgerungen versteift. Schließlich ist nämlich »die himmlische Verherrlichung des jungfräulichen Leibes der erhabenen Gottesmutter ... von der

Art, daß kein menschlicher Geist mit rein natürlichen Kräften sie erkennen konnte«[38]. Und das ist eben das ganz Besondere an diesem letzten Dogma, daß sein Weg eben nicht so sehr und nicht ausschließlich über die argumentative Theologie verlief, sondern, wie auch bei anderen Glaubenswahrheiten bezüglich der Gottesmutter, über eine »gläubige Intuition, die diesen inneren Zusammenhang der Mariendogmen untereinander und mit der Christologie erspürt, ohne sich nur auf fromme Wünsche und brüchige quasi-historische Stützen des Glaubens berufen zu müssen«[39]. Daß diese Stützen aber für alle Dogmen gleich brüchig sind, wird leider nicht erwähnt.

Es ist interessant, daß hier die »gläubige Intuition« aufgewertet wird, die auf einen »inneren Zusammenhang« verweist, der gewiß nicht abgeleugnet werden kann. Daß er aber auch noch in ganz andere, von der Kirche nicht berücksichtigte Richtungen weist, die eine viel stabilere Grundlage bieten als alle biblischen Haarspaltereien, möchte ich im folgenden Abschnitt aufzeigen, der uns wieder durch die Religionsgeschichte führen soll. Auch ohne gläubige Intuition werden hier innere Zusammenhänge deutlich, die weit mehr zur Verkündigung dieses Dogmas beigetragen haben mögen, als den Kirchenmännern selbst bewußt war.

Religionsgeschichtliche Hintergründe

Es stimmt einfach nicht, was viele Theologen aufgrund unzureichender Recherchen immer wieder kolportieren: daß nämlich die weiblichen Gottheiten ausschließlich chthonischer – also erdhafter – Natur gewesen seien, während dann die männlichen Gottheiten fast genauso ausschließlich in himmlischen Gefilden angesiedelt werden. Unten die minderwertige verfügbare weibliche Materie, oben der göttlich-männliche unverfügbare Geist. Diverse Mythen und Bilder strafen diese Auffassung Lügen.

Die »Arbeitsteilung« oben männlich unten weiblich ist viel späteren Datums und bereits ein Produkt des spalterischen, trennenden patriarchalen Bewußtseins. In matriarchalen Religionen hingegen galt das Prinzip: Wie auf Erden, so im Himmel. Gerade weil es die alle anderen religiösen Gestalten überragende Erdmutter gab, mußte nach diesem Prinzip auch ihr himmlisches Abbild existieren, denn die schöpferische Kraft des Kosmos galt als dieselbe, die auf der Erde erfahren wurde.

Wer kennt sie nicht, jene Himmelsgöttin Neith oder Nut, die sich weltumspannend über die Erde beugt und mit ihrem Körper das Himmelszelt bildet? Mit Füßen und Fingerspitzen fest auf der Erde verankert, vereinigt sie so in sich das Oben und Unten. Sie ist die Himmlische Mutter des Sonnengottes, den sie des Morgens gebiert und am Abend wieder in sich aufnimmt, um ihn am nächsten Morgen wieder aus sich zu entlassen. Sie stellt den Kreislauf des Lichts dar, während Hathor die Manifestation der Sonne auf Erden ist. Unverkennbar trägt sie die Sonnenscheibe auf dem Kopf zwischen zwei Kuhhörnern, denn sie ist gleichzeitig die Himmelskuh, die nicht nur gebiert, sondern auch nährt, die Menschheit vom Himmel aus säugt. Ganz ähnlich heißt es von der griechischen Himmelskönigin Hera, daß die Milchstraße aus ihrer verspritzten Milch entstanden sei[40].

Da die Himmelskönigin alles, was ist, geboren hat, gehören ihr auch die Toten, deren Leiber in ihren irdischen Mutterschoß zurückkehren, während die Seelen ihren himmlischen Körper als Sterne zieren. Als Himmelskönigin ist sie daher gleichzeitig Königin der Unterwelt; denn »die Große Göttin ist ja als Hathor nicht nur das ›Haus des Horus‹, das heißt die Göttin des Osthimmels der Geburt der Horus-Sonne, sondern auch die Kuh am westlichen Berg, die Hathor der Toten. ... Sie ist, wie alle Ursprungsmütter, die Mutter ihres Vaters und die Tochter ihres Sohnes; in der paradoxen und wahren Aussage des Mythos hat sie das Männliche geboren, von dem sie gezeugt ist.«[41] Wie Neumann weiter schreibt, umfaßt die Einheit von Hathor, Nut und Isis in Wirklichkeit alle weiblichen Göttinnen, »die ihren Erzeuger schufen«[42].

Wenn auch die später aufkommende patriarchale Religion sie auf die Erde und dort noch möglichst in die Unterwelt verbannt, so erinnert doch die Große Himmelsgöttin in fast allen Religionen daran, daß sie ursprünglich das Umfassende, Kosmische und keineswegs lediglich eine »chthonische Göttin« war. »Sie ist das Ganze als Herrin der Gegensätze und enthält die drei Bereiche von Himmel, Meer und Unterwelt«.[43] Sie ist gleichermaßen das Kosmische und das Naturgesetz, das der

Welt Beständigkeit und Orientierung verleiht und die Menschen nährend erhält.

Überall im Mittelmeerraum treffen wir auf diese All-Eine, wenn sie uns auch in den verschiedenen Kulturräumen mit unterschiedlichen Namen begegnet: Anath, Anahita, Ashera, Ashtoreth, Astarte, Ishtar, Inana, Hera – Seiten könnten gefüllt werden mit ihren Namen, wobei allerdings der ihr in Israel verliehene Name Ashtoreth in Abwandlung von Astarte »anscheinend bereits eine böse Diffamierung in sich trägt, weil die Vokale einen Gleichklang mit dem verächtlich gemeinten Wort Boschet – Schande – erstreben«[44].

Daß auch die israelitischen Stämme diese Göttin verehrten, wurde bereits erwähnt. Daß dem Volk aufgrund dieser Verehrung Schuldgefühle eingeredet werden sollten, davon sind die Schriften des Alten Testaments voll. Ein König, der ihre Heiligtümer zerstören ließ, handelte nach dem Willen Jahwes und war daher ein »guter« König; wer dem Volk aber religiöse Freiheit gewährte, stellte sich damit Jahwe entgegen und konnte nur noch mit dessen Zorn rechnen. »Gute« und »schlechte« Könige wechselten einander ab in der Geschichte Israels. Die Erinnerung des Volkes an ihre Himmelskönigin aber blieb. Wenden wir uns noch einmal diesem Phänomen zu:

Nachdem die Nordstämme Israels rund 150 Jahre zuvor von den Assyrern verschleppt worden waren und nunmehr den Südstämmen dasselbe Schicksal durch die Babylonier drohte, beschließt ein Teil des Volkes, diesem Schicksal durch die Flucht nach Ägypten zu entgehen. Mit Vehemenz plädiert Jeremia für das Verbleiben im Lande, ist doch seiner Meinung nach die 150 Jahre währende Bedrohung durch die Feinde eine Strafe Jahwes, der das Volk wegen seines wiederholten Abfalls von diesem heimsuchen läßt. Jeremia kann sich nicht durchsetzen. Ein Teil des Volkes flieht nach Ägypten und nimmt ihn kurzentschlossen mit. In Ägypten lernt das Volk den Kult der Himmelskönigin kennen und nimmt begeistert an deren Verehrung teil, die nicht durch blutige Tieropfer erfolgt, wie dies bei Jahwe der Fall war, sondern durch duftendes Gebäck und berauschenden Wein – Produkte weiblicher und männlicher Arbeit.

Das Gebäck hatte die Form der Himmelsgestirne und repräsentierte die Gestalt der Himmelskönigin, die ihre Anhänger/

innen beim kultischen Mahl in sich aufnahmen, um sozusagen eins zu werden mit ihr. Dies geschieht Jahrhunderte, bevor diese religiöse Sitte auch im Christentum aufgegriffen wird. Im Abendmahl findet eine mystische Vereinigung zwischen den Menschen und Christus statt in dem Essen seines Leibes, der als Brot gebrochen wird.

In beiden Fällen handelt es sich um eine Vergeistigung der ursprünglichen körperlichen Vereinigung in der Heiligen Hochzeit. Mit dem Essen der Kuchen erleben alle Gläubigen ihr Einssein mit der Himmelskönigin, aus der auch sie einst hervorgegangen sind, weshalb sie sich ihrer irdischen und kosmischen Ordnung verpflichtet fühlen. Für Frauen bietet dieser Kult die Möglichkeit, sich mit der Göttin zu identifizieren, während sich Männer mit ihr geistig vermählen, sich auf ihre Art auch mit ihr eins wissen können. Genau wie später im christlichen Abendmahl bedient sich auch hier der religiöse Kult der Oralität des Menschen, um die Beziehung zur Gottheit erfahrbar zu machen.

Allgegenwärtig ist in Ägypten die nährende Göttin, ob sie nun als Himmelskuh die Welt mit ihrer Milch ernährt oder als Isis den Horus-Knaben – aber auch den erwachsenen Pharao – an ihrer Brust stillt; immer ist sie die große Leben- und Nahrungspenderin, und zwar im umfassendsten Sinn. Ihre Zuwendung bedeutet gleichzeitig Seelennahrung und soziale Ordnung. Wie umfassend diese Zuwendung erfahren wurde, hat bereits jenes Gebet gezeigt, das ich auf Seite 112 f. wiedergegeben habe. Es handelt sich um das Dankgebet eines Mannes, mit dem er Isis für seine Einweihung in ihre Erlösungsmysterien preist.

Zu solcher geistigen Reife konnte der Mutterkult in Israel nie wachsen. Dazu stellt Roellenbleck fest: »Im Unterschied zu den anderen Völkern beharren bei den Hebräern Glaube und Verehrung der Muttergottheit ausschließlich im orgiastischen Bezirk. Es findet keinerlei sittliche oder geistige Emporentwicklung des Bildes der Muttergottheit statt ... in Ägypten hat sich diese Läuterung in hohem Grade vollzogen.«[45] Dasselbe gilt für die babylonischen Göttinnen.

Aus dem Alten Testament kennen wir nur noch die diffamierenden Prophetenreden, in denen jegliche Form des Mutterkultes als »Hurerei« verunglimpft wird. Da diese Propheten Jahwes vom Volk als Außenseiter empfunden wurden, hat es ihnen kaum eine große Bedeutung im Hinblick auf ihre religiösen Anschauungen beigemessen. In welchem Umfang und auf welcher geistigen Ebene sich die Göttinnenkulte abspielten, können wir heute wohl kaum noch feststellen, kommen doch die meisten Informationen darüber von Feinden der Verehrung weiblicher Gottheiten. Schließlich taten die nachexilischen Jahwe-Priester das Ihre bei der »Endredaktion« der biblischen Texte, um jegliche Form kultischer Praxis, die nicht Jahwe allein die Ehre gab, als einen Greuel erscheinen zu lassen.

Aber schon zu Jeremias Zeiten muß das Volk einen Mangel gespürt haben. Jene allumfassende mütterliche Zuwendung muß dem Volk im Jahwe-Kult nicht vermittelt worden sein; denn sie bringen der Himmelskönigin Speis- und Trankopfer, »auf daß sie sich um uns bekümmere«, wie Luther so schön übersetzt[46]. Den religiösen Mangel, den das Volk in Jerusalem erlitten haben muß, beschreibt auch Roellenbleck[47]:

»Diese Himmelsherrin oder Himmelskönigin ... gewann im hebräischen Volk so hohes Ansehen, daß sie in ernsthaften Wettbewerb mit Jahwe treten konnte. Das Volk war offenbar ausgehungert nach Betätigung einer ›weiblichen‹ Religiosität höherer Artung. Der Sektor ›Weiblichkeit‹, den Gestalt wie Kult Jahwes auf sich gelenkt hatten, konnte augenscheinlich bei vielen das elementare Bedürfnis nach einer ›Mutter im Himmel‹ nicht befriedigen. So fand in der letzten Zeit vor 587 sowie bald nach der Zerstörung Jerusalems geradezu eine Revolution gegen Jahwe statt, der soeben sein ›auserwähltes Volk‹ so grenzenlos enttäuscht, so furchtbar gedemütigt hatte. Auf ägyptischem Boden, inmitten des Flüchtlingselends, schreien die vor der Fortführung nach Babylon geflüchteten, aufsässigen und ungebärdigen Massen dem gewaltsam mitgeschleppten, auch jetzt in unverminderter Starkherzigkeit von Jahwe kündenden Propheten Jeremia entgegen: ›Das Wort, das du zu uns im Namen Jahwes geredet hast, – wir hören nicht auf dich, wir wollen vielmehr das Wort, das wir gegeben haben, der Himmelskönigin zu räuchern und ihr Trankopfer zu spenden, in seinem ganzen Umfange getreulich halten, gleichwie wir es getan haben, wir und unsere Väter und unsere Könige und unsere Oberen in den Städten Judas und auf den

Gassen Jerusalems: da hatten wir Brot genug und befanden uns wohl und brauchten kein Unheil zu erleben; seitdem wir aber aufhörten, der Himmelskönigin zu räuchern und ihr Trankopfer zu spenden, hatten wir Mangel an allem und wurden durch das Schwert und den Hunger aufgerieben.‹«

Es sind die Frauen, die dem aufgebrachten Jeremia diese Worte entgegenschleudern. Sie haben die heiligen Kriege im Namen Jahwes so satt. Krieg und Hunger, das scheinen bis heute die Alternativen zu einer weiblichen Gottheit zu sein. Die Frauen wollen sich nicht länger eine Religion von außen aufzwingen lassen, wie dies Jeremia mit seinen Schimpfkantaten versucht. Sie wollen nicht länger auf sein Wort hören, sondern auf ihre eigenen religiösen Bedürfnisse. Endlich wollen sie ihr eigenes Wort der Göttin gegenüber halten und sich nicht länger fremdbestimmen lassen. Mit der Feier des Kultes für die Himmelskönigin befolgen sie ihre eigene innere Stimme.

Sie bekennen damit ihre Überzeugung, daß Kosmos und Erde gleichermaßen von einer weiblichen Gotteskraft durchwirkt sind, mit der sie sich selbst im Kult vereinigen. Die vereinigende Kraft des Kultes wird von Jeremia an anderer Stelle beschrieben: »Die Kinder lesen Holz, die Väter zünden das Feuer an, und die Frauen kneten den Teig, daß sie der Himmelskönigin Kuchen backen.«[48] Das hört sich nach einer Art Volksfest an. Alle sind daran beteiligt und haben ihre Aufgaben, so wie die Himmelskönigin immer *alle* Menschen unter ihrem Sternenmantel vereinigt hat. Hier gibt es keine weibliche Kultunfähigkeit, wie dies in der jüdischen und katholischen Religion noch heute der Fall ist.

Bis in unsere Zeit besitzt auch Maria diese vereinende Kraft innerhalb der katholischen Kirche und wird vom Papsttum als solche auch ganz gezielt für seine Zwecke eingesetzt. Und noch ein Phänomen macht sich die Kirche – wie auch andere patriarchale Religionen – zunutze. Wie nämlich in der Religionsgeschichte beobachtet werden kann, wenden sich Völker in Zeiten höchster Bedrängnis von ihrem männlichen Gott ab zur mütterlichen Gottheit hin. Das zeigt aber, daß es in den Patriarchatsreligionen anerkanntermaßen Bereiche des menschlichen Lebens gibt, die eine männliche Gottheit nicht zu füllen vermag.

Ursprünglich ist die Himmelsgöttin jedoch mehr als eine Lückenbüßerin, die ihre Menschenkinder immer dann tröstet, wenn sich der männliche Gott dazu als unfähig erweist. Vielmehr wird in ihr das ewig-weibliche Prinzip des Lebens gesehen, das sich immer wieder in der Tochter selbst hervorbringt, das aber auch geheimnisvoll und unbekannt ist und alles durchdringt.

Die ägyptische Ur- und Allgöttin, »deren Kult schon in der I. Dynastie alt war, gehört als doppelgeschlechtlich zur psychischen Frühzeit, und ihr matriarchaler Charakter ist deutlicher als bei irgendeiner anderen Göttin Ägyptens. Mit Lampenfest und Mysterien wird sie als Herrin der Magie und des Webens, als ungeborene und von sich selbst stammende Göttin gefeiert.«[49]

Auf diesem Hintergrund wird vielleicht deutlich, welche Entmachtung der Großen Himmelskönigin darin liegt, daß der Gott des ersten Schöpfungsberichts die Gestirne wie Lampen am Himmel aufhängt. Sie sind reine Beleuchtungskörper aus der Produktion des männlichen Gottes, denen keine eigenen Kräfte mehr zukommen und die daher auch keine Orientierung mehr geben dürfen und können.

Die Tatsache, daß die Göttin Hathor mit den vier Punkten und den vier Weltteilen identifiziert wurde, »welche durch die Göttinnen Mechbet, Uatchet, Bast und Neit charakterisiert werden«, erklärt Neumann mit der von Jung festgestellten Ganzheitssymbolik der Vierheit. Danach »ist die quaternio der Hathor mit den Göttinnen das Symbol des Großen Weiblichen als der die Welt beherrschenden Ganzheit in all ihren Aspekten«[50]. Das in Hathor personifizierte Prinzip wird auch abstrakt »Maat« genannt, was Wahrheit, Gerechtigkeit und Ordnung bedeutet. Gemeint ist damit »die alles umfassende Richtigkeit des Kosmos«[51]. Nun gilt aber die Maat ganz allgemein als die Vorläuferin der jüdischen Weisheit, die im Alten Testament als »Erstling Gottes« bezeichnet wird. Das heißt, daß sie »als Grundlage kosmischer und irdischer Ordnung angesehen (wird), die den Menschen in die Nachfolge ruft«[52]. Wohl ruft sie in die Nachfolge kosmischer und naturhafter Ordnung, nicht aber in jene von den Vätern, den »Toren«, errichtete Ordnung, die im Laufe der Zeit immer pathologischere Formen annimmt, da sie sich immer mehr gegen das Leben richtet und diese Erde zu zerstören droht.

In neuerer Zeit tauchte die Himmelskönigin trotz christlich-jüdischer Tötungsversuche als »Allgöttin« in jenen gnostischen und vom offiziellen Christentum verketzerten Schriften wieder auf, die in Nag Hammadi gefunden wurden. Dort wird in einer Offenbarungsrede, aus der ich noch einmal drei Verse zitiere, die Allgöttin »in dreifacher Gestalt seiend dargestellt«[53]. Sie spricht hier als weiblich-männliches Wesen und erinnert somit an die androgyne Urgöttin:

Ich bin das Haupt des Alls,
  die ich vor einem jeden da bin.
Ich bin der Ruf einer leisen Stimme,
  die ich vom Uranfang an im Schweigen bin.
Ich bin der Raum, in dem jeder Ruf erklingt,
und der verborgene Ruf, der in mir ist,
ist in dem unerreichbaren, unmeßbaren Gedanken
  des unermeßlichen Schweigens.

Ich kam herab in die Mitte der Unterwelt.
Ich ging leuchtend auf über der Finsternis.
Ich bin es,
  der das Wasser hervorsprudeln ließ.
Ich bin es,
  der verborgen ist in leuchtenden Wassern.
Ich bin es,
  der aufgegangen ist dem All,
  einem nach dem anderen, durch meinen Gedanken.
Ich bin es,
  der voll des Rufes ist.

Durch mich kommt die Gnosis,
  die ich in den unaussprechlichen
  und unerkennbaren Äonen bin.
Ich bin die Erkenntnis und das Wissen,
  die ich einen Ruf aussende
  aufgrund eines Gedankens.
Ich bin der wahre Ruf,
  rufend in einem jeden,
  so daß sie mich erkennen durch sie (sc die Gnosis),
  weil ein Same in ihnen ist[54].

Hier haben wir es wohl mit der höchsten Form einer Vergeistigung der Mutterreligion zu tun. Keine Pseudo-Geistigkeit eines theologischen Rationalismus, der sich außerhalb der diesseitigen Wirklichkeit in ein intellektualistisches Jenseits flüchtet. Hier wird nicht durch die Macht des Wortes alles usurpiert, an sich gerissen, sondern integriert, vereinigt: Diesseits und Jenseits, Kosmisches und Irdisches, Innen und Außen, männlich und weiblich, Rufen und Schweigen bilden ein großes ganzheitliches Gefüge.

Hier entscheidet nicht die Macht des Wortes über richtig und falsch, Sein und Nicht-Sein, nein, SIE ist die Macht des Schweigens und führt daher den Menschen in die Stille, die unbedingt nötig ist, um ihre leise Stimme zu vernehmen, die nicht in einer Heiligen Schrift ihren Niederschlag gefunden hat, sondern sich in jedem Menschen, der sich als von ihr geboren erlebt, als ihr Anruf ereignet.

Zur Frömmigkeitsgeschichte der Himmelskönigin

Wie im vorigen Kapitel kann es sich hier nur noch um einige Ergänzungen zum dogmatischen Teil handeln, denn bis zur Mitte unseres Jahrhunderts bilden die Dogmengeschichte und die Frömmigkeitsgeschichte eine Einheit, die nicht getrennt werden kann.

Wie Jürgen Kuhlmann in seiner Schrift »Maria und die Kirche« feststellt, wurde Maria mit der Krönung zur Himmelskönigin »mit einem Schlage zur Ewigkeit Gottes emporgehoben und jeglicher weltlicher Getrenntheit entrückt«[55]. Genau das stimmt aber so nicht.

Ganz abgesehen davon, daß die Himmelskönigin im Mittelmeerraum bereits viele Jahrtausende hindurch verehrt worden war, wurde auch Maria schon längst als himmlische Größe verehrt. Seit dem 5. Jahrhundert lassen sich Zeugnisse finden für die von Christen geglaubte Anwesenheit Marias in unmittelbarer Nähe Gottes. Um nämlich ihre Mutterfunktion den Menschen gegenüber ausüben zu können, muß sie auch im Himmel gegenwärtig sein.

In der ersten Hälfte des 5. Jahrhunderts grüßt Basilius, Bischof von Seleucia (gestorben um 459), »Maria als Mittlerin zwischen Gott und den Menschen, damit sie die Mauer der

Feindschaft zum Einsturz bringe«[56]. Für ihn ist Maria die mediatrix, deren Dogma noch aussteht. Zur selben Zeit erschien Maria dem Antipatrus von Bostra »vor Gottes Augen erhaben über alle Gewalt«[57].

Der Gedanke der Miterlöserschaft Marias erscheint auch bei Cyrill von Alexandria, dem Hauptinitiator des Dogmas von Ephesus. Für den von Hegel hochgeschätzten griechischen Dialektiker Propklos (410–485) ist Maria »die einzige Brücke zwischen Gott und Menschen«. Sie ist die »Pforte des Heils«. Andere nennen sie »Mittlerin zwischen Himmel und Erde«. Darum ist sie »Priester und Altar, weil sie den Tisch bereitet und uns das Brot gab zur Vergebung der Sünden«. Recht ähnliche Gedanken äußert Anastasius I. von Antiochia, »wenn er die Jungfrau Himmelsleiter, Pforte des Paradieses, Eingang zur Unvergänglichkeit, Einigung und Versöhnung der Menschen mit Gott nennt«[58]. Noch einen Schritt weiter geht der aus Syrien stammende Grieche Sophronios (560–638). Für ihn ist Maria die »einzige Zuflucht der Menschen«. Und weiter sagt er über Maria: »Von Dir wird die Freude nicht nur den Menschen, sondern den Mächten der Höhe geschenkt.«[59] Es ließen sich noch eine Reihe weiterer Namen nennen, die in Verbindung stehen mit solchem Gedankengut.

Bei all diesen Äußerungen handelt es sich um Beschreibungen des Volksglaubens und nicht etwa um offizielle Kirchenlehre; denn die solches sagten und schrieben, zählen nicht zu den sogenannten Kirchenvätern, denen absolute Autorität in ihrer Lehre zukommt neben der biblischen Überlieferung.

Ausgehend von der syrischen Marienverehrung, von der wohl – im Zusammenspiel mit der ägyptischen – die bedeutendsten Impulse ausgingen, wird »Maria als die erste geschichtliche Urheberin des Heils angesehen, weil sie den Erlöser zur Welt gebracht hat«[60]. Es kommt so schon relativ früh zu einer weitgehenden Parallelisierung der Gottesmutter mit dem Gottessohn. Im Laufe kürzester Zeit werden alle Funktionen Christi auf Maria übertragen, und dazu gehört auch ihre Auferstehung von den Toten und ihre Himmelfahrt. Was die Gläubigen in ihrem Herzen von Anfang an wußten, daß nämlich die Mutter nicht niedriger sein kann als der Sohn, wird von Verkündern des Evangeliums wortreich nachvollzogen. Sie bemühen sich schon früh darum, intellektuelle Gründe für das zu finden, was das Volk intuitiv aus seiner kollektiven Erinnerung heraus »weiß«.

Am 15. August 740 wird zum Fest der Dormitio (Entschlafung Marias) von Johannes von Damaskus (Syrien!) wahrscheinlich in Gethsemane in der Kirche am Grabmal Marias eine dreiteilige Predigt gehalten, in deren Verlauf er fünf Gründe für die Aufnahme Marias in den Himmel anführt[61]:

»1. Maria hat bei der Geburt unversehrt ihre Jungfräulichkeit bewahrt, darum mußte auch ihr Leib nach dem Tod unversehrt bleiben. 2. Sie, die den Erlöser als Kind in ihrem Schoß getragen hat, mußte auch in den himmlischen Wohnungen wohnen. 3. Die Braut, die der Vater erwählt hatte, mußte auch in himmlischen Brautgemächern wohnen. 4. Maria, die ihren Sohn am Kreuz erblickte, die bei der Geburt den Wehen entging, durch deren Brust aber ein Schwert ging, sollte ihn mit dem Vater sitzen sehen. 5. Die Mutter Gottes mußte das besitzen, was der Sohn besaß, von aller Schöpfung als Mutter Gottes angebetet zu werden. Sie ist die Quelle des Lebens, die mitten durch den Tod verläuft. Sie ist daher zum Himmel aufgestiegen. Johannes vergleicht Maria mit der Himmelsleiter des Jakob und sagt: ›Das Haupt jedes Weibes ist der Mann, das Haupt dieses Weibes aber ist, da sie keinen Mann hat, Gott Vater selbst, der durch die Vermittlung des heiligen Geistes gleichsam ein Ehebündnis schloß und gleichsam einen göttlichen Samen, seinen Sohn und sein Wort, jene allmächtige Kraft, erzeugte.‹« Diese Auffassung des Johannes ist für die Entwicklung der Mariologie sehr wichtig geworden.

Zweihundert Jahre nach ihm predigt Atto von Vercelli (gestorben 960) in Italien ebenfalls am 15. August, »daß Maria mit ihrem Sohn im Himmel sei«[62]. Wiederum zweihundert Jahre später schaut – wie bereits erwähnt – die Mystikerin Elisabeth von Schönau Maria als Königin. Sie trägt das Diadem aus kostbaren Steinen und sitzt mit Szepter und Krone neben Christus auf dem Himmelsthron.

Um Maria zu beschreiben, bedient sich Bernhard von Clairvaux des Vergleichs mit einem hellfunkelnden Stern und greift damit auf die Venus- und Ishtartradition zurück. So wie der Stern funkelt Maria durch Verdienste und leuchtet durch Vorbilder. Für ihn ist sie jener »edle Stern aus Jakob aufgegangen (4. Mose 24,17). Sein Strahl erleuchtet das gesamte

Weltall. Sein Glanz leuchtet am Firmament auf und dringt in die Unterwelt hinab. Durch die Länder zieht er und erwärmt mehr die Sinne als die Leiber.«[63] Auch für Bernhard ist sie die Mittlerin, »die Himmelsleiter für die Sünder . . . Ohne Zweifel ist sie allein die Gnade, durch die wir gerettet werden.«[64]

Aus dem 15. Jahrhundert stammen die Texte der Lauretanischen Litanei, in der sie auch als Himmelskönigin besungen wird:

Du Königin der Engel, bitte für uns!

Du Königin der Patriarchen
Du Königin der Propheten
Du Königin der Apostel
Du Königin der Martyrer
Du Königin der Bekenner
Du Königin der Jungfrauen
Du Königin aller Heiligen
Du Königin, ohne Erbsünde empfangen
Du Königin, aufgenommen in den Himmel
Du Königin des heiligen Rosenkranzes
Du Königin des Friedens

In der Kunst erfuhr die Himmelskönigin eine reichhaltige Gestaltung. Auf einem Gemälde des 12. Jahrhunderts umstehen viele Menschen den Leichnam Marias. Johannes legt seinen Kopf auf ihre Brust, während Petrus zu ihren Füßen trauert, die er umfaßt. In der Mitte steht Christus und hält eine kindliche Seele hoch[65]. Hier geht der Maler noch von der Trennung der Seele vom Leib beim Tod Marias aus. Erst im 14. Jahrhundert konnte die Vorstellung von einer ganzheitlichen Himmelfahrt Marias, die Leib und Seele umfaßt, in Europa endgültig Fuß fassen. Aus dem 15. Jahrhundert stammt ein Gemälde von Filippino Lippi. Es zeigt den an der Himmelfahrt Marias zweifelnden Jünger Thomas, der aus dem Himmel Marias Gürtel (er gehört zu den ältesten Insignien der Liebesgöttin!) empfängt, um ihn zu überzeugen. Die Angleichung an die Christusüberlieferung ist ganz offenkundig.

Zu den beliebtesten Themen der Kunst des westlichen Christentums gehört die Krönung Marias zur Himmelskönigin durch Christus. Der Sohn begründet das Königtum seiner Mutter und macht sie zur Teilhaberin seiner Macht – der wohl tiefste Ausdruck seiner Göttlichkeit. Als Höhepunkt dieser künstlerischen Entwicklung muß wohl jenes Mosaik in der Tribuna von Santa Maria Transtiberiana in Rom angesehen werden, das Maria als Himmelskönigin neben dem Sohn auf dem gleichen Thron darstellt.

Für solche Gleichmachereien hat sich die Kirche bis heute nicht so recht erwärmen können. Ihr geht es in hohem Maße um die Wahrung des hierarchischen Unterschieds. So heißt es in einer 1964 erschienenen Verlautbarung zur Marienfrömmigkeit: »Jeglicher heilsame Einfluß der seligen Jungfrau auf die Menschen kommt nicht aus irgendeiner sachlichen Notwendigkeit, sondern aus dem Wohlgefallen Gottes und fließt aus dem Überfluß der Verdienste Christi, stützt sich auf seine Mittlerschaft, hängt von ihr vollständig ab und schöpft aus ihr seine ganze Wirkkraft.«[66] Die Kirche muß darauf bedacht bleiben, daß sich der Marienkult nicht etwa verselbständigt, wie dies bereits in Lateinamerika geschehen ist. Wenn nämlich Christus und Maria wirklich gleichberechtigt dargestellt werden, dann geben die Gläubigen Maria den Vorzug, das zeigt sich allenthalben.

Statt dessen erinnert die Kirche an ihre eigene Nähe zu Maria; denn sie identifiziert sich natürlich auch mit der Himmelskönigin: »Wie die Mutter Jesu, im Himmel schon mit Leib und Seele verherrlicht, Bild und Anfang der in der kommenden Weltzeit zu vollendenden Kirche ist ...«[67] Es ist immer wieder erstaunlich, wie ausgeprägt innerhalb des katholischen Lehramtes die Verwendung von Symbolen ist, wenn es um die Erhöhung der Bedeutung der Kirche oder um die Bestätigung der eigenen Lehrmeinung geht. Durch die ganze kirchliche Tradition zieht sich die starke Tendenz zur symbolischen Deutung auch der kleinsten biblischen Details. Im krassen Gegensatz dazu steht das Festhalten an einem materialistischen Verständnis der Mariendogmen, das nicht Wahrhabenwollen, daß es sich bei ihnen um uralte Symbole handelt, die fester Bestandteil der Geistesgeschichte der Menschheit sind und deshalb auch Teil des christlichen Glaubens.

Hier wird spätestens deutlich, daß hinter dem Symbolverständnis der Kirche nicht die Wahrheitssuche steht – denn

Symbole wollen ja schließlich auf geistige Zusammenhänge hinweisen –, sondern der Wunsch oder vielmehr die Sucht nach Stärkung der eigenen Autorität. Die in der Religion der Menschheit vorgefundenen Symbole werden – wo sie nicht vernichtet werden können – für die eigene Machtentfaltung verwendet, also mißbraucht. Sie dürfen nicht länger der Wahrheitsfindung, sondern nur noch der Bestätigung des katholischen Lehramtes dienen.

Das starke Interesse an Maria ist nur unter diesem Gesichtspunkt ihrer Verwertbarkeit für die eigene Glorifizierung hinreichend zu verstehen.

Die Himmelskönigin als notwendige Ergänzung

Worum es aus psychologischer Sicht bei der Etablierung Marias in himmlischen Gefilden geht, hat bereits das Bild aus dem letzten Abschnitt gezeigt, das die Krönung Marias durch Christus, den König der Christenheit, sowie ihre Präsenz an seiner Seite auf dem Himmelsthron darstellt. Hier geht es ganz eindeutig um Komplementarität, um die Ergänzung eines Mangels. Diese sollte aber nicht mit der im vorigen Kapitel beschriebenen Kompensation verwechselt werden, bei der es sich um eine Art oppositionellen Auftretens handelt, dessen Bestreben der Ausgleich, eine Korrektur oder eine neue Synthese ist.

Komplementarität hingegen bezeichnet ein vorgegebenes Ergänzungsverhältnis. Der himmlische König, der ja gar nicht korrekturbedürftig ist, wenn das Symbol richtig verstanden wird, impliziert sozusagen eine Himmelskönigin. Beide gehören nebeneinander, ohne daß sie eine neue Synthese bilden müßten. Sie sind Ausdruck jener Wahrheit, die bereits zum prähistorischen Erkenntnisschatz der Menschheit gehörte, daß nämlich das Göttliche Weibliches und Männliches umfaßt.

An der Verdrängung und bis heute praktizierten Abwehr dieser Wahrheit wird deutlich, welch einen geistig-psychischen

Den himmlischen Thron mit Maria teilend, setzt Jesus seiner Mutter die Krone aufs Haupt.

Tafel IV
Krönung Marias, Meister Bertram, um 1400

Rückschritt die Patriarchatstheologie bewirkt hat, wo doch ansonsten allenthalben männlicher Fortschritt proklamiert wird. Gegen ihren Willen scheinen ihre eigenen (oder sollte ich sagen, die von ihnen okkupierten?) Symbole sie einzuholen und sogar noch zu überholen; denn die eigentliche Wahrheit dieser Symbolik wird ja von beiden Kirchen nach wie vor geflissentlich »übersehen«.

Die Protestanten bedienten sich des Abwehrmechanismus der Verdrängung, indem sie die Himmelskönigin einfach abschafften oder zu einem bedeutungslosen Bild der inzwischen bedeutungslos gewordenen Kirche umfunktionierten. Die Katholiken bedienten sich des Abwehrmechanismus der Rationalisierung, indem sie zwar das Symbol als solches durch ihr Dogma bestätigten, Maria aber verbal zum Nur-Menschen erklärten, obwohl doch ihre Göttlichkeit von allen Sockeln schreit. Wer Augen hat zu sehen, die sehe!

Statt mit den ihnen anvertrauten Pfunden zu wuchern, das heißt mit dieser theologischen Wahrheit zu arbeiten, um vorhandene Energien zu mobilisieren, vergraben sie sie mehr oder weniger und blockieren damit die gerade in unserer Zeit so sehr benötigten weiblichen Energien in der Frau und im Mann.

Wie aus den Darstellungen der Himmelskönigin erkennbar ist, wird durch sie Mangelhaftes ergänzt, wird der patriarchale Irrtum vom allmächtigen Gottvater korrigiert. Die Wiedereinführung und die Zulassung dieses Symbols wäre demnach die größte Kulturleistung, die das Patriarchat aufzuweisen hätte. Hier wird nämlich – wenn auch nur inoffiziell – eingestanden, daß einem männlich okkupierten Himmel etwas Wesentliches fehlt und daher der Ergänzung bedarf, was nur etwas aussagt über das Zu-Ergänzende, nicht aber über das Ergänzende selbst. Der mütterliche Himmelsthron, auf dem Christus und Maria sitzen, vereint beide Geschlechter, so wie der mütterliche Schoß einst beide hervorgebracht hat. In diesem Bild ist das Weibliche weitaus stärker vertreten als das Männliche, auch wenn das Dogma diesen Umstand in sein Gegenteil zu verkehren sucht.

Die Jung-Schule hat gezeigt, daß nur das Weibliche die Kraft der Gegensatzvereinigung besitzt. Das Männliche allein bedeutet immer eine Reduzierung des Menschlichen auf das

Nur-Männliche, während das Weibliche durchaus in der Lage ist, das Männliche in angemessener Weise mitzurepräsentieren; bringt es dieses doch immer wieder aus sich selbst hervor. Diese Wahrheit begegnete uns bereits in dem apokalyptischen Sonnenweib. Sonne, Mond und Sterne in weiblicher Personalunion als Hinweis auf die Möglichkeit des Weiblichen, die schärfsten Gegensätze (hier Tag und Nacht) zu vereinigen. Obwohl sie einander ausschließen, gehören sie doch unverbrüchlich zusammen, ist eins nicht ohne das andere möglich. Sie bilden also letztlich doch eine polare Einheit, genau wie Weibliches und Männliches.

Diese Erkenntnis ist jedoch, wie Erich Neumann überzeugend dargelegt hat, im Rahmen des gegenwärtig noch gültigen patriarchalen Bewußtseins nicht möglich. Es müßte vielmehr abgelöst werden durch ein umfassenderes matriarchales oder integrales Bewußtsein. Genau das scheint wohl auch das Erscheinen der apokalyptischen Himmelskönigin zu bedeuten, die sich als göttliches Weibliches in das Bewußtsein des Menschen (hier des Mannes) drängte.

Auf dem Mond stehend, mit der Sonne bekleidet und von Sternen gekrönt, zieren alle Symbole des Lichts, der Erleuchtung und der Erkenntnis (Gnosis) diese Gestalt. Psychologisch betrachtet, handelt es sich hierbei um uralte Sinnbilder unterschiedlicher Bewußtseinsebenen. Sonne und Sterne bilden dabei die wohl extremsten Gegensätze. Aus dem Dunkel der Nacht des Unbewußten treten immer wieder sternenhafte Inhalte hervor – insbesondere in Träumen –, die dann aber wieder vom männlich-patriarchalen Sonnenbewußtsein verdrängt werden, da es dazu tendiert, nur das in der Helle des Tages klar Erkennbare gelten zu lassen. Doch bildet zum Glück der Mond eine Basis, auf der es möglicherweise zu einer Verbindung der Extreme kommen kann. Gemeint ist damit das matriarchale Mondbewußtsein, das in beiden Bereichen zu Hause ist. Wohl vermag die Sonne die Sterne zu verdrängen, aber der Mond ist auch am Tage zu sehen.

Sehr schön beschreibt das apokalyptische Bild, wie in dieser umfassenden Ganzheit das patriarchale Sonnenbewußtsein – im tiefsten Sinne des Wortes – »aufgehoben« ist zwischen Mond und Sternen, den Symbolen für die beiden Schichten des matriarchalen Bewußtseins, über dessen Erkenntnisprozesse

Neumann schreibt: »Weil der Prozeß des Erkennens eine Schwangerschaft, sein Produkt eine Geburt ist, das heißt ein Prozeß, an dem die Ganzheit der Persönlichkeit beteiligt ist, steht seine Erkenntnis für das Mondbewußtsein jenseits von Aussage, Rechenschaft und Beweis. Es ist ein innerer Besitz, der von der Persönlichkeit realisiert worden und mit ihr verwachsen ist, von einer Evidenz, die sich leicht und gerne der Diskussion entzieht, weil der innere Erfahrungsprozeß, dem diese Erkenntnis innewohnt, nicht adäquat aussprechbar ist und kaum an einen Menschen übermittelt werden kann, der nicht den gleichen Erfahrungsprozeß durchgemacht hat. Einem platten männlichen Bewußtsein erscheint die Erkenntnis des matriarchalen Bewußtseins deswegen als unkontrollierbar, willkürlich und besonders als mystisch.« Dieses Bewußtsein bewahrt, wie Neumann weiter schreibt, »die Verbindung zu den Bezirken des Unbewußten, denen seine Erkenntnisse entstammen«[68].

Die Übereinstimmung der Worte Neumanns mit jenen Symbolen des himmlischen Weiblichen ist unverkennbar, macht aber auch deutlich, weshalb Theologen überfordert sind, wenn sie diese deuten sollen, gehört doch ihr Bewußtsein einer anderen Ebene an als die zu deutende Symbolik. Hier muß es ganz zwangsläufig zu Unstimmigkeiten kommen.

Gehen wir die Erläuterungen Neumanns noch einmal durch, so treffen sich Wort und Bild in folgenden Punkten:

– Die bleibende Beziehung zwischen dem Bewußten und Unbewußten kommt in den Symbolen von Mond und Sternen zum Ausdruck. Sie brauchen das Dunkel der Nacht – Symbol für das Unbewußte –, um leuchten zu können.

– Die Unmöglichkeit, Erfahrungen auf der matriarchalen Bewußtseinsebene in eine angemessene Sprache zu übertragen, zeigt sich möglicherweise in dem Fehlen jeglicher Worte seitens der kosmischen Frau und der von ihr erlebten Bedrängnis im Bild des roten Drachen.

– Die Ganzheit der Persönlichkeit, die die Schwangerschaft und Geburt im Rahmen des Mondbewußtseins erlebt, drückt sich in den Geburtswehen und schließlich in der Geburt des göttlichen Knaben aus, dem neu zu gebärenden Männlichen, das nicht mehr der patriarchalen Bewußtseinsebene angehört.

Um diese psychische Neugeburt hätte es dem Christentum

von Anfang an gehen sollen, wie die Geburtssymbolik zu Beginn und am Ende der christlichen Botschaft zeigt. Doch hätte es dazu der konstanten Vergegenwärtigung des apokalyptischen Bildes bedurft, das jedoch in eine Kirche hinein aufgelöst und damit der Seele vorenthalten wurde.

Mit den Augen von Frauen betrachtet

Ablehnung der Himmelskönigin

Ähnlich wie bei dem vorangegangenen Dogma nimmt auch bei diesem die Diskussion unter Frauen nur einen sehr geringen Raum ein. Was sie zu sagen haben, läßt sich mit wenigen Sätzen wiedergeben.

Als vor gut dreißig Jahren das Dogma von Mariä Himmelfahrt verkündet wurde, sahen viele aufgeklärte Frauen darin einen Grund, sich zu empören »gegen solche ›völlig unnötige Provokation‹ der evangelischen Brüder und Schwestern«, wie Hildegard Lüning im Namen vieler katholischer Frauen schreibt[69]. Was wurde mit einem solchen Dogma ihrem Glauben zugemutet! »So mogelten wir uns durch unseren Unglauben an die neue Katholische Glaubenslehre.«[70]

Für Frauen wurde Maria mit ihrer Aufnahme in den Himmel endgültig aus ihrem religiösen Glaubensbereich entrückt, »von der Erde und der übrigen Menschheit, die sie doch versinnbildlichen soll, getrennt«[71]. Dieses Gefühl, daß ihre Präsenz im Himmel nunmehr ihre Anwesenheit auf Erden, ihre Nähe zu den Bedürftigen verhindert, ist bei den meisten Kritikerinnen des Dogmas vorherrschend. Als Himmelskönigin war Maria zu einer Herrschenden geworden, ausgestattet mit Symbolen der Macht. Gleichzeitig stoßen sich Frauen daran, daß sie auch als Entrückte in erster Linie dem zölibatären Klerus dienen mußte. »Nicht Welteinbeziehung, sondern Weltabgeschiedenheit soll das Thema Marias sein.«[72]

Aber auch in den Himmeln fällt der Gekrönten wiederum nur eine untergeordnete Rolle zu, da sich ihre Aufnahme nach kirchlichem Verständnis eben nur passiv vollzog; »da Maria in den Himmel ›aufgenommen‹ wurde, während Jesus aktiv ›gen Himmel fuhr‹. Diese Wortwahl unterstützt die sexistische Hierarchie.«[73]

Diese Passivität Marias erinnert bis zum letzten Akt daran, daß sie nur durch ihre »Niedrigkeit«, durch ihren passiven Gehorsam, nur als Magd des Herrn in dessen Herrschaftsbereich aufgenommen wurde. Und so kommt Simone de Beauvoir zu dem Fazit: »Der höchste Sieg der Männlichkeit vollendet sich im Marienkult: er bedeutet die Rehabilitierung der Frau durch die Vollkommenheit ihrer Niederlage.«[74]

Wie bei den vorangegangenen Dogmen gibt es aber auch hier noch andere positive Erfahrungen, die Frauen mit der Himmelskönigin machen, wenn sie bereit sind, sich neu auf sie einzulassen.

Weiblicher Umgang mit der Himmelskönigin

Noch einmal soll abschließend aus dem Bericht von Hildegard Lüning zitiert werden, da sie auch hier wieder stellvertretend für viele Frauen sprechen kann.

»Erst viel, viel später suchte ich im Gefolge von feministischen Theologinnen und von zeitgenössischen männlichen Theologen nach dem ›weiblichen Gesicht Gottes‹ und entdeckte, wie anregend dabei ›Maria Himmelskönigin‹ ist, die schon das frühe Christentum an die Stelle der vorchristlichen Göttinnen gerückt hatte. Doch diese jüngste Aneignung von Maria ist an ein neues Bewußtsein als Frau in einer männerregierten und -geprägten Kirche geknüpft.«[75]

Zu diesem neuen Bewußtsein bekennen sich inzwischen eine ganze Reihe von Frauen, insbesondere innerhalb der feministischen Theologie und anderen Bereichen der Frauenforschung.

Aufgrund ihrer Auseinandersetzung mit matriarchalen Religionen sind sie nunmehr in der Lage, in der Himmelfahrt Marias eine Art »Heiliger Hochzeit« zu sehen[76]. Uraltes Wissen steigt in ihnen auf, wenn sie sich mit diesem Sinnbild befassen. Sie finden zurück zu jener alten weiblichen Gewißheit: Unsere Kräfte reichen bis in den Kosmos, wir sind in der Lage, Irdisches zu transzendieren, ohne uns davon zu trennen; denn wir sind in beiden Bereichen beheimatet.

Mit der inzwischen vorgenommenen Befreiung Marias »zu ihrem eigenen Wesen«, wie es eine Theologiestudentin ausdrückt, kann sie für die Frau »zur Lebensform höchster Freiheit« werden[77]. Theologisch gesprochen, wird sie »zum Symbol für ein ganzheitliches Menschen- und Gottesbild und überwindet jenes Bild vom Menschen und Gott, das bei uns oft durch ein androzentrisches, männerorientiertes Denken einseitige Züge bekommen hat«[78].

Als Himmelskönigin kann Maria uns Frauen helfen, unseren spezifisch weiblichen Erfahrungen mit dem Göttlichen Ausdruck zu verleihen. In ihr finden wir ein christlich legitimiertes Symbol, das das weibliche Antlitz der Gottheit offenbart. Es ist Trägerin jahrtausendealter weiblicher Potenzen, die nicht nur dazu angetan sind, der Frau ein stärkeres Selbstwertgefühl zu vermitteln, sondern die ebenso die männliche Einseitigkeit der patriarchalen Gottesvorstellung in Frage stellen und überwinden helfen und damit letztlich die Auferstehung der religiös mündigen Frau auf breiterer Ebene einleiten kann.

Anmerkungen

Einleitung

1 Sölle, Sympathie, S. 56
2 a.a.O.
3 a.a.O., S. 59
4 a.a.O.
5 Halkes, Gott hat nicht . . ., S. 106
6 Daly, Jenseits . . ., S. 115 ff.

Dogma contra Symbol?

1 Deschner, Abermals . . ., S. 371
2 Warner, Maria, S. 384
3 a.a.O.
4 Althaus, Die christliche Wahrheit, S. 239
5 C. G. Jung, Gesammelte Werke (GW) 11, S. 495 ff.
6 Kassel, Biblische Urbilder, S. 95
7 Drewermann, Der Krieg . . ., S. 350
8 a.a.O.
9 Neumann, Die große Mutter, S. 23
10 zit. in H. Fries (Hg.), Handbuch . . ., S. 194
11 S. 56 f.
12 Read, zit. in Cox, Verführung . . ., S. 260
13 Jung, GW 11, S. 663

Geboren von der Jungfrau Maria

1 Galater 4,4
2 Galater 1,9
3 Matthäus 1,20
4 Matthäus 1,16
5 Lukas 1,38
6 Lukas 1,35
7 Lukas 1,25
8 Lukas 1,34
9 1. Mose 1,2
10 Warner, a.a.O., S. 305
11 Johannes 1,13
12 1. Mose 3,16
13 Pagels, Versuchung . . ., S. 99
14 Beinert, Heute von Maria reden, S. 98
15 Söll, Maria, S. 25 f.
16 a.a.O., S. 27
17 a.a.O.
18 a.a.O.
19 zit. aus den Petrusakten, a.a.O., S. 28
20 Warner, a.a.O., S. 106
21 zit. a.a.O.
22 Deschner, a.a.O., S. 199
23 vgl. a.a.O., S. 363
24 Beinert, a.a.O., S. 98
25 Deschner, a.a.O., S. 199
26 a.a.O.
27 zur debatte, S. 2
28 Deschner, a.a.O., S. 365
29 Warner, a.a.O., S. 107
30 Beinert, a.a.O., S. 69
31 vgl. a.a.O., S. 103
32 a.a.O., S. 92
33 a.a.O.
34 a.a.O.
35 Drewermann, Der Krieg . . ., S. 359 f.
36 Schwarzenau, Das göttliche Kind, S. 43
37 a.a.O., S. 44
38 zit. bei Zehren, Testament der Sterne, S. 345
39 zit. a.a.O., S. 346
40 Frauenmysterien . . ., S. 95
41 Heiler, Die Frau in den Religionen . . ., S. 29
42 a.a.O., S. 37
43 a.a.O.
44 a.a.O., S. 39
45 a.a.O.
46 a.a.O.
47 a.a.O., S. 42
48 Nachzulesen in: Sartory, Maria von Ägypten
49 Warner, a.a.O., S. 188
50 a.a.O.
51 a.a.O., S. 191
52 a.a.O., S. 185
53 a.a.O., S. 219
54 a.a.O., S. 226

55 Grignion/Back, Das Geheimnis Mariens, S. 56
56 zit. a.a.O., S. 95
57 Schirmer, Mystik und Minne, S. 70
58 a.a.O., S. 127
59 a.a.O., S. 117
60 a.a.O.
61 Gebet- und Gesangbuch der Diözese Limburg
62 Warner, a.a.O., S. 348f.
63 Daly, Kirche ..., S. 152
64 Fromm, Haben oder Sein, S. 82
65 a.a.O.
66 a.a.O.
67 2. Mose 20,17
68 Neumann, Die große Mutter, S. 104
69 Schreier, Göttingen, S. 60
70 Freud, Studienausgabe Bd. IX, S. 99
71 Schreier, a.a.O., S. 62f.
72 vgl. a.a.O., S. 63f.
73 Schoeck, Der Neid, S. 20
74 a.a.O.
75 zit. a.a.O., S. 44
76 a.a.O., S. 42
77 zit. a.a.O., S. 272
78 Fromm, Märchen, Mythen, Träume, S. 156
79 a.a.O.
80 a.a.O.
81 Sölle, Sympathie, S. 56
82 Lüning in: M. Dirks, Glauben Frauen anders? S. 18
83 a.a.O., S. 20
84 Halkes, Eine andere Maria, S. 323
85 Wöller, Maria, wer bist du? S. 123
86 Daly, Gyn/Ökologie, S. 107
87 Daly, Jenseits ..., S. 104
88 Halkes, a.a.O., S. 332
89 a.a.O.
90 vgl. Sölle, Die revolutionäre Geduld, S. 14f.
91 Halkes, Gott hat nicht ..., S. 116
92 a.a.O.
93 Sölle, Sympathie, S. 59
94 Goritceva, Befreit ..., in: Courage 5/80, S. 17
95 Patricia Münzing

Maria – die Mutter Gottes

1 Lukas 1,41
2 Lukas 1,43
3 Grundmann, Handkommentar, S. 81
4 vgl. Matthäus 2,18
5 Markus 3,32ff.
6 Apostelgeschichte 1,14
7 Heiler, Die Frau in ..., S. 101
8 Pagels, a.a.O., S. 95
9 zit. a.a.O., S. 10
10 zit. a.a.O.
11 Lukas 2,49
12 Johannes 2,1–11
13 Lukas 15,8–10
14 Pagels, a.a.O., S. 44ff. und 76ff.
15 Der Text wird Jacopone da Todi zugeschrieben
16 Lukas 2,35
17 Johannes 19,25
18 Johannes 11,32–36
19 Johannes 19,26ff.
20 Warner, a.a.O., S. 95
21 a.a.O., S. 96
22 a.a.O.
23 Beinert, Heute ..., S. 87
24 Warner, a.a.O., S. 96f.
25 a.a.O., S. 98
26 Interessierte, die sich eingehender mit diesen beiden Themen befassen möchten, seien hiermit auf die angeführten Bücher von Heide Göttner-Abendroth und Gerda Weiler verwiesen.
27 vgl. Campbell, Occidental Mythology, S. 43
28 Deschner, a.a.O., S. 364
29 zit. a.a.O., S. 365
30 zit. a.a.O.
31 a.a.O.
32 Hunke, Am Anfang ..., S. 50
33 Deschner, a.a.O., S. 366
34 vgl. Radford Ruether, The Feminine Face ..., S. 11

35 Ranke-Graves, Die weiße Göttin, S. 403
36 Neumann, Die große Mutter, S. 103
37 Wildung/Grimm, Götter und Pharaonen
38 2. Samuel 6,22ff.
39 vgl. Weiler, Ich verwerfe ..., S. 100
40 Gynz-Rekowsky, Symbole des Weiblichen ..., S. 37
41 Heiler, a.a.O., S. 29
42 Zink, Licht über den Wassern, S. 137
43 1. Samuel 1,13
44 1. Samuel 1,17
45 Einzelheiten und Zusammenhänge der Heiligen Hochzeit, die am Tempel in Silo zwischen Kultpriesterin und -priester stattgefunden hat und aus der die göttlichen Kinder hervorgingen, beschreibt Gerda Weiler, a.a.O., S. 209ff.
46 Ranke-Graves a.a.O., S. 185
47 vgl. 1. Samuel 1,18 und Lukas 1,30
48 Gynz-Rekowsky, a.a.O., S. 42
49 a.a.O.
50 Warner, a.a.O., S. 126
51 vgl. Ungnad, Die Religionen der Babylonier und Assyrer, S. 144
52 Harding, a.a.O., S. 120
53 a.a.O., S. 120f. und Ungnad, a.a.O., S. 145
54 Harding, a.a.O., S. 122
55 Ungnad, a.a.O., S. 143
56 Warner, a.a.O., S. 211 (Hervorhebungen von mir)
57 Schöll, Die drei Ewigen, S. 163
58 zit. Warner, a.a.O., S. 363
59 a.a.O.
60 zit. a.a.O., S. 367
61 a.a.O., S. 374
62 a.a.O.
63 Legende aus dem 13. Jahrhundert
64 zit. bei Schimmelpfennig, Die Geschichte der Marienverehrung ..., S. 140
65 Smolitsch, Die Verehrung ..., S. 212
66 a.a.O.
67 zit. a.a.O., S. 211
68 Delius, Geschichte ..., S. 303
69 zit. bei Heiler, Die Hauptmotive ..., S. 443f.
70 zit. Delius, a.a.O., S. 302f.
71 zit. Warner, a.a.O., S. 248
72 a.a.O.
73 a.a.O.
74 a.a.O., S. 255
75 a.a.O.
76 a.a.O., S. 257
77 a.a.O., S. 261f.
78 Gerhard Hermes, Die Tränen ..., S. 18
79 Bohr, Rom – Moskau – Fatima, S. 108f.
80 a.a.O., S. 24
81 Rey, Das Mutterbild ..., S. 110
82 a.a.O., S. 111
83 a.a.O., S. 139
84 Wolff, Jesus der Mann, S. 42
85 a.a.O., S. 43
86 Neumann, Ursprungsgeschichte ..., S. 143
87 Bußmann, Eva – Maria, S. 127ff.
88 Schlangenbrut 3/83
89 Wöller, a.a.O., S. 122
90 a.a.O.
91 vgl. Daly, Gyn/Ökologie, S. 261
92 zit. a.a.O., S. 308
93 Sölle, Sympathie, S. 56
94 Firestone, Frauenbefreiung ..., S. 189
95 a.a.O.
96 a.a.O., S. 223
97 Lüning, a.a.O., S. 18ff.
98 Halkes, Eine andere Maria, S. 333
99 Wöller, a.a.O., S. 125
100 Lukas 23,28f.

Maria, die reine Magd

1 vgl. S. 40ff.
2 zit. in Söll, a.a.O., S. 28
3 a.a.O., S. 34

4 Deschner, a.a.O., S. 368
5 a.a.O., S. 283
6 a.a.O., S. 284
7 a.a.O.
8 a.a.O., S. 285
9 a.a.O.
10 Deschner, a.a.O., S. 340
11 Warner, a.a.O., S. 280
12 a.a.O.
13 vgl. Drews, Die Marienmythe, 1928, S. 174f., zit. bei Deschner, a.a.O., S. 370
14 a.a.O., S. 370f., 15 Günther, Maria, die Gegenspielerin …, S. 9
16 Warner, a.a.O., S. 279f.
17 Günther, a.a.O., S. 95f. (Hervorhebungen von mir)
18 Söll, a.a.O., S. 215
19 zit. a.a.O., S. 214
20 vgl. Weisheit 7,26
21 Ranke-Graves, a.a.O., S. 401
22 Neumann, Zur Psychologie …, S. 94
23 Göttner-Abendroth, a.a.O., S. 21f.
24 Warner, a.a.O., S. 319
25 Harding, a.a.O., S. 108
26 a.a.O.
27 vgl. Warner, a.a.O., S. 318
28 Roellenbleck, Die Magna Mater …, S. 129
29 Aistleitner, Die Anat-Texte …, S. 200
30 Schenke, Der Gott »Mensch« …, S. 88
31 a.a.O., S. 32
32 a.a.O., S. 89
33 a.a.O., S. 91
34 vgl. Hierzu Felix Christ, Jesus Sophia, Zürich 1970
35 Neumann, Die große Mutter, S. 308
36 zit. Warner, a.a.O., S. 292f.
37 a.a.O., S. 293
38 a.a.O.
39 zit. Tappolet, Das Marienlob …, S. 126
40 a.a.O., S. 27
41 vgl. a.a.O., S. 31f.
42 Schimmelpfennig, Die Geschichte …, S. 60
43 Daly, Jenseits …, S. 101
44 a.a.O.
45 Halkes, a.a.O., S. 328
46 a.a.O., S. 336
47 Wöller, a.a.O., S. 122
48 a.a.O., S. 123
49 Sölle, a.a.O., S. 60
50 Daly, a.a.O., S. 105
51 vgl. Römer 13,1ff.; Titus 3,1ff.; 1. Timotheus 2,9–15
52 vgl. 1. Mose 3,16
53 vgl. Lukas 1,34
54 Daly, a.a.O., S. 106
55 a.a.O., S. 106f.

Maria, die Himmelskönigin

1 Jung, GW 11, S. 472
2 Offenbarung 12,1–4
3 Vers 5
4 Vers 16
5 Vers 17
6 Wilckens, Das Neue Testament, S. 903
7 vgl. 1. Timotheus 2,9ff.
8 Offenbarung 12,4b
9 Schlangenbrut 2, S. 23
10 Riedel, Farben, S. 30
11 a.a.O.
12 Vers 5
13 Vers 6
14 Vers 14
15 Knolle, Meditation …, in: Schlangenbrut 1, S. 21
16 Vers 15
17 Vers 17
18 Berliner Arbeitskreis, Die dreigestaltige Protennoia, S. 740ff.
19 Offenbarung 2,20
20 vgl. 1. Korinther 7,9
21 vgl. etwa 1. Timotheus 2,9–15
22 Heiler, Das neue Mariendogma, in: Ökumenische Einheit, S. 36
23 vgl. Söll, S. 120ff.
24 Warner, a.a.O., S. 116ff.

25 a.a.O., S. 118
26 a.a.O., S. 119
27 zit. Heiler, a.a.O., S. 21
28 zit. Söll, S. 144
29 zit. Warner, a.a.O., S. 295
30 Dreschner, a.a.O., S. 371
31 a.a.O., S. 369
32 Heiler, a.a.O., S. 32f.
33 a.a.O., S. 34
34 a.a.O.
35 Psalm 132,8
36 Söll, a.a.O., S. 221
37 a.a.O.
38 zit. a.a.O., S. 229
39 a.a.O., S. 222
40 vgl. Tripp, Lexikon der antiken Mythologie, S.220
41 Neumann, Die große Mutter, S. 209
42 a.a.O., S. 211
43 a.a.O., S. 261
44 Zehren, Testament der Sterne, S. 335
45 Roellenbleck, a.a.O., S. 68
46 Jeremia 44,19
47 Roellenbleck, a.a.O., S. 91f.
48 Jeremia 7,18
49 Neumann, Die große Mutter, S. 211
50 a.a.O.
51 Mulack, Die Weiblichkeit Gottes, S. 187
52 a.a.O.
53 Berliner Arbeitskreis, Die dreigestaltige ..., S. 732
54 a.a.O., S. 735
55 ohne Seitenangabe
56 zit. Delius, Geschichte ..., S. 116
57 a.a.O., S. 117
58 a.a.O.
59 a.a.O., S. 117f.
60 a.a.O., S. 119
61 zit. a.a.O., S. 123f.
62 a.a.O., S. 155
63 zit. a.a.O., S. 158
64 a.a.O., S. 161
65 vgl. Warner, a.a.O., S. 399
66 Löser, Marienlehre ..., S. 414
67 zit. a.a.O., S. 415
68 Neumann, Zur Psychologie ..., S. 92
69 Lüning, a.a.O., S. 20
70 a.a.O., S. 21
71 Wöller, a.a.O., S. 123
72 a.a.O.
73 Daly, Jenseits ..., S. 107
74 Simone de Beauvoir, Das andere Geschlecht, S. 182
75 Lüning, a.a.O., S. 23
76 vgl. Wöller, a.a.O.
77 zit. Halkes, a.a.O., S. 325
78 Bußmann, a.a.O., S. 131

Literaturverzeichnis

J. Aistleitner, Die Anat-Texte aus Ras Schamra, Zeitschr. f. alttestamentl. Wiss. 16, Berlin 1939
Paul Althaus, Die christliche Wahrheit, Gütersloh 1952[3]
Simone de Beauvoir, Das andere Geschlecht, Hamburg 1972
Wolfgang Beinert, Heute von Maria reden? Kleine Einführung in die Mariologie, Freiburg 1973
Berliner Arbeitskreis, Die dreigestaltige Protennoia, Theol. Literatur-Zeitung 10, Berlin 1974
Otto Bohr, Rom – Moskau – Fatima, Postulacao, Fatima 1977
Hans Bruns, Das Neue Testament übersetzt und kommentiert, Gießen 1961
Elisabeth Burmeister, Maria, in: Schlangenbrut 3, Bonn 1983
Magdalene Bußmann, Eva – Maria, in: Anstöße 4, Hofgeismar 1982
Joseph Campbell, Occidental Mythology – The Masks of God III, 1982 (1964)
Felix Christ, Jesus Sophia, Zürich 1970
Harvey Cox, Verführung des Geistes, Stuttgart 1974
Mary Daly, Kirche, Frau und Sexus, Olten 1970
–, Jeseits von Gottvater, Sohn & Co, München 1980
–, Gyn/Ökologie, München 1981
Walter Delius, Geschichte der Marienverehrung, München 1963
Karlheinz Deschner, Abermals krähte der Hahn, Reinbek 1974 (1962)
Marianne Dirks (Hg.), Glauben Frauen anders? Freiburg 1983
Eugen Drewermann, Der Krieg und das Christentum, Regensburg 1982
A. Drews, Die Marienmythe, 1928, zit. bei Deschner, a.a.O.
Shulamith Firestone, Frauenbefreiung und sexuelle Revolution, Frankfurt 1981
Sigmund Freud, Fragen der Gesellschaft, Ursprünge der Religion, Studienausgabe Bd. IX, Frankfurt 1974
H. Fried (Hg.), Handbuch Theol. Grundbegriffe Bd. II, München 1963
Erich Fromm, Märchen, Mythen, Träume, Reinbek 1982 (1951)
–, Haben oder Sein, Stuttgart 1977
Heide Göttner-Abendroth, Die Göttin und ihr Heros, München 1980
Tatjana Goritčeva, Befreit von den Tränen Evas – freue dich! in: Courage 5, Berlin 1980
Elizabeth Gould Davis, Am Anfang war die Frau, München 1980[3] (1971)
Grignion/Back, Das Geheimnis Mariens, Jestetten 1971
Walter Grundmann, Theol. Handkommentar zum NT Bd. 3, Berlin 1974[7]
Bonifatius Günther, Maria, die Gegenspielerin Satans, Aschaffenburg 1972
Georg v. Gynz-Rekowski, Symbole des Weiblichen in Gottesbild und Kult des Alten Testaments, Zürich u. Stuttgart 1963
Catharina Halkes, Gott hat nicht nur starke Söhne, Gütersloh 1980[2]
–, Eine »andere« Maria, in: UNA SANCTA, Freisig 1977
Esther Harding, Frauen-Mysterien einst und jetzt, Zürich 1949
Friedrich Heiler, Die Hauptmotive des Madonnenkults, in: Zeitschr. f. Theologie und Kirche, Tübingen 1920
–, Das neue Mariendogma im Lichte der Geschichte und im Urteil der Ökumene, in: Ökum. Einheit II/1951

–, Die Frau in den Religionen der Menschheit, Berlin 1977
Gerhard Hermes, Die Tränen der »Rosa Mystica« – Maria wein in Belgien, Stein am Rhein/Schweiz 1984
Sigrid Hunke, Am Anfang waren Mann und Frau, Hamm 1955
C. G. Jung, Gesammelte Werke Bd. 11, Olten 1973[2]
Maria Kassel, Biblische Urbilder, München 1980[2]
Uta Knolle, Meditation zu Offenbarung 12,1–6 in: Schlangenbrut 1, 1983
Ursa Krattiger, Die perlmutterne Mönchin, Stuttgart 1983
Jürgen Kuhlmann, Maria und die Kirche, Sonderdruck aus: »die sendung« 3/64
Werner Löser, Marienlehre und Marienfrömmigkeit in der katholischen Kirche – nach neueren lehramtlichen Verlautbarungen, in: Ökumenische Rundschau 31/1982
Hildegard Lüning, Wie ich lernte, Maria zu lieben, in: M. Dirks, a.a.O.
Christa Mulack, Die Weiblichkeit Gottes – Matriarchale Voraussetzungen des Gottesbildes, Stuttgart 1983
Erich Neumann, Die große Mutter, Olten 1979
–, Zur Psychologie des Weiblichen, Kindler TB 1975[2]
–, Ursprungsgeschichte des Bewußtseins, Kindler TB 1974[3]
Elaine Pagels, Versuchung durch Erkenntnis, Frankfurt 1981
Rosemary Radford Ruether, The Feminine Face of the Church, London 1979
Robert von Ranke-Graves, Die Weiße Göttin, Berlin 1981 (1948)
Karl Guido Rey, Das Mutterbild des Priesters, Köln 1969
Ingrid Riedel, Farben in Religion, Gesellschaft, Kunst und Psychotherapie, Stuttgart 1983
Ewald Roellenbleck, Magna Mater im Alten Testament, Darmstadt 1974
G. u. Th. Sartory, Maria von Ägypten – Allmacht der Buße, Herder TB 977
Hans-Martin Schenke, Der Gott »Mensch« in der Gnosis, Berlin 1962
Reintraud Schimmelpfennig, Die Geschichte der Marienverehrung im deutschen Protestantismus, Paderborn 1952
Eva Schirmer, Mystik und Minne – Frauen im Mittelalter, Berlin 1984
Helmut Schoeck, Der Neid – Die Urgeschichte des Bösen, München 1980
Hans Christoph Schöll, Die drei Ewigen, Jena 1936
Josefine Schreier, Göttinnen – Ihr Einfluß von der Urzeit bis zur Gegenwart, München 1978 (1968)
Paul Schwarzenau, Das göttliche Kind – Der Mythos vom Neubeginn, Stuttgart 1984
I. Smolitsch, Die Verehrung der Gottesmutter in der russischen Frömmigkeit und Volksreligiosität, in: Kyrios V 3/4, 1940/1
Georg Söll, Maria – Fragen und Antworten, Freiburg o. J.
Dorothee Sölle, Sympathie – Theologisch politische Traktate, Stuttgart 1978
–, Die revolutionäre Geduld, Berlin 1974
Walter Tappolet, Das Marienlob der Reformatoren, Tübingen 1962
Edward Tripp, Reclams Lexikon der antiken Mythologie, Stuttgart 1974
Arthur Ungnad, Die Religion der Babylonier und Assyrer, Jena 1921
Marina Warner, MARIA – Geburt, Triumph, Niedergang – Rückkehr eines Mythos? München 1982
Gerda Weiler, Ich verwerfe im Lande die Kriege – Das verlorene Matriarchat im Alten Testament, München 1984

Ulrich Wickert, Altkirchliche Marienlehre, in: zur debatte 5, 1983
Ulrich Wilckens, Das Neue Testament (übersetzt und kommentiert), Berlin 1979
Wildung/Grimm u. a., Götter und Pharaonen, Katalog zur Ausstellung, Hildesheim 1979
Hildegunde Wöller, Maria – wer bist du? in: Anstöße 4/82
Hanna Wolff, Jesus der Mann, Stuttgart 1976
–, Neuer Wein – Alte Schläuche, Stuttgart 1981
Erich Zehren, Das Testament der Sterne, Berlin 1957
Jörg Zink, Licht über den Wassern, Geschichten gegen die Angst, Stuttgart 1978
Gebet- und Gesangbuch der Diözese Limburg

Christa Mulack
Die Weiblichkeit Gottes
Matriarchale Voraussetzungen des Gottesbildes
367 Seiten, kartoniert

»Viel wichtiger als die Tatsache, daß Jesus ein Mann war, erscheint mir seine nachweisbare Wertschätzung des Weiblichen. Diese Haltung kann für Frau und Mann gleichermaßen als vorbildhaft angesehen werden. So wie nur Mann und Frau gemeinsam den Menschen abgeben, kann auch das Göttliche nur aus der polaren Einheit von Männlichem und Weiblichem bestehen. Ein solches Gottesbild hat die Theologie bis heute noch nicht entwickelt – ein Versäumnis, durch das sie jede Legitimation, auch für die Frau zu sprechen, verloren hat. Das betrifft zumindest jene Frauen, die anfangen, sich des Mangels des männlichen Gottesbildes bewußt zu werden und darin nicht länger den Ausdruck eines göttlichen, sondern vielmehr männlichen Willens zu erkennen. Um diesen Erkenntnisprozeß voranzutreiben, wurde in dieser Arbeit die Frage nach dem Gottesbild neu gestellt.«
Christa Mulack

»Ein wissenschaftliches Buch, das in Spannung versetzt, weil es Forschungsergebnisse darlegt, die für Theologie und Kirche, insbesondere aber für Frauen, Neuland eröffnen.«
Urner Wochenblatt

»Bisher hat sich die Theologie kaum nennenswert mit der Weiblichkeit im Gottesbild auseinandergesetzt. Mit wissenschaftlichem Eifer und Können geht die Autorin der weiblichen Gestalt der Sophia, der Weisheit nach und zeigt, wie sich Jesus mit dieser Sophia identifizierte.«
Leben und Glauben

Kreuz Verlag

Norbert Sommer (Hrsg.)
Nennt uns nicht Brüder!
Frauen in der Kirche durchbrechen das Schweigen
384 Seiten mit 54 Porträtfotos, kartoniert

Viele Autorinnen dieses Sammelbandes erheben ihre Stimme nicht zum ersten Mal. Trotzdem hat sich in den Kirchen beider Konfessionen noch wenig geändert. Noch immer sehen sich Frauen in der Kirche vereinnahmt unter der Bezeichnung »Brüder im Herrn«, noch immer werden ihnen, besonders in der katholischen Kirche, die meisten Ämter verwehrt. Dabei geht es der christlichen Frau heute nicht etwa um Machtpositionen. Nicht um ihrer selbst willen, sondern um der leidenden Menschen willen erhebt sie ihre Stimme, damit der Geist Jesu in der Kirche wirksam werden kann und damit weibliche Spiritualität.

Es schreiben: Lea Ackermann · Bernadette Brooten · Marga Bührig · Dorothée Casalis · Carol P. Christ · Marianne Dirks · Margarete Dotzler · Barbara Engl · Ingeborg Giesler · Christine Gleixner · Elisabeth Gössmann · Sigrid Großmann · Catharina Halkes · Hildegard Hamm-Brücher · Maria Hermann · José Höhne-Sparborth · Luc Jochimsen · Barbara Kamprad · Johanna Jäger · Petra K. Kelly · Katharina Knohl-Hoberg · Uta Knolle · Monika Kringels-Kemen · Frauke Krukenberg · Ingeborg Kruse · Hanna-Renate Laurien · Herta Leistner · Anneliese Lissner · Anne Lueg · Elisabeth Moltmann-Wendel · Margret Morche · Iris Müller · Christa Mulack · Rosemary Radford-Ruether · Ida Raming · Uta Ranke-Heinemann · Ruth Rehmann · Luise Rinser · Viola Schmid · Helen Schmidt-Bersinger · Annemarie Schönherr · Luise Schottroff · Elisabeth Schüssler-Fiorenza · Hadewych Snijdewind · Dorothee Sölle · Elga Sorge · Lucie Stapenhorst · Vilma Sturm · Marlène Tuininga · Marthe Westphal · Ute Wild · Erika Wisselinck · Hildegunde Wöller · Hildegard Zumach.